DIEDERICHS
GELBE REIHE

W0264547

1084

Dieses Ojibwa-Logogramm von Del Ashkewe symbolisiert den Inhalt dieses Buches. Der große Kreis mit den vier Vorsprüngen am oberen Bildrand repräsentiert Kitche Manitu, den Schöpfer. Ein Kreis bedeutet Geist; um die Bedeutung »Großer Geist« darzustellen, wurde einem kleinen Kreis ein großer umschrieben. Die vier Vorsprünge bedeuten Allgegenwärtigkeit.
Der umgekehrte Halbkreis unter dem Symbol für Kitche Manitu steht für Himmel und Universum. Unmittelbar darunter befindet sich das Symbol der Sonne; mit seinen linearen und zyklischen Anteilen verdeutlicht es Leben und Zeit.
Unter der Sonne ist das Bild eines Mannes in einem Kreis. Mann und Kreis verkörpern zusammen das menschliche Dasein.
Die Linie des Lebens und der Kraft verbindet das Symbol des Lebens mit dem Symbol Kitche Manitus; die beiden bogenförmigen Abzweigungen stehen für den Baum des Lebens, für die Pflanzenwelt, auf die alle anderen Lebewesen angewiesen sind.
Die Basis der Lebenslinie und des Lebensbaums, die aus einer geraden waagerechten Linie besteht, symbolisiert Erde und Gestein, die Substanz, aus der Mutter Erde besteht. Die verschiedenartigen Tipis stehen für Stämme, Gemeinschaften, Gesellschaften und Familien und weisen auf die unterschiedlichen Lebensweisen hin.
Neben der Figur des Mannes im Kreis finden sich auf jeder Seite zwei weitere Männer und eine Frau. Die beiden Männer, von deren Lippen Wellenlinien ausgehen, repräsentieren Sprache, Geschichte und Geschichten. Daneben steht jeweils eine Frau, Symbole der Ursprünglichkeit und Beständigkeit des Weiblichen. Die beiden äußeren Figuren bedeuten Versorgung. Die vier Grundarten der Tiere, der Baum des Lebens, die Erde und Männer und Frauen repräsentieren zusammen Dasein und Zeit.

Basil Johnston

Und Manitu erschuf die Welt

Mythen und Visionen der Ojibwa

Eugen Diederichs Verlag

Aus dem Englischen übersetzt von Jochen Eggert
Titel der Originalausgabe: Ojibway Heritage
Abbildungen mit freundlicher Genehmigung vom Royal Ontario Museum

CIP-Kurztitelaufnahme der Deutschen Bibliothek

Johnston, Basil:
Und Manitu erschuf die Welt :
Mythen u. Visionen d. Ojibwa / Basil Johnston.
[Aus d. Engl. übers. von Jochen Eggert].
– 2. Aufl. – Düsseldorf, Köln : Diederichs, 1981.
(Diederichs Gelbe Reihe ; 24 : Indianer)
Einheitssacht.: Ojibway heritage <dt.>
ISBN 3-424-00624-6

2. Auflage 1981
© 1976 by McClelland and Stewart Limited, Toronto
Alle Rechte der deutschen Ausgabe
beim Eugen Diederichs Verlag, Düsseldorf · Köln
Umschlaggestaltung: Eberhart May
Abbildung auf dem Umschlag: »Elch« von Norval Morrisseau
Gesamtherstellung: Wagner, Nördlingen
ISBN 3-424-00624-6

Inhalt

Vorwort

Will man die eingeborenen Völker und ihre Überlieferung verstehen, so muß man ihren Glauben, ihre Einsichten, Vorstellungen, Ideale, Werte, Einstellungen und Gesetze studieren. Und ich behaupte, daß es keinen besseren Weg zu diesem Verständnis gibt, als ihre Zeremonien, Rituale, Lieder, Tänze, Gebete und Geschichten zu erforschen. Denn gerade in der Zeremonie, im Ritual, in Lied, Tanz und Gebet findet die Quintessenz dessen seinen symbolischen Ausdruck, was ein Volk über Leben, Sein, Existenz und Beziehungen glaubt. Ebenso finden fundamentale Lehren, Einsichten und Einstellungen zum Leben, zur Lebensführung des Menschen, seinem Charakter und seinen verschiedenen Eigenschaften ihren Niederschlag in Geschichten, Fabeln, Legenden und Mythen und werden in dieser Form überliefert.

Aber es genügt nicht, sich Geschichten anzuhören oder zu lesen oder die in ihnen enthaltenen Wahrheiten zu verstehen; die Alten sagen, daß die Wahrheit gelebt werden muß, daß sie ein Teil der Person werden soll. Die Suche nach Wahrheit und Weisheit soll zur Erfüllung von Mann und Frau führen.

In der Hoffnung, daß das Erbe der Ojibwa-sprechenden Völker und ihrer algonkischen Brüder und Schwestern ein wenig besser verstanden wird, wurde dieses Buch geschrieben, aber es enthält nur einen kleinen Ausschnitt aus dem Fundus noch nicht niedergeschriebener Überlieferung. Es möchte dazu beitragen, das Vermächtnis unserer Vorfahren zu erhalten und fortzuführen, aber es richtet sich auch an Menschen aus ganz anderen Kulturen und Überlieferungen, die ihren Erkenntnisbereich erweitern möchten.

Schwierig ist an einem Unternehmen dieser Art, den Sinn der Geschichten im Kern zu erhalten, während man zugleich die Bilder, Metaphern und Sprechfiguren verändert, wie es bei jeder Übersetzung und Interpretation unvermeidlich ist. Der Leser möge sich stets vor Augen halten, daß das Ojibwa wie jede andere Sprache freien und imaginativen Gebrauch von Bildern, Metaphern und Sprechfiguren macht, um abstrakte Ideen und Vorstellungen in konkreter Form auszudrücken. Die wiedergegebenen Geschichten dürfen nicht wörtlich verstanden werden, sondern sind frei und doch rational gemäß den Lebensanschauungen der Ojibwa zu interpretieren. Jeder Leser und Zuhörer ist angehalten, gemäß seiner geistigen Veranlagung seine eigenen Schlüsse zu ziehen und seine eigene Deutung zu finden.

Zeit und Entschlossenheit sind für ein angemessenes Verständnis der Ojibwa-Geschichten Voraussetzung, denn jede dieser Geschichten kann mehrere Themen und Bedeutungen haben. Daher kann man sie auch nicht in direktem Zugriff verstehen. Die Geschichten der Ojibwa sind so vielschichtig und geheimnisvoll wie die Märchen, Legenden und Mythen der Griechen, Römer, Ägypter und von anderen Völkern, und sie sind ebenso schwer zu verstehen wie die Parabeln der Bibel.

Glücklicherweise sind die Geschichten der Ojibwa in der Breite ihrer Aussage flexibel; daher ist die mündliche Erzählung für sie auch das beste Medium. Ein Geschickter und phantasiebegabter Erzähler ist in der Lage, seine Geschichte auf der Sinnebene zu erzählen, die der Auffassungsgabe seiner Zuhörerschaft entspricht.

Viele, wenn nicht die meisten der Geschichten, die hier wiedergegeben werden, ähneln den Geschichten der Cree, Abenaki, Blackfoot, Micmac, Menomini und der Algonkinsprechenden Völker. Das sollte uns nicht irritieren. Die Ähnlichkeiten bezeugen lediglich eine gemeinsame Grundeinstellung zum Leben.

Für die Geschichten, die ich niedergeschrieben habe, bin ich zahlreichen Erzählern in Ontario zu Dank verpflichtet; für Anleitungen zum Verständnis danke ich Edward Kaghee (verstorben), Aylmer Plain, Gregor Keeshig, Tom Medicine, Maria Seymour, Fred Greene, Jane Rivers, Flora Taboban-

dung, Fred Wheatley, William Meawassige, Mike Trudeau (verstorben), meiner Großmutter Rose McLeod (verstorben) und Sam Zawamik; für die Erweiterung meines Gesichtskreises und für Zuspruch danke ich Dr. E. S. Rogers und Dr. H. Fuchs, meinen Kollegen in der ethnologischen Abteilung; für Unterstützung danke ich meiner geliebten Frau und meiner Familie; Margaret Cozry dafür, daß sie für mich an der Schreibmaschine gesessen hat; meinem Arbeitgeber, dem Royal Ontario Museum, für Geduld und für die Freiheit, die es mir einräumte; und Anna Porter, weil sie mein Manuskript begutachtete und fand, es sei wert, veröffentlicht zu werden.
Ich möchte noch anmerken, daß ich bei der Vorbereitung und Niederschrift dieses Buches weder von privater noch von öffentlicher Seite Beihilfen erhalten habe.

Kitche Manitus Vision

Die Schöpfung

Jung und alt fragten:
Wer gab mir
Den Atem des Lebens,
Meine Gestalt aus Fleisch?
Wer gab mir
Den Schlag meines Herzens,
Meine Augen zu sehen,
Wer?

Wann der Rose die Gabe
Des Farbenspiels, der Schönheit
Und der Anmut der Form?
Wann der Fichte
Das Geheimnis des Wachsens,
Die Kraft zu heilen,
Wann?

Wie dem Bären die Gabe
Des Zeitsinns,
Einen Platz zum Überwintern?
Wie kam zum Adler die Gabe
Des Liebesblicks,
Des Zornblitzes?
Wie?

Wer gab der Sonne
Ihr Licht zu scheinen,
Ihren Pfad zu wandeln?
Wer gab der Erde
Ihren grünenden Überfluß,
Die Zyklen des Seins?
Wer?

Wer gab uns
Die Gaben, die wir nicht besitzen,
Sondern leihen und weitergeben?
Wer einte uns?
Wer ebnete den Pfad der Seelen?
Wer formte das Land des Friedens?
Wer?

Als die Jungen so fragten, dachten die alten Männer und Frauen über diese Dinge nach.

Ihre Antworten und Erklärungen gaben sie in der Form von Geschichten, Liedern, Gebeten, Ritualen und Zeremonien.

Kitche Manitu (Der Große Geist) hatte eine Vision. In diesem Traum sah er einen weiten, mit Sternen, Sonne, Mond und Erde gefüllten Himmel. Er sah eine Erde aus Bergen und Tälern, Inseln und Seen, weiten Flächen und Wäldern. Er sah Bäume und Blumen, Gräser und Früchte. Er sah laufende, fliegende, schwimmende und kriechende Wesen. Er wurde Zeuge der Geburt, des Wachstums und des Todes der Dinge. Zugleich sah er anderes weiterleben. Mitten im Wandel gab es Bleibendes. Kitche Manitu hörte Gesänge, Klagen, Geschichten. Er berührte Wind und Regen. Er fühlte Liebe und Haß, Angst und Mut, Freude und Traurigkeit. Kitche Manitu meditierte, um diese Vision zu verstehen. In seiner Weisheit verstand Kitche Manitu, daß seine Vision erfüllt werden mußte. Kitche Manitu sollte ins Leben rufen, was er gesehen, gehört und gefühlt hatte.

Aus dem Nichts machte er Stein, Wasser, Feuer und Wind. Jedem hauchte er den Atem des Lebens ein. Jedem verlieh er mit seinem Atem ein anderes Wesen und eine andere Natur. Jede Substanz hatte ihre eigene Kraft, die ihre Geist-Seele wurde.

Aus diesen vier Substanzen erschuf Kitche Manitu die stoffliche Welt der Sonne, der Sterne, des Mondes und der Erde.

Der Sonne gab Kitche Manitu die Kräfte des Lichtes und der

Wärme. Der Erde gab er Wachstum und Heilkraft; den Wassern Reinheit und Erneuerung; dem Wind Musik und den Atem des Lebens selbst.
Auf der Erde formte Kitche Manitu Berge, Täler, Ebenen, Inseln, Seen, Buchten und Flüsse. Alles war an seinem Ort; alles war schön.
Dann machte Kitche Manitu die Pflanzenwesen. Vier Arten gab es von ihnen: Blumen, Gräser, Bäume und eßbare Pflanzen. Jeder gab er den Geist des Lebens, des Wachstums, des Heilens und der Schönheit. Jede setzte er an die Stelle, wo sie am förderlichsten war und am besten zur Schönheit, Harmonie und Ordnung der Erde beitragen würde.
Nach den Pflanzen erschuf Kitche Manitu die Tierwesen und gab jedem besondere Kräfte und eine besondere Natur. Es gab Zweibeinige, Vierbeinige, Geflügelte und Schwimmende.
Zuletzt machte er den Menschen. Obwohl er der letzte in der Reihenfolge der Schöpfung und von allen Wesen das hilfloseste war und obwohl er die geringsten Körperkräfte besaß, hatte der Mensch die größte Gabe – die Fähigkeit zu träumen.
Dann machte Kitche Manitu für das Wohl und die Harmonie aller Dinge und Wesen die Großen Gesetze der Natur. Die Großen Gesetze regierten Ort und Bewegung von Sonne, Mond, Erde und Sternen, regierten die Kräfte von Wind, Wasser, Feuer und Stein, regierten den Rhythmus und die Stetigkeit von Leben, Geburt, Wachstum und Verfall. Alle Dinge lebten und wirkten nach diesen Gesetzen.
Kitche Manitu hatte seine Vision ins Leben gerufen.

Zerstörung

Unheil kam über die Welt. Große Wolken bildeten sich am Himmel und gossen Wasser auf die Erde, bis die Berggipfel bedeckt waren. Alles, was blieb, war ein riesiges Meer. Alle

Menschen starben. Alle Lebewesen des Landes gingen zugrunde. Alle Pflanzen wurden vom Meer bedeckt. Nur die Wassertiere und die Vögel und Fische lebten weiter. Was einst Erde war, war jetzt eine ungeheure Wasserfläche, die von grimmigen Stürmen zu Schaum geschlagen wurde.
Viele Generationen lang blieb die Welt ein Meer.

Neuschöpfung

Endlich hörte der Regen auf, die Wolken verschwanden, und die Sonne schien.
Hoch im Himmel lebte eine Frau allein, ein Geist. In ihrer Einsamkeit verzagte sie. Sie bat Kitche Manitu um ein Mittel, ihre Einsamkeit zu verjagen. Voller Mitgefühl für die Himmelsfrau sandte Kitche Manitu ihr einen Geist, der ihr Gemahl wurde.
Die Himmelsfrau und ihr Gefährte waren glücklich miteinander. Nicht lange, und die Geistfrau wurde schwanger. Bevor sie niederkam, ging ihr Gemahl fort. Allein gebar sie zwei Kinder, eines war ein reiner Geist, das andere ein reines Körperwesen.
Die neuen Wesen von unterschiedlicher Natur und Substanz haßten einander. In einer flammenden Himmelsschlacht bekämpften und zerstörten sie einander.
Nach dem Untergang ihrer Kinder lebte die Geistfrau wieder in Einsamkeit. Kitche Manitu, der wußte, wie betrübt sie war, schickte ihr noch einmal einen Gefährten. Wieder wurde die Himmelsfrau schwanger. Wie zuvor ging ihr Gemahl fort, aber die Himmelsfrau fand sich damit ab.
Die Wasserwesen verfolgten, was im Himmel geschah; sie spürten, daß die Geistfrau müde war, und hatten Mitleid mit ihr. In ihrem Mitgefühl trachteten sie etwas zu finden, das ihr Erleichterung bringen konnte. Schließlich überredeten sie eine riesige Schildkröte dazu, an die Wasseroberfläche zu steigen und ihren Rücken als Zufluchtsort anzubieten. Als

die große Schildkröte sich dazu bereit erklärte, luden die Wasserwesen die Himmelsfrau ein herunterzukommen.
Die Himmelsfrau nahm die Einladung an, verließ ihre Bleibe am Himmel und kam herunter, um sich auf dem Rücken der großen Schildkröte auszuruhen. Als die Himmelsfrau sich auf der Schildkröte niedergelassen hatte, bat sie die Wassertiere, Erde vom Grund des Meeres heraufzuholen.
Alle Tiere waren gern bereit, der Geistfrau zu helfen. Der Biber war einer der ersten, der sich in die Tiefe stürzte. Bald tauchte er wieder auf, ganz atemlos, aber ohne die kostbare Erde. Der Fischmarder versuchte es, aber auch ihm gelang es nicht. Der Marder tauchte hinunter, kam ohne Erde zurück und sagte, das Wasser sei zu tief. Der Seetaucher versuchte es. Er blieb lange unsichtbar, bis er heftig nach Luft schnappend wieder auftauchte. Er sagte, es sei zu dunkel. Alle versuchten, den Wunsch der Geistfrau zu erfüllen. Alle scheiterten. Alle schämten sich.
Zuletzt meldete sich das geringste der Wasserwesen, die Bisamratte, und wollte hinuntertauchen. Über diese Ankündigung lachten die anderen Tiere verächtlich, denn sie zweifelten an der Stärke und Ausdauer dieses kleinen Wesens. Hatten nicht sie, die sie doch stark und tüchtig waren, es nicht geschafft, Erde vom Grund des Meeres heraufzuholen? Wie sollte sie, das niedrigste unter allen Wassertieren, erreichen, was ihnen nicht gelungen war?
Dennoch war die kleine Bisamratte entschlossen zu tauchen. Unerschrocken verschwand sie in den Wellen. Die Zuschauer lächelten. Sie warteten darauf, daß die Bisamratte ebenso mit leeren Händen wieder auftauchte wie sie. Die Zeit verging. Aus den lächelnden Mienen wurden besorgte. Die kleine Hoffnung, die jeder genährt hatte, daß die Bisamratte doch Erfolg haben könnte, wich der Verzweiflung. Als die wartenden Tiere schon aufgaben, tauchte die Bisamratte wieder auf, mehr tot als lebendig, aber in ihren Pfoten hielt sie einen kleinen Klumpen Erde. Was den Großen nicht gelungen war, das hatte das kleine Tier geschafft.
Während man sich um die Bisamratte kümmerte, bis sie

wieder wohlauf war, bestrich die Geistfrau den Rand des Schildkrötenrückens mit der kleinen Menge Erde, die ihr gebracht worden war. Sie hauchte auf die Erde und hauchte ihr den Atem des Lebens ein. Sofort vermehrte sich die Erde, bedeckte den ganzen Rücken der Schildkröte und bildete eine Insel. Die Schildkröte hatte getan, um was sie gebeten worden war, und als sie nicht mehr gebraucht wurde, schwamm sie fort. Die Insel, die so entstanden war, wurde Mishee Mackinakong genannt, der Ort, wo der Rücken der Großen Schildkröte war; heute heißt sie Michilimackinac.

Für diesen Dienst an der Menschheit und der Geistfrau wurde die Schildkröte der Botschafter der Gedanken und Gefühle, der zwischen den Wesen verschiedener Natur und Art hin- und herschwimmt und -eilt. Sie wurde zum Symbol für Gedanken, die mitgeteilt und empfangen werden. Die Schildkröte, die langsamste aller Kreaturen, verkörperte Schnelligkeit und Verständigung zwischen den Wesen.

Die Inselheimat wuchs an Größe. Als die Wasser zurückwichen, brachten die Tierwesen Gräser, Blumen, Bäume und nahrhafte Pflanzen. Jedem hauchte die Geistfrau ihren lebenspendenden Atem ein, und sie erwachten wieder zum Leben. Auf die gleiche Weise wurden auch die ertrunkenen Tiere wieder lebendig gemacht. Alles wurde auf dieser Inselheimat wiederhergestellt.

Endlich kam für die Himmelsfrau die Zeit, das Versprechen des Lebens zu erfüllen. An einem wolkenlosen Morgen gebar sie Zwillinge, einen Jungen und ein Mädchen.

Die neuen Wesen waren anders als ihre ersten Kinder, die einander zerstört hatten. Sie waren von zusammengesetzter Natur, bestanden aus körperlicher Substanz und einer Geist-Seele-Substanz. In dieser Hinsicht waren sie ähnlich, aber zugleich gab es zwischen ihnen auch große Unterschiede. Eines war ein Mann; das andere war eine Frau. Obgleich sie verschieden waren, strebten sie danach, sich miteinander zu vereinigen. Keiner von beiden konnte ohne den anderen erfüllt sein. Nur zusammen besaßen sie einen Sinn; nur gemeinsam konnten sie ihre Zwecke erfüllen.

Einzigartig war die Geist-Seele der beiden. Sie wurde »Cheejauk« genannt und bestand aus sechs Aspekten: Charakter, Persönlichkeit, Seele, Geist, Herz oder Gefühl und ein Lebensprinzip. Diese Substanz hatte die Fähigkeit, zu träumen und Visionen zu empfangen. In Träumen und Visionen fand ein Mensch die Führung, die er brauchte, um sein Selbst zu verwirklichen.
Der Mann brauchte die Vision für seine Selbsterfüllung; für die Frauen war sie nicht unbedingt notwendig. Die Frauen waren erfüllt, weil sie durch die erste Mutter Leben gespendet hatten. Wie Kitche Manitu seine Vision empfangen und erfüllt hatte, so mußten die Männer nach einer Vision streben und sie ausleben, sobald sie sie empfangen hatten.
Es gab noch etwas, das Männer und Frauen kennzeichnete. Jeder Mensch besaß seine »Chibowmun« oder Aura. Es war eine Substanz, die von seiner »Cheejauk« herkam und seinen ganzen Körper durchtränkte, und man konnte daran die Art und den Zustand seines inneren Seins erspüren.
Die neuen Männer und Frauen wurden »Anishnabeg« genannt, Wesen, die aus nichts gemacht sind, denn sie bestanden weder aus Stein noch aus Feuer, noch aus Wasser noch aus Wind. Sie waren aus sich selbst geschaffene Wesen.
Jetzt war der Kreis geschlossen, Schöpfung, Zerstörung und Neuschöpfung.
Im ersten Jahr wurden die Kinder und die Geistfrau von den Tieren ernährt und versorgt. In all ihren Bedürfnissen waren die Geistfrau und die Kinder auf den guten Willen und die Hilfsbereitschaft der Tiere angewiesen. Die Bären, Wölfe, Füchse, Hirsche und Biber brachten Essen und Trinken; von den Eichhörnchen, Wieseln, Waschbären und Katzen bekamen sie Spielzeug und Spiele; Rotkehlchen, Sperlinge, Meisen und Taucher sangen und tanzten in der Luft; die Schmetterlinge, Bienen und Libellen brachten die Kinder zum Lächeln. All die tierischen Wesen dienten auf irgendeine spürbare Art, alle außer dem demütigen Hund.
Von allen tierischen Lebewesen besaß der Hund die wenigsten außergewöhnlichen Kräfte. Er war weniger flink als der

Fuchs, er war schwächer als der Wolf, er war weniger listig als der Nerz. Verglichen mit dem Fischmarder war der Hund ein schwacher Schwimmer, neben dem Hirsch wirkte er plump und ungeschickt. Von der Natur weniger gut ausgerüstet, hatte der Hund nichts, was er geben konnte. Er konnte nicht dienen. Aber er hatte doch den Drang, etwas zu tun. In seiner Verzweiflung gelobte er, seine Liebe zu geben. Andere konnten nach ihrer Natur und ihren Fähigkeiten dienen, er nach seinen.

So ließ der Hund sich neben dem Bett nieder, in dem die schlafenden Säuglinge lagen; mal saß er, mal legte er sich nieder. Er sah ihnen in die Augen, legte den Kopf neben ihre Füße oder spielte, um sie zu unterhalten. Die Kinder lächelten. Von dieser Zeit an wich der Hund dem Menschen nicht mehr von der Seite.

Der erste Winter im Leben der Anishnabeg war eine qualvolle Zeit. Nahrung gab es kaum, und die Winde waren rauh. Die Kinder wurden krank und verloren täglich an Kraft. Es sah so aus, als würden sie den Winter nicht überleben. Die Geistfrau war untröstlich, und die Tiere und Vögel waren in großer Sorge, daß die Kinder, die sie liebgewonnen hatten, sterben könnten. Schließlich bot der Bär sein eigenes Leben an, um die Kinder zu retten.

Mit dem süßen Fleisch des Bären überlebten die Kinder. Der Tod des Bären gab den neuen Wesen Leben. Danach opferten die anderen Tiere ihr Leben für das Wohl des Menschen. Während die Kinder zu Mann und Frau heranwuchsen, bewahrten sie sich eine besondere Liebe für den Bären und ehrten ihn in ihren Zeremonien. In Dankbarkeit und Liebe widmeten sie den anderen Tieren ein Gebet: »Ich war bedürftig«. Männer und Frauen überleben und leben durch den Tod ihrer älteren Brüder.

Viele Jahre später, als die ersten Anishnabeg herangewachsen waren und die Geistfrau sicher sein konnte, daß sie überleben würden, rief sie ihre Kinder zu sich. Sie sagte ihnen, sie würde jetzt in das Land des Friedens zurückkehren, zu ihrem eigentlichen Wohnsitz. Wenn sie ihre zugemessene Lebensspanne gelebt und genug Gutes getan hätten, so erzählte sie ihnen weiter, dann würden auch sie ihre Körper im Land der Lebenden verlassen und als Geist-Seelen ins Land des Friedens gehen, um dort auf eine andere Weise zu leben.

Dann stieg die Geistfrau zum Himmel auf und kehrte in ihre Heimat zurück. Immer wenn der Mond schien, dachten die Menschen von da an an Nokomis (Großmutter), die erste aller Mütter. Zugleich dachten sie dabei an die überragende Bedeutung der Frauen, die Trägerinnen der einzigartigen Gabe des Lebens waren; denn der Kreislauf von Schöpfung, Zerstörung und Neuschöpfung war ja durch eine Frau vollendet worden. Für ihre besondere Gabe, Leben und Sein zu geben, hatten die Frauen eine besondere Stellung in der Ordnung des Seins und waren von der Suche nach Visionen ausgenommen.

Nachdem die Geistfrau in ihren eigenen Bereich zurückgekehrt war, ging es den Menschen gut, und sie nahmen an Zahl zu. Tiere, Männer und Frauen arbeiteten bereitwillig und freudig zusammen. Michilimackinac war für alle eine glückliche Heimat.

Dieser glückliche Zustand hielt nicht an. Eine seltsame und todbringende Krankheit befiel die Anishnabeg und drohte alle auszulöschen. Es gab für diese schreckliche Krankheit keine Medizin; nichts konnte helfen, und Flucht war unmöglich. Viele starben. Unter denen, die noch nicht erkrankt waren, herrschte Furcht und Trauer.

Eines der Opfer dieser Seuche war Odaemin, ein kleiner Junge. Er starb nach kurzer Krankheit und ließ seinen Vater, seine Mutter, seine Brüder und Schwestern zurück. Nach seinem Tod wanderte seine Seele vier Tage lang westwärts auf dem Pfad der Seelen, bis sie an einen wolkenumhüllten Gebirgsrücken kam. Am Eingang zum Land der Seelen legte der Junge Fürsprache für das Leben seines Volkes ein. Er erhielt sein Leben zurück, berichtete seinen Leuten über die Bedingungen für den Einlaß ins Land der Seelen und überbrachte ein Versprechen, das Kitche Manitu gegeben hatte:

ein Vermittler würde kommen, der die Anishnabeg lehren sollte, was für ihr Leben und Wohlergehen wichtig war.
Bis zur Ankunft dieses Lehrers und bis zur Verbesserung ihrer elenden Lage mußten sie warten.
Kitche Manitu schickte Nanabush, um die Menschen zu lehren.

Nanabush, Kitche Manitus Gesandter

Nanabush wurde von einer menschlichen Mutter und von Epingishmook (Westen), einem Geist, gezeugt. Wie seine älteren Brüder, Mudjeekawis, Papeekawis und Chibiabos besaß Nanabush übernatürliche Kräfte und war von Natur ein Geist.
Als Nanabush geboren wurde, waren seine Brüder schon von zu Hause weggegangen. Er kannte sie nur dem Namen nach. Nicht lange nach seiner Geburt starb seine Mutter, aber einige sagten, sie sei getötet worden. Auch seinen Vater kannte Nanabush nicht. Ohne Eltern wurde er von seiner Großmutter großgezogen. In seinen frühen Jahren war Nanabush wie jeder andere Junge. Er mußte vieles lernen. Was er an Wissen erhielt, kam von seiner Großmutter.
Als er älter wurde, fragte er seine Großmutter oft nach seiner Herkunft und nach seinem Vater und seiner Mutter. Aber Nanabush erhielt keine Erklärungen. »Später«, sagte Nokomis. »Wenn du älter bist«, versprach sie.
Als Nanabush ins Mannesalter kam, merkte er, daß er Kräfte besaß, die andere nicht hatten. Jetzt erzählte seine Großmutter ihm von seiner Mutter und ihrem Tod. Sie erzählte ihm auch, daß sein Vater noch lebte und im Westen wohnte.
Zornig machte Nanabush sich auf den Weg, um seinen Vater zu suchen und seine Mutter zu rächen. Gegen die Einwände seiner Großmutter beschloß er, seine eigenen Kräfte und die seines Vaters auf die Probe zu stellen. Nanabush ging nach Westen ins Land der großen Berge; er trug nur Pfeile und

Bogen bei sich und einen kleinen Medizinbeutel, den ein alter Mann ihm gegeben hatte.
Nach vielen Monaten kam er endlich in gebirgiges Land. Müde und ohne zu wissen, wie er seinen Vater finden oder erkennen sollte, schlug er unter einem großen Baum sein Lager auf. Als er dort saß und darüber nachdachte, wie er seinen Vater treffen könnte, hörte er, wie jemand seinen Namen rief.
»Nanabush, nimm dich in acht vor Epingishmook. Er hat große Kräfte. Er weiß, daß du hier bist, und er will kommen, um dich zu zerstören. Geh zum Ort des Feuersteins. Sammle die Stücke. Lege sie in einen Beutel. Schärfe sie; gib ihnen eine neue Kraft. Sie werden dir dafür auch eine neue Kraft geben. Sie tragen das Element des Feuers in sich. Trage sie immer bei dir. Benutze den Feuerstein. Er ist die einzige Substanz, die dein Vater fürchtet. Er wird ihn verwunden, aber er kann ihn nicht zerstören.«
Nanabush schaute hoch in den Baum und sah nur einen Specht, der am Baum hackte. Nanabush wußte, daß es der Specht war, der ihn gewarnt und ihm den Rat gegeben hatte. Er sagte dem Vogel seinen Dank.
Dann brach er sofort zum Ort des Feuersteins auf, sammelte so viele Bruchstücke, wie er tragen konnte, und band sie zu einem Bündel. Bei der Rückkehr zum Lager schärfte er die Stücke.
Während er noch damit beschäftigt war, den Feuerstein zu schärfen und zu glätten, kam sein Vater. Nanabush grüßte seinen Vater respektvoll, aber zugleich auch mit Furcht und Argwohn. Nanabushs Vater war von massiger Gestalt und wirkte immer noch jung und unerschrocken.
Sie sprachen den ganzen Nachmittag und bis tief in die Nacht hinein miteinander. Als sich im Osten die Morgendämmerung zu zeigen begann, sagte Nanabush seinem Vater den Zweck seiner Reise. »Vater, ich bin gekommen, den Tod meiner Mutter zu rächen. Ich will dich dafür strafen, daß du meine Mutter getötet hast, wodurch mir die Mutterliebe verwehrt blieb.«

Epingishmook sah seinen Sohn traurig an und warnte ihn: »Mein Sohn, du kannst mir Schaden zufügen, aber du kannst mich nicht zerstören. Weder meine Verletzungen noch mein Tod können deine Mutter wieder lebendig machen oder dir ermöglichen, Mutterliebe kennenzulernen. Du bist mehr Geist als Mensch. Nimm dich in acht, deine Kräfte sind begrenzt, laß dich darüber nicht täuschen.«
Nanabush fürchtete sich, aber er ließ sich nicht einschüchtern. Er stand auf und antwortete: »Was du sagst, mag wahr sein, aber morgen werde ich gegen dich kämpfen.«
Am nächsten Tag traf Nanabush wie ausgemacht auf der großen Ebene auf seinen Vater. Der Kampf begann. Epingishmook schoß Pfeile, die wie Bienen summten; Nanabush schleuderte Feuersteine, daß es nur so pfiff. Den ganzen Tag tobte die Schlacht, ohne daß einer von beiden Boden gewann. Die Geschosse verdunkelten den Himmel wie Wolken. Am Abend hatten die Kämpfer alle Pfeile und Steine verschossen (Nanabush hatte allerdings auf den Rat des Spechts hin ein kleines Stück Feuerstein behalten, das er an einem Lederriemen um den Hals trug) und kämpften mit bloßen Händen. Der Kampf wogte so heftig, daß große Wolken von Staub aufstiegen und die Erde bebte. Als der Kampf sich gegen ihn zu wenden schien, holte Nanabush den verborgenen Feuerstein hervor; er schlug damit nach dem Kopf seines Vaters und brachte ihm eine tiefe Wunde bei. Als das Blut zu fließen begann, gab Epingishmook sich geschlagen. Nanabush hörte auf zu kämpfen.
Epingishmook sprach zu seinem Sohn: »Mein Sohn, du hast große Kräfte. Du bist mir ebenbürtig, nicht mehr und nicht weniger. Mit all deinen Kräften kannst du mich nicht bezwingen, aber ich dich auch nicht. Laß uns Frieden schließen. Ich werde bleiben, wo ich bin. Kehre du in das Land der Anishnabeg zurück. Lehre sie, bis sie stark sind. So wirst du dich und deinen Zweck erfüllen und Liebe erfahren. Als Erinnerung an unseren Kampf und unseren Frieden nimm diese Pfeife; trage sie immer bei dir. Sie ist das Zeichen für Frieden und guten Willen. Gib sie den Anishnabeg.«

Nanabush nahm die Pfeife und dankte seinem Vater. Gemeinsam rauchten sie die Friedenspfeife und beruhigten ihr Herz und ihr Gemüt. Nanabush kehrte an die Großen Seen zurück, um den Menschen zu dienen und seinen Zweck zu erfüllen.

Nanabush mußte vieles über die Natur, das Ausmaß und die Grenzen seiner Kräfte lernen. Er mußte nicht nur lernen, worin sie bestanden, sondern sie auch entwickeln und ihr Wachstum hüten.

Nanabush war ein übernatürliches Wesen. Von allen Kräften, die er besaß, war keine so einzigartig wie die Macht der Verwandlung. Wie eine Kaulquappe sich in ein neues Wesen mit einer neuen Gestalt verwandelt, wie eine Raupe zu einem Schmetterling von verwirrender Schönheit wird, so konnte er willentlich und im Handumdrehen eine neue Gestalt und ein neues Sein annehmen. Er konnte ein Mensch sein und sich im nächsten Augenblick in einen Kieselstein verwandeln. Er konnte ein Windhauch sein, eine Wolke, eine Blume, eine Kröte. Und obwohl Nanabush ein körperliches Wesen werden konnte, war er im Grunde ein übernatürliches Wesen.

Nur so konnte Nanabush seinen Zweck erfüllen. Als reines unkörperliches Wesen hätten ihn die Menschen weder anerkennen noch verstehen können. Das lernte er in seiner Verbindung mit den Anishnabeg früh. Alle Wesen können nur ihre eigene Art anerkennen und verstehen. Ein Mensch versteht und akzeptiert einen anderen Menschen, ein Adler einen anderen Adler.

Welche Gestalt Nanabush auch annahm, er mußte die Grenzen dieser Form annehmen und ertragen. Wurde er ein Adler, so konnte er durch die Wolken schweben, aber er konnte nicht zugleich schwimmen oder tauchen wie eine Ente. Er konnte eine Fichte werden, standfest und dauerhaft, aber dann konnte er nicht singen oder laufen. Dann war er nach Gestalt und Natur eine Fichte. Wurde er ein Mann oder eine Frau, dann konnte er so mutig oder furchtsam werden, wie ein Mann oder eine Frau sein kann; er konnte großzügig oder geizig sein; er konnte aufrichtig oder falsch sein, voller Liebe oder Haß. Als ein Anishnabeg war Nanabush menschlich – edel und stark oder niedrig und schwach. Wegen dieser Eigenschaften, stark und schwach, lernten die Menschen Nanabush kennen und lieben. Sie sahen sich selbst in ihm. In seinem Wesen spiegelte sich der Charakter von Männern und Frauen, von jung und alt. Von Nanabush lernten die Anishnabeg, obwohl er ein widersprüchliches, zugleich körperliches und geistiges Wesen war, das Gutes tat und doch unfähig war, das Gute zu erlangen. Sie ehrten ihn für seine Lehren.

Vater Sonne und Mutter Erde

Nachdem Nanabush und sein Vater Epingishmook miteinander gekämpft hatten, rauchten sie als Symbol für Versöhnung, guten Willen und Harmonie die Friedenspfeife.
Epingishmook erklärte das Ritual, das er ausführte: »Die Menschen sollen, während sie rauchen, an ihre besondere Beziehung zu und ihre Abhängigkeit von Sonne, Erde, Mond und Sternen denken. Wie die tierischen Wesen sind sie letztlich von Sonne und Erde abhängig.
Die Schöpfung ist vierfach gegliedert. Zuerst die stoffliche Welt, dann die Pflanzenwelt, dann die tierische Welt und zuletzt die menschliche Welt. Alle vier Teile sind so miteinander verwoben, daß sie zusammen das Leben und die ganze Existenz bilden. Wo nicht alle diese vier Bestandteile zusammen sind, da ist das Leben und das Sein unvollständig und unbegreiflich. Keiner dieser Teile ist sich selbst genug oder vollständig, sondern jeder erhält seinen Sinn und erfüllt seine Aufgabe und seinen Zweck nur im Zusammenhang mit der ganzen Schöpfung.
Vom ersten bis zum letzten muß sich jeder dieser vier Teile an die Gesetze halten, die das Universum und die Welt regieren. Der Mensch ist durch dieses Gesetz gezwungen, von den Tieren und Pflanzen zu leben und von ihnen zu lernen, so wie die Tiere von den Pflanzen abhängig sind, die wiederum ihr Leben und ihre Ernährung der Erde und der Sonne verdanken. All diese Wesen sind letztlich von der stofflichen Welt abhängig. Der Lebensraum und die Existenz jeder dieser Arten ist von den großen Gesetzen der Harmonie vorherbestimmt. Nur durch die Beziehung dieser vier Arten hat die Welt einen Sinn. Ohne Pflanzen und Tiere hätte der Mensch keinen Sinn; und würde er nicht von einem unwandelbaren Gesetz regiert, so hätte er auch keinen. Für das Wohlergehen aller muß es eine Harmonie geben, die durch das Beachten dieses Gesetzes erlangt wird.

Während es in der Welt der Pflanzen und Tiere einen natürlichen Instinkt für die Einhaltung dieses großen Gesetzes des Ausgleichs gibt, ist der Mensch von der Natur nicht so ausgestattet worden. Aber der Mensch besitzt Erkenntnis, durch die er diese Gesetze erfahren und sich an sie halten kann, um so seinen Platz in der Weltordnung zu finden. Der Mensch muß sich außerhalb seiner selbst nach Führung umsehen. Bevor die Menschheit sich den Gesetzen unterwerfen kann, muß sie zuerst das Rahmenwerk der Anordnungen verstehen. Auf diese Art wird der Mensch die Ordnung in Ehren halten, wie es von Kitche Manitu geplant war.

Die Sonne hat ihren eigenen Pfad,
  Sie gibt das Licht und entführt es wieder.
  Die Erde
  Antwortet unerschöpflich.

Vater Sonne

Seit den frühesten Zeiten verehren die Menschen die stoffliche Welt von Sonne, Mond, Erde und Sternen, die Welt des Donners, des Blitzes, des Regens, der Winde, Berge und Feuer.
Über allem war die Sonne. Selbst die Lage der Hütten war ein Ausdruck für die Verehrung der Sonne. Der Eingang lag nach Osten hin, der auch »Der Sonnenaufgang« genannt wird.
Es war Brauch, daß der erste, der sich vom Schlaf erhob, »halb tot«, nach draußen ging, sich dem Osten zuwandte, sich sammelte und ein Gebet sprach.

Du, Vater,
  Übst durch die Sonne
  Deine Macht aus,
  Die Nacht zu vertreiben,
  Einen neuen Tag zu bringen,
  Ein neues Leben, eine neue Zeit.

Dir, Vater,
Sagen wir Dank
Durch die Sonne
Für dein Licht,
Für deine Wärme,
Die allen Wesen Licht gibt.

Eine weitere Verbindung zwischen der Sonne und den Menschen wurde aus der täglichen Erfahrung von Morgen- und Abenddämmerung und aus dem jährlichen Kreislauf vor Erneuerung und Verfall des Lebens abgeleitet. Jeden Morgen, wenn die Sonne aufgeht, öffnen sich die Blumen, fangen die Vögel an zu singen, beginnen die Tiere sich zu regen und die Schatten verblassen. Die Sonne läßt Leben in alle Dinge strömen. Und jeden Abend, wenn die Sonne sich senkt, falten sich die Rosen zusammen, verstummen die Rotkehlchen, legen die Tiere sich schlafen. Wenn die Sonne das Licht verlöschen läßt, vermindert sie auch das Leben. Wenn im Frühling die Sonne wieder warm wird, lebt die ganze Welt auf; wenn im Herbst die Sonne weniger Wärme gibt, verblaßt das Leben und läßt nur Schatten von dem, was war, zurück und Ahnungen von dem, was sein wird. In ihrer lebenspendenden Kraft ist die Sonne Vater von allem.
Wie die Anishnabeg am Morgen Dankgebete sprachen, so dankten sie auch am Abend für die Gaben, die sie den Tag über erhalten hatten.
Aber die Verehrung der Sonne als Menschenvater geht über die oberflächliche Beziehung hinaus und wird zu einem Symbol für die Beziehung des Erschaffenen zu Gott oder Kitche Manitu. Die Sonne dient nur als ein Zeichen für diese Beziehung und dieses religiöse Verständnis.
Dankgebete waren Bestandteil des täglichen Lebens, nicht von der Arbeit oder Erholung des Menschen getrennt und nicht in Rituale gepreßt. Wie der Gebende frei und großzügig gab, so mußte auch der Empfangende seine Dankbarkeit im gleichen Geist bekunden. Für die Menschen gab es keine Gabe und kein Geben ohne einen Empfangenden. Aber der

Empfangende mußte auch wissen, wie und mit welchen Worten er die Wohltaten dankbar entgegennahm. Die Gabe des Lebens wird einmal gegeben, aber sie wird jeden Tag mit Sonnenaufgang erneuert.
Noch etwas gibt es bei der Gabe Kitche Manitus zu bedenken. Alle Wesen teilen sich die Gabe des Lichts, des Lebens und der Wärme. Daher darf niemand glauben, daß die Gabe nur für ihn allein bestimmt sei, und niemand darf einem anderen verweigern, sich an solchen Gaben zu erfreuen. Alle haben die große Gabe empfangen, alle müssen sie dankbar annehmen.

Mutter Erde

Die Anishnabeg schrieben die Vaterschaft der Sonne zu. Auf die gleiche Weise sahen sie die Mutterschaft in der Erde verkörpert. Sonne und Erde waren beide notwendig und bei der Erzeugung des Lebens aufeinander angewiesen. Aber von den beiden ursprünglichen Elementen war Mutter Erde am unmittelbarsten und den Gefühlen der Menschen am nächsten und wurde am meisten verehrt. Vater Sonne und Mutter Erde hatten verschiedene Aufgaben, so wie auch Mann und Frau verschieden sind. Die Sonne erleuchtet die Schöpfung, die Erde erhält die Schöpfung mit Schönheit und Nahrung.
Vielleicht rührt die Mütterlichkeit der Erde von ihrer Grundsubstanz her, dem Stein. Der Stein schien unwandelbar zu sein, hielt den Winden, dem Winter und dem Sommer stand. Bewegungslos, wie er war, schien er gegen jeden Wandel gefeit zu sein, den der Mensch unmittelbar wahrnehmen konnte, als sollte er weiterleben, um Leben spenden zu können. Den gleichen Charakter und die gleichen Eigenschaften erwartet man von der Mutterschaft, deren Grundlage die Liebe ist. Wenn Kinder zu Männern und Frauen heranwachsen sollten, so mußten sie darauf vertrauen können, daß die Liebe der Mutter fortdauern wird, sonst würde

es ihnen an Vertrauen zu sich selbst und zu anderen mangeln. Aber die Freigebigkeit der Erde und ihre Kraft, Leben zu geben, wurde für verläßlicher gehalten als die menschliche Mutterschaft.
Für Vater Sonne empfanden die Menschen Verehrung; ihre Liebe und Achtung galt der Erde. Sie beteten:

Frau!
Mutter!
An deiner Brust
Nährtest du mich.
In deinen Armen
hieltest du mich.
Dir meine Liebe.

Erde!
Mutter!
An deinem Busen
Finde ich Nahrung.
In deinem Mantel
Suche ich Schutz.
Dir meine Verehrung.

Wie die Anishnabeg die Sonne als ein Symbol für die Vaterschaft des Menschen betrachteten, so sahen sie in der Erde die Mutterschaft. Eine Frau empfängt durch eine einmalige gemeinsame Handlung mit einem Mann und gebärt ein neues Leben. Danach muß sie dieses neue Leben erhalten.
Ähnlich verhält sich die Erde. Mit der Ankunft des Frühlings und der Sonnenwärme empfängt sie und gebärt Blumen, Gräser, Bäume und nahrhafte Pflanzen. Sie ernährt diese Pflanzen. Wie die Frau für das Geschenk des Lebens Achtung und Liebe verdient, so verdient es die Erde, verehrt zu werden.
Indem die Menschen die Erde durch Gebet, Gesang, Tanz und Zeremonien verehrten, schlossen sie damit auf besondere Weise alle Mutterschaft mit ein.

Die Liebe und die Achtung, die die Anishnabeg für die Erde empfanden, wurde in der Zeremonie des Rauchens der Friedenspfeife verewigt.
Der Rauch des ersten Zuges wurde Kitche Manitu geopfert, der zweite Zug war für Mutter Erde. Das war ein unerläßlicher Bestandteil der Zeremonie, ohne den sie unvollständig und daher leer gewesen wäre. Das war die Art, wie die Anishnabeg öffentlich ihre Abhängigkeit von der Erde und ihre Achtung vor der Überlegenheit des Weiblichen bekundeten.
Aber die Verehrung der Erde endete nicht bei dem ausgeatmeten Rauch. Es gab noch andere äußere Zeichen für die Verehrung der Mutterschaft der Erde. In der Zeremonie des Friedenspfeiferauchens waren die vier Arten des Lebens und des Seins gegenwärtig: Erde, Pflanze, Tier und Mensch. Die Erde, deren Grundsubstanz das Gestein ist, bildete die Pfeife; die Pflanze, Tabak, war das Opfer; das Tier, symbolisiert durch Federn und Fell, wurde an die heilige Pfeife aus Stein gehängt; der Mensch führte die Zeremonie aus.
Der Stein war stark und dauerhaft. Pflanzenwesen, Tierwesen und der Mensch kommen an ein Ende, aber die Erde lebt weiter. Mutter Erde bleibt immer freigebig und erhält alle Wesen. Alles andere wandelt sich; die Erde bleibt immer gleich und gibt immer Leben. Es ist ein Versprechen für die Zukunft an die, die noch geboren werden.
Mutter Erde bleibt sich nicht nur immer gleich, sondern sie ist auch noch großzügig. Für diese Eigenschaft wird ihr in Gebeten und Zeremonien gedankt.
Eine Mutter gebärt ein Kind. Sie nährt es, hält es in den Armen. Sie gibt ihm einen Platz auf ihrer Decke nahe an ihrer Brust. Eine Frau kann viele Kinder gebären. Allen gibt sie Nahrung, Pflege und einen Platz in ihrer Nähe. Jedem gibt sie einen Teil von sich selbst, jedem weist sie einen Platz im Haushalt zu.
Kein Kind darf ein Erstgeburtsrecht oder andere Eigenschaften geltend machen, um für sich mehr zu fordern als für Bruder oder Schwester. Eine Mutter gibt allen ihren Kindern

gleich viel, vom ersten bis zum letzten, vom stärksten bis zum schwächsten. Alle haben ein Anrecht auf einen Platz nahe bei ihrer Brust in ihrer Hütte.

So freigebig ist auch die Erde. Ihr Mantel ist weit, ihre Schüsseln sind immer voll und werden ständig gefüllt. Auf der Decke von Mutter Erde ist Platz zum Jagen, Fischen, Schlafen und Leben. Aus den Schüsseln kommen Speise und Trank für jedermann. Alle, Junge und Alte, Starke und Schwache, Gesunde und Kranke sollen sich in die Großmut und Freigebigkeit von Mutter Erde teilen.

Der Grundsatz des gleichen Anrechts aller schließt privaten Besitz aus. Kein Mensch kann seine Mutter besitzen. Dieser Grundsatz erstreckt sich auch auf die Zukunft. Die Ungeborenen haben nicht weniger Anspruch auf den Reichtum der Erde als die Lebenden. In seinem Leben ist der Mensch nur Verwalter seines Stückes vom Land, und er muß an seine Kinder weitergeben, was er von seiner Mutter ererbt hat. Beim Tode lassen die Sterbenden ihren Umhang zurück und nehmen nichts mit sich als eine Erinnerung und einen Platz für andere, die noch kommen werden. Das ist das Erbe des Menschen: zu kommen, zu leben und zu gehen, zu empfangen, um weiterzugeben. Kein Mensch kann seine Mutter besitzen; kein Mensch kann die Erde zum Eigentum haben.

Menschen und Zeitalter verweilen und räumen dann ihren Platz. Mutter Erde bleibt ganz, unteilbar und dauerhaft. Mit dem Tod endet alle Besitzerschaft. Der Mensch überlebt die Erde nicht; die Erde überdauert den Menschen.

Als Empfänger der Pflege und Liebe ihrer Mutter sind die Kinder verpflichtet, sich um sie zu kümmern, wenn sie krank oder alt wird.

Männer und Frauen verdanken ihr Leben und ihren Lebensunterhalt der Mutter Erde. Als ehrerbietige und liebende Kinder haben sie die Pflicht, Mutter Erde zu achten. Die beste Art, diese Zuneigung auszudrücken, ist es, die Gefühle des Herzens in Gesänge und Gebete zu kleiden. Weil sie Mutter Erde lieben, vermeiden sie es, ihr Unrecht und

Schaden zuzufügen. Die Lebensschuld muß aus ganzem Herzen und ganzer Seele anerkannt werden.
Mutter Erde gibt Leben; sie nimmt es zurück. In Schmerz, Krankheit und Kummer wendet sich ein Kind um Trost und Schutz an seine Mutter.
Ein Mann oder eine Frau in Leid suchen Ruhe und Erholung am Busen der Mutter. Sie gehen nicht zum Vater, sondern wenden sich um Trost an die Mutter. Alle Wesen tun das. Absterbende Pflanzen beugen sich, bevor sie auf den Boden sinken. Vom Pfeil getroffene oder vom Alter gebeugte Tiere legen sich auf die Erde nieder. Männer und Frauen legen sich in den letzten Augenblicken ihres Lebens auf die Erde zur Ruhe. Dann sind die Kinder – wie bei der Geburt – ihrer Mutter am nächsten.
Symbolisch und zugleich auf sehr wirkliche Weise geben Männer und Frauen ihr Leben an Mutter Erde zurück. Nur mit ihrem persönlichen Besitz im Busen von Mutter Erde begraben, finden die Toten Ruhe, und bald werden sie ein Teil von Mutter Erde, werden eins mit ihr. Bei der Geburt empfängt der Mensch das Leben von seiner Mutter, beim Tod übergibt er sein Leben an Mutter Erde.
Die Menschen liebten Mutter Erde, denn ihre Geist-Seele war Schönheit, Wachstum, Freigebigkeit und Frieden.

Großmutter Mond

Die erste aller Mütter gebar ihre Kinder und zog sie zu Mann und Frau heran. Als sie ihren Zweck erfüllt und ihre Natur verwirklicht hatte, kehrte sie in ihre eigene Welt zurück. Aber vor ihrem Aufstieg sagte sie ihren Kindern, sie würde sie niemals vergessen. Sie versicherte ihnen, sie würde nachts durch den Mond über sie wachen. Die Kinder ihrerseits versprachen, sich immer dann an die erste Mutter zu erinnern, wenn der Mond am Himmel stand.
Am Tage sahen Vater Sonne und Mutter Erde nach den Kindern; nachts schien Großmutter Mond am Himmel und

lenkte die Pfade der Menschen. So wird immer wieder an die überragende Bedeutung des Weiblichen erinnert.

Großvater Donner

Da der erste Vater der Anishnabeg ein Geist war, kehrte er nach der Zeugung der Zwillinge in den Himmel zurück. Anders als die erste Mutter, an die man sich erinnerte und die man verehrte, geriet der erste Vater in Vergessenheit. Er hatte keine Zeichen hinterlassen, die an ihn erinnerten.
Animkee (Donner), denn das war sein Name, war enttäuscht und verbittert über die Achtlosigkeit und Vergeßlichkeit seiner Enkel.
In seinem Zorn kam er aus den westlichen Himmeln hervor und rief mit einer Stimme, die über den ganzen Himmel widerhallte. In Wolken verhüllt fuhr er geradewegs über die Häuser und Dörfer der Menschen hinweg. In seiner Wut schoß er Blitzpfeile auf die Erde und schlug die Wolken, bis sie ihre Tränen auf die Erde weinten. Selten verweilte er, sondern zog weiter dem Osten zu.
Anfangs war er allein. Später schlossen viele andere Großväter sich ihm an. Gemeinsam und in großer Zahl bestürmten sie oft die Anishnabeg.
Männer und Frauen waren immer entsetzt, wenn große Wolken sich formten. Blitze zuckten und der Donner die Himmel erschütterte.
Von Nanabush lernten die Anishnabeg, den Großvätern den heiligen Tabak zu opfern. Seitdem wurde es ein Brauch, den Donnern Tabak zu opfern.
Für die Anishnabeg besaßen der Baum, die Kreatur, das Stück Erde, die von einem Blitzpfeil getroffen worden waren, Medizin und Macht, eine besondere Essenz.
Zwar sind die Großväter ihren Enkeln nicht so nahe wie die Großmütter, aber man muß ihrer genauso gedenken und sie verehren. Auch sie haben ihren Anteil am Geschenk des Lebens, und auch sie lenken das Geschick ihrer Enkel.

Waussnodae (Nordlicht)

Im Winter bleiben die Großväter bei ihren Hütten und unternehmen keine Streifzüge. Sie halten ihre Feuer in Gang. Die Spiegelung dieser Feuer sieht man am nördlichen Himmel, manchmal hell, manchmal schwach, manchmal flakkernd, manchmal sanft. Es hieß auch, das Nordlicht sei der Schein der Fackeln, mit dem die Großväter den Pfad der Seelen erleuchteten, damit die Geist-Seelen auf ihrem Weg ins Land des Friedens Licht hätten.
Die Anishnabeg gedachten ihrer Großväter. Denn es waren ihre Vorväter, von denen sie das Wissen vom Leben und Sein, von dem, was sie waren und was sie sein sollten, geerbt hatten. Was die Großväter als Erbe hinterließen, war ein Werk ihres Geists, ihrer Herzen und Hände. Die Lebenden sollten das Geschenk annehmen, es vermehren und an die Jungen und noch nicht Geborenen weitergeben. Den Großvätern gebührte Dankbarkeit und Erinnerung.

Die Vier Himmelsrichtungen

Kitche Manitu erschuf vier körperlose Wesen: Zhawano (Süden), Keewatin (Norden), Waubun (Morgen oder Osten) und Ningobianong (Abend oder Westen). Er wies jedem ein Viertel der Welt und einen Teil der Zeit zu. Jedem gab er eine Macht über das Leben, die mit Weisheit gebraucht werden sollte. Die Legende berichtet, daß diese Wesen in Eintracht lebten.
Mit der Entstehung der Pflanzen, der Tierwesen und Menschen begann unter diesen Wächterwesen ein Kräftemessen.
Ein Mann und eine Frau hatten eine Tochter, die fröhlich, fleißig, freundlich, schön und klug war. Solche Eigenschaften zogen viele Werber an, die mit ihren Flöten in ihr Dorf und ihre Hütte kamen und um sie warben. Einer nach dem

anderen wurden alle auf ihren Mut und ihre Großzügigkeit geprüft; jeder mußte seine Fähigkeiten als Jäger und Fischer beweisen, indem er die Familie eine Zeitlang ernährte. Jedem von ihnen fehlte irgendeine Eigenschaft, die für die Versorgung einer Lebensgefährtin unabdingbar ist.
Schließlich kam ein junger Mann aus einem weit entfernten Dorf. Er war freundlich und sanftmütig und brachte dem Mädchen Blumen und Beeren mit. Außerdem sang er viel mit seiner wunderschönen Stimme. Das Mädchen verliebte sich in Zeegwun, den jungen Mann. Ihre Eltern nahmen Zeegwun in ihr Haus auf, um ihn zu prüfen, und fanden ihn geeignet; er war ohne weiteres in der Lage, ihre geliebte Tochter zu versorgen. Die Hochzeit wurde zum Herbst festgesetzt; dann sollte das junge Paar zum Symbol der Vereinigung seine Kleider selbst nähen.
Im Spätsommer kam noch ein junger Mann von weit her in das Dorf. Er hatte von der Schönheit, Klugheit und Freundlichkeit des Mädchens gehört, und obwohl sie schon versprochen war, verliebte er sich augenblicks in sie. Er war ein kühner, starker und tapferer Krieger mit vielen Federn an seinem Kopfschmuck. Als Jäger kam niemand ihm gleich. Schon kurz nach seiner Ankunft hatte er alle jungen Männer des Dorfes herausgefordert und besiegt.
Bebon, so war sein Name, suchte nach Zeegwun, denn ihm war er bei den Zweikämpfen mit den jungen Männern des Dorfes nicht begegnet. Der freundliche, milde Zeegwun war dem mächtigen Bebon nicht gewachsen; zerschlagen, blutend und besinnungslos blieb er auf dem Kampfplatz liegen.
Tag für Tag kehrte Bebon ohne ersichtlichen Grund zurück und fiel über den armen Zeegwun her. Anscheinend hegte Bebon einen besonderen Haß gegen den friedlichen Zeegwun. Nur an ihm ließ er seine Wut aus. Nach jedem Angriff war Zeegwun schwächer und gebrochener. Die Leute kümmerten sich in ihrem Mitleid um ihn.
Die Zeit verging und die Leute empfanden immer weniger Achtung für Zeegwun, während ihre Achtung für Bebon

stieg. Bebon lachte, als der zerschlagene Zeegwun sich aus dem Dorf wegstahl und versprach wiederzukommen.
Bebon, der mächtige Jäger, blieb. Jeden Morgen brach er früh auf und kehrte spät am Abend mit Jagdbeute aller Art zurück, Enten und Rebhühner, Elche, Hirsche und Bären. Er zeigte den Frauen im Dorf, wo man Beeren und Gemüse im Überfluß finden konnte. Mit seiner Tüchtigkeit versorgte er nicht nur die Familie seiner Geliebten, sondern das ganze Dorf.
Ebenso bewährte Bebon sich im Krieg. Er war nicht nur der beste Krieger im Dorf seiner Wahl, sondern auch der größte kriegerische Führer des ganzen Volkes. Unter seiner Führung wurden plündernde Kriegshorden zurückgeschlagen und fremde Dörfer erobert, bis sein Name überall gefürchtet und das Dorf sicher war.
Bebon wurde geehrt; Bebon war geachtet; Zeegwun war vergessen.
Aber Zeegwun kehrte tatsächlich in das Dorf seiner Verlobten zurück. Stärker und ausdauernder geworden, kam er, um Rache zu nehmen. Er stellte Bebon, als dieser müde und hungrig von der Jagd heimkam. Zeegwun forderte ihn durch einen Schlag ins Gesicht heraus. Dann ging er wie wild auf Bebon los, zerschnitt ihm das Gesicht und schlug ihn bewußtlos.
Zeegwun wartete neben Bebons reglosem Körper. Sobald Bebon zu sich kam, griff Zeegwun ihn wieder an. Der Kampf ging Tag um Tag weiter, bis Bebon um Gnade flehte und das Dorf und das Land zu verlassen versprach.
Als Bebon fort war, konnte Zeegwun die Liebe seines Mädchens und die Achtung ihres Volkes zurückgewinnen. Wieder kamen Wärme und Schönheit ins Land.
Im Herbst kam Bebon wieder, ganz von seinen Verletzungen genesen. Binnen kurzem hatte er Zeegwun wieder aus dem Dorf vertrieben. Als der Frühling kam, war auch Zeegwun wieder da und triumphierte über Bebon.
So ging es Jahr um Jahr. Bebon und Zeegwun kämpften um die Vorherrschaft und um die Hand des Mädchens; sie

kämpften einen Kampf, in dem es keinen Sieger und keinen Besiegten gab.
Das Mädchen wurde mutlos, und ihre Eltern waren der endlosen Fehde zwischen Bebon und Zeegwun müde. Um den Streit zu beenden und um ihre Tochter der Liebe dieser beiden Streithähne zu entziehen, brachten die Eltern das Mädchen an eine abgelegene Bucht, die ein gutes Stück vom Dorf entfernt war. Ihre Wohnung schwamm auf dem Wasser, so daß keiner ihrer Werber sie ohne weiteres erreichen konnte. Dennoch hörten die Kämpfe nicht auf.
Als das Mädchen schließlich unverheiratet und unerfüllt starb, wurde sie in eine Wasserlilie verwandelt und erinnert seitdem daran, wie töricht es ist, mit Krieg Liebe finden zu wollen. Die Reinheit ihrer Blüte und ihres Dufts erinnert jeden daran, daß der Krieg den unschuldigen, friedlichen Wesen schaden kann, die an dem Streit keinen Anteil haben.
Selbst nach dem Tod der Jungfrau ging der alljährliche Kampf von Zeegwun (Sommer) und Bebon (Winter) weiter. Zeegwun brachte Erneuerung, Jugend und Leben. Hatte Bebon die Oberhand, so brachte er Auflösung, Verfall und Tod. Keiner von beiden konnte seine Herrschaft auf Dauer festigen.
Während Bebon und Zeegwun noch um die Hand des Mädchens rangen, erhob sich ein zweiter Kampf. Waubun (Morgendämmerung) und Ningobianong (Stern-sinkt-in-die-Wasser oder Abend) begannen ihren Zweikampf.
Beide waren sehr mächtige Medizinmänner, die über ungeheures Wissen verfügten und stark wirkende Medizinen besaßen. Ningobianong war der Ältere und Waubuns Lehrmeister.
Nach vielen Jahren des Lernens fand Waubun, es sei an der Zeit, ein selbständiger Medizinmann zu werden, ohne die Aufsicht und Vormundschaft Ningobianongs.
Als er seinem Lehrer den Wunsch nach Unabhängigkeit vortrug, lehnte dieser die Erfüllung ab, weil er meinte, daß Waubuns Wissen und Können noch unvollständig seien.
Waubun war sich seiner Sache so sicher, daß er Ningobia-

nong zu einer Machtprobe herausforderte. Ningobianong willigte ein. Da Waubun der Jüngere war, sollte er zuerst seine Macht zeigen. Viele irdische Anishnabeg kamen als Zuschauer zu diesem Wettstreit.
Waubun, jung, stolz und stark, verkündete: »Ich werde die Sonne am östlichen Himmel anhalten, so daß es immer Morgen sein wird.« Und die Sonne blieb stehen, wie es sein Wille war. Die Anishnabeg staunten und freuten sich. Lange Zeit blieb die Sonne unbeweglich stehen.
Waubun wandte sich zu Ningobianong und sagte spöttisch: »Nun, mächtiger Ningobianong, kannst du etwas, das dem gleichkommt?«
Ningobianong wandte seinen Blick der Sonne zu, und sie begann auf die westlichen Hügel zuzuwandern, wurde ein strahlend feuerroter Ball und entschwand den Blicken.
Waubun und die versammelten Anishnabeg staunten. Waubun stand auf.
»Ich werde die Sonne wieder aufgehen lassen. Bei ihrem Aufgang werden alle Blumen ihre Blüten öffnen, um sie zu begrüßen.«
Und die Sonne ging auf, wie es sein Wille war, und alle Blumen öffneten sich, um sie zu begrüßen.
Ningobianong blieb ruhig. Er nickte nur, und die Sonne überquerte wieder den Himmel und versank. Als die Sonne verschwand, schlossen alle Blumen ihre Blüten wieder.
Aber Waubun gab nicht nach. Er sagte zu der Menge: »Beim nächsten Aufgang der Sonne werde ich dem ersten Neugeborenen die ewige Jugend schenken.«
Am nächsten Morgen wurde ihm ein neugeborenes Kind gebracht. Der Medizinmann hauchte das Kind an. Die Anishnabeg sahen zu und freuten sich. Das Kind wuchs. Immer noch sahen die Anishnabeg zu. Sie waren höchst verwundert über Waubuns Macht. In ihrer Bewunderung baten sie Waubun um das Geschenk der Jugend.
»Augenblick«, sagte Ningobianong, »jetzt bin ich an der Reihe.«
Die Anishnabeg zischten ihn an.

Ningobianong nahm den jungen Mann bei der Hand und sah ihm in die Augen. Er sagte: »Du wirst deine Jugend verlieren.«

Die Anishnabeg sahen zu, und während sie zusahen, merkten sie, daß es so war. Der junge Mann veränderte sich. Er verlor seine Jugend und Kraft. Er wurde schwach, und er wurde weise.

Staunend und voller Furcht traten die Anishnabeg zurück und sagten, keiner der beiden Medizinmänner sei mächtiger als der andere. Waubun und Ningobianong setzten ihren Wettstreit ungeachtet dieses Urteils fort, Tag um Tag, Monat für Monat, Leben um Leben.

Die Natur der Pflanzen

Der Baum des Lebens

Ein Baum ist ein Abbild des Lebens.
Er wächst.
Unwohl, heilt er sich selbst.
Erschöpft, stirbt er.

Ein Baum spiegelt das Sein.
Er wandelt sich.
Verändert, stellt er sich selbst wieder her
Und bleibt immer der gleiche.

Ein Baum gibt Leben.
Er ist beständig.
Er gewährt Leben,
Aber sein eigenes bleibt unvermindert.

Bäume geben mir alles,
Alles, was ich brauche.
Ich habe dem Baum nichts zu geben
Als meinen Lobgesang.

Schaue ich einen Baum an,
So denke ich daran, daß
Der Apfelbaum meinen
Hunger stillen kann,
Der Ahorn meinen
Durst löschen kann,
Die Fichte meine
Wunden und Schnitte heilen kann,
Die Rinde der Birke mein
Heim bilden kann, mein
Kanu und meine Gefäße formen kann,
Die Haut der Birke

Die Bilder aufnehmen kann, die ich male,
Die Balsamienraine mich
vor dem Wind beschirmen können,
Die Früchte des Weinstocks meinen
Federn Farbe geben können.
Der Hickory biegt sich zu
meinem Bogen, und
Das Holz des Kirschbaums
wird zum Schaft des Pfeils.

Der Farn kann meinen
Körper im Schlaf betten,
Die Linde kann
Die Puppe meiner Tochter werden,
Die Esche, als Schneeschuh, kann
Mich über den Schnee tragen,
Der Tabak kann
Meine Gebete zu Gott tragen,
Das Süßgras kann
Meine Hütte mit Duft erfüllen,
Die Wurzel des Immergrün kann
Meinen Schlitten und mein Boot zusammenhalten,
Stumpf und Zweig können
meine Hütte wärmen,
Rose und Gänseblümchen können
Die Seele der Frau bewegen,
Die Blätter im Wind können
meinen Geist öffnen.

Die Alten sagten, Kitche Manitu habe die Welt in einer bestimmten Reihenfolge erschaffen. Zuerst die stoffliche Welt von Sonne, Mond, Erde und Sternen; danach die Pflanzenwelt der Bäume, Blumen, Gräser und Früchte.
Die Pflanzen waren also früher da als die Tiere und die Anishnabeg. Sie konnten allein bestehen; sie waren für ihr Leben oder Wohlergehen nicht auf andere Wesen angewiesen.

Wesentlich war allen Pflanzen, gleich welcher Art, ihre zusammengesetzte Natur; sie besaßen eine unkörperliche Substanz, ihre eigene und einzigartige Geist-Seele. Diese belebende Kraft verlieh dem körperlichen Teil einer Pflanze die Gabe, zu wachsen und sich selbst zu heilen. Aber die innere Substanz hatte noch eine andere Kraft. Sie konnte sich mit Mitgliedern der gleichen Art und wunderbarerweise sogar mit anderen Arten verbinden und mit ihnen einen gemeinsamen Geist bilden.

Jedes Tal oder jede andere Landschaftsform – eine Wiese, eine Bucht, ein Gehölz, ein Hügel – hat eine Stimmung, die den Seinszustand dieses Orts wiedergibt. Wie die Stimmung ist, fröhlich, friedlich, ruhelos oder schwermütig, so ist die Tönung dieser Geist-Seele. Zum Beweis kann man einen Teil der Pflanzen zerstören oder entfernen, und Stimmung und Tönung des Tals werden nicht mehr sein, wie sie vorher waren.

Jede Pflanze bekam eine Geist-Seele, die ihrer körperlichen Form und Substanz entsprach.

Manche Anishnabeg glaubten, die Geist-Seele einer Pflanze sei einzigartig, anders als jede andere; andere meinten, die Geist-Seele der Pflanze gehöre ganz dem Leben zu, sie dürfe nicht ins Land der Seelen, sondern müsse zur Erde zurückkehren, um ihre Lebensfrist zu vollenden und inneren Frieden zu erlangen.

Die Legende von Odaemin verdeutlicht diesen Glauben. Odaemin wurde vom Land der Seelen zurückgeschickt, weil seine Geist-Seele in Aufruhr war. Er kehrte ins Land der Lebenden zurück, um dort sein Leben als eine herzförmige Rotbeere (Erdbeere) zu verbringen.

Eine andere Geschichte mit ähnlichem Inhalt ist die Geschichte von Wasserlilie. Wasserlilie war die junge Frau, um die Zeegwun und Bebon kämpften. Des endlosen Zanks der beiden Werber müde, nahmen ihre Eltern sie vom Land fort und bauten ihr ein Heim in einer Bucht. Dort lebte die junge Frau und verzagte; und verzagt starb sie. Aber in ihrem Zustand, mit aufgewühlter Seele, wurde ihr nicht erlaubt, das Land des Friedens zu betreten. Sie kehrte als Wasserlilie ins Land der Lebenden zurück, von einem Haarwurm beschützt, ein Mahnmal für den Grundsatz, daß Liebe nicht erkämpft werden kann.

Mandamin

Es gibt eine andere Geschichte mit dem Titel »Mais«, die nicht weniger erstaunlich ist. Aber in dieser Geschichte geht es eigentlich nicht um Mais oder um seinen Ursprung. Sie hat mehrere Aussagen. Eines ihrer Themen ist die Fortführung des Lebens in einer anderen Form im Land der Lebenden nach dem Tod.

Der Ursprung des Mais bildet den Vordergrund der Geschichte. Das Wort für Mais, »Mandamin«, ist selbst schon ein sprechender Ausdruck. Es besteht aus Manda (Wunder) und Min (Samen oder Beere). Zusammen bilden sie ein Wort mit der Bedeutung Wundernahrung.

Nach der Darstellung in dieser Geschichte war Mandamin ein Fremder. Damit wird einfach ausgedrückt, daß Mais in dieser Gegend nicht ursprünglich heimisch war. Die Nahrung Mais wird durch einen Fremden, einen wundersamen Mann vertreten. Daß die Nahrung selbst wundersam ist, drückt sich in dem Namen aus, den man ihr gab. Anders als jede andere Pflanze verlangt der Mais die ständige Pflege des Menschen, um wachsen und gedeihen zu können; er kann in vielen Formen als Speise dienen; und er ist von allen Nahrungsmitteln dasjenige, das der Mensch am häufigsten braucht.

Zhowmin (Weintraube) war ein Waise. Er wurde von Zhawb'noh-quae, seiner Großmutter, aufgenommen und großgezogen. Als Zhowmin sieben Jahre und alt genug war, um Jagen und Fischen zu lernen, ging er zu seinen Onkeln, um sich von ihnen unterweisen zu lassen. Jeden Tag lernte er von seinen Onkeln, was ihn zu einem gewandten und guten Versorger machen sollte. Er lernte auch, ein guter Krieger zu

sein. Von seiner Großmutter lernte Zhowmin etwas über die Grundsätze des Lebens. Für sie war das gute Leben nicht weniger wichtig als das praktische Leben.
Jeden Abend erzählte Zhaw-b'noh-quae ihrem Enkel Geschichten. Manchmal erzählte sie von mutigen Taten, von Großherzigkeit, Stärke, Wendigkeit, Geduld, Ausdauer und Beständigkeit; manchmal vom Ursprung und Zweck und von der Natur der Dinge; und dann und wann erklärte sie dem Jungen etwas von den Gesetzen, die das Leben und den Lebenswandel des Menschen regierten.
In diesen Bericht ging es um grundlegende Dinge wie: »Sage immer die Wahrheit«, »achte die Alten«, »ehre deine Großväter«, »sei immer dankbar für Nahrung, sei sie spärlich oder im Überfluß vorhanden«, »sei immer dankbar für das Leben«, »sei immer dankbar für deine Kräfte, große und kleine«, »suche den Frieden«, »höre auf die Älteren, und du wirst etwas lernen«, »suche Weisheit, und du wirst tun, was recht ist«, »tu eines Tages etwas für dein Volk«. So oft Zhowmin auch von diesen Grundsätzen hörte, er wurde ihrer nie müde. Und weil sie ihm mit Liebe vermittelt wurden, beschloß er, nach diesen Gesetzen zu leben.
Als Zhowmin das Mannesalter erreichte, war seine Großmutter schon sehr alt und gebrechlich. Wie sie sich um ihn gekümmert hatte, so versorgte Zhowmin nun seine Großmutter.
Obgleich er jetzt ein Mann war, lauschte er immer noch den Erzählungen seiner Großmutter. Eines Abends, nachdem Zhaw-b'noh-quae von den »Vier Hügeln des Lebens« gesprochen hatte, sagte sie: »Ich werde bald eine lange Reise antreten.« Zhowmin war über diese Ankündigung einer Reise etwas erstaunt. Die alte Frau fuhr fort: »Wenn ich gegangen bin, wird ein Fremder zu dir kommen. Tu, was er sagt.«
Zhowmin antwortete: »Ja, Großmutter.«
Vor dem Frühling starb Zhaw-b'noh-quae. Da erst verstand Zhowmin, was seine Großmutter mit der langen Reise gemeint hatte. Als Zhowmin und die Leute aus dem Dorf

Zhaw-b'noh-quae vier Tage nach ihrem Tod unter den Fichten begruben, war ihr Körper dem Westen zugewandt, der letzten Bestimmung des Menschen.
Nicht lange nach Zhaw-b'noh-quaes Tod kam ein Fremder ins Dorf und verlangte in verdrießlichem Tonfall und mit ungeduldigem Auftreten zu wissen, ob es in dem Dorf gute Menschen gebe.
Auf dieses Begehren hin berieten sich die Dorfältesten. Sie schickten nach Zhowmin und stellten ihn dem Besucher als einen guten Mann vor.
Zhowmin nahm den Fremden in seine Hütte auf, denn sie waren vom gleichen Totem, und Zhowmin mußte sich um ihn kümmern wie um einen Bruder. Er gab dem Fremden zu essen, und dann rauchten sie. Erst dann fragte Zhowmin den Fremden nach dem Zweck seines Besuchs.
Der Fremde antwortete: »Ich bin ausgeschickt, einen guten Menschen zu suchen. Aber in all den Jahren der Suche habe ich unter all den Leuten, bei denen ich war, noch keinen gefunden. Ich ersehe aus deinem Ruf, daß du solch ein Mensch sein könntest. Ich hoffe um deinetwillen und für das Wohl deines Volkes, daß du ein guter Mensch bist.«
Zhowmin erwiderte ziemlich erbost: »Du willst mir schmeicheln.« Er fragte: »Wer bist du? Wer hat dich geschickt?«
Der Fremde antwortete: »Ich bin Mandamin (Wundernahrung). Ich bin von Kitche Manitu geschickt. Ich soll einen guten Menschen finden und prüfen, ob er würdig ist. Ich muß daher deine Stärke prüfen, um zu erfahren, ob du oder dein Volk würdig sind. Und die beste Art, deine innere Stärke zu prüfen, ist der Zweikampf. Zhowmin! Du mußt mit mir kämpfen, um zu beweisen, daß du würdig bist. Gewinnst du, so lebst du; verlierst du, so stirbst du.«
»Ich brauche mich weder dir noch irgend jemand anderem zu beweisen«, sagte Zhowmin spöttisch.
Mandamin schien enttäuscht zu sein. Er sagte: »Wenn du nicht mit mir kämpfen willst, so werde ich deine Weigerung als Feigheit betrachten. Und Feigheit kommt einer Niederlage gleich. Für beides gibt es den Tod, und es macht wenig

aus, ob du die Herausforderung annimmst oder nicht. Ich werde weiterleben, aber ich werde Kitche Manitu berichten müssen, daß ich keinen einzigen guten Menschen gefunden habe.«

Daß sein Mut und sein Wert bezweifelt wurden, war Zhowmin ziemlich gleichgültig, aber daß die Ehre der Anishnabeg insgesamt bezweifelt wurde, macht ihn zornig. Dann fielen ihm die Worte seiner Großmutter wieder ein: »Wenn ich gegangen bin, wird ein Fremder zu dir kommen. Tu, was er sagt.« Teils aus Zorn, teils aus Gehorsam warf er Mandamin einen flammenden Blick zu und sagte finster: »Ich habe keine Angst. Ich werde kämpfen.«

»Gut«, sagte Mandamin, »heute abend kämpfen wir.«

Zhowmin und Mandamin gingen in den Wald, suchten sich eine geeignete Lichtung und entkleideten sich bis zur Hüfte. Zuerst umkreisten sie einander, suchten nach einer Schwäche, einer Öffnung. Dann packten sie einander. Gleich an Entschlossenheit und Stärke, waren sie ebenbürtige Kämpfer; sie rangen, boxten und wanden sich, um die Oberhand zu gewinnen. Mal schlug Zhowmin Mandamin zu Boden, aber im nächsten Augenblick schleuderte Mandamin Zhowmin auf die Erde.

So ging der Kampf die ganze Nacht, bis beide Kämpfer erschöpft niedersanken. Blutig und zerschlagen kehrten sie zur Hütte zurück, um sich auszuruhen und zu schlafen. Sie schliefen den ganzen Tag.

Als sie erwachten, war es Abend. Da sie hungrig waren, bereiteten sie ein Mahl und aßen, als gebe es keine Feindschaft zwischen ihnen.

Nach dem Rauchen gingen sie zurück auf ihre Lichtung, um den Kampf wiederaufzunehmen. Wieder kämpften sie, und sie kämpften wie lebenslange Feinde. So heftig wogte der Kampf, daß sie kleine Bäume entwurzelten und alles Gras zertrampelten, bis nur noch Sand übrig war. Aber trotz aller Anstrengungen konnte keiner den anderen überwältigen. Schließlich zwang die Müdigkeit sie, den Kampf wieder auszusetzen. Zerschlagen, mit Schnitten

und Wunden bedeckt, kehrten sie zum Schlafen in ihre Hütte zurück.
Vom Blutverlust schwach und zermürbt, wachten sie am späten Nachmittag auf, aßen und ruhten sich dann aus, um wieder etwas zu Kräften zu kommen. Gegen Mitternacht schleppten sie sich zu ihrem Kampfplatz.
Dort angekommen, kämpften sie so heftig, wie es die verbliebenen Kräfte erlaubten. Die Arme waren schwach, die Beine lahm; nur das Wissen, daß der Unterlegene sterben mußte, hielt sie aufrecht.
Irgendwie gelang es Zhowmin, seinen Gegner niederzuschlagen, und bevor der unglückselige Fremde sich wieder erheben konnte, schlug Zhowmin ihn mit seiner Kriegskeule. Als Mandamin zusammensank, stieß ihm Zhowmin sein Messer in den Rücken. Mandamin regte sich nicht mehr; er war tot.
Zhowmin war voller Reue. Er weinte neben dem Körper des Fremden. Dann sang er ein Lied für ihn.

Ich fürchte den Tod nicht.
Meine Zeit ist gekommen.
Ich werde den Pfad der Seelen gehen,
Dahin, woher ich kam.

Voll Kummer nahm Zhowmin den Leichnam Mandamins auf und trug ihn zum Begräbnisplatz, wo er ihn neben seiner Großmutter beerdigte. Danach ging er sofort zu einem Medizinmann, dem er die Ereignisse der letzten drei Tage berichtete.
Die Antwort des Medizinmannes war kurz: »Es ist gut, daß du auf deine Großmutter gehört hast. Kümmere dich um Mandamins Grab ebenso wie um das Grab deiner Großmutter.«
Zhowmin tat, wie ihm geheißen war. Jeden Tag ging er ans Grab, um Opfer zu bringen und um Gebete des Dankes und des Kummers zu sprechen.

Auf diese Art ehrte Zhowmin die Toten und gehorchte seiner Großmutter und dem Medizinmann.
Eines Abends im späten Frühjahr bemerkte Zhowmin, der gerade seine Opfergaben ans Grab gebracht hatte, eine seltsame Pflanze, die genau in der Mitte von Mandamins Grab wuchs. Da er noch nie solch eine Pflanze gesehen hatte, betrachtete er sie genau, aber trotz all seiner Pflanzenkenntnis konnte er sie nicht bestimmen. Sobald er ins Dorf zurückkam, lief er zur Hütte des Medizinmannes, um von der seltsamen Pflanze zu berichten.
Da es schon dunkel wurde, beschlossen der Medizinmann und Zhowmin, die Pflanze erst am nächsten Tag zu untersuchen. Am nächsten Morgen gingen sie zusammen zum Grab. Der Medizinmann betrachtete die Pflanze, roch an ihr, befühlte sie, aber er konnte nicht sagen, welche Pflanze es war. Er konnte Zhowmin nur den Rat geben, die Pflanze und die Gräber zu versorgen.
Der Juni machte dem Juli Platz; die seltsame Pflanze wuchs. Der Juli wich dem August; die neue Pflanze wurde übermannshoch, wuchs schlank wie eine Fichte und bekam oben ein Haarbüschel, das wie eine Quaste aussah.
Wieder untersuchte der Medizinmann die Pflanze. Er bog die Blätter auseinander, um herauszufinden, ob die Pflanze gut oder böse war. Er zog die Umhüllung ab, bis die Körner in ihrem Gelb hervortraten. Vorsichtig löste der Medizinmann ein Korn ab und nahm es in den Mund. »Es ist süß, es ist gut«, sagte er und gab Zhowmin ein Korn. Beide waren erstaunt.
Der Medizinmann sagte zu Zhowmin: »Diese Pflanze ist Mandamin, die Wundernahrung. Du hast deinem Volk einen großen Dienst erwiesen. Freue dich. Du hast Mandamin nicht getötet; du hast ihm in einer neuen Gestalt Leben gegeben.
Durch seinen Tod hat er den Anishnabeg Leben gegeben; du und dein Volk sind für deinen Gehorsam belohnt worden. Du hast den Wert der Anishnabeg bewiesen.«

Frauenschuh

Von gleicher Tiefe ist die Geschichte vom Frauenschuh.
Ein Dorf wurde von einer schlimmen Krankheit heimgesucht. Selbst der Medizinmann starb, und mit seinem Tod schwand alle Hoffnung.
Obwohl noch nie zuvor im Winter Botschaften überbracht worden waren, bat der Häuptling seinen Mizhinihway (Botschafter), ins nächste Dorf zu gehen, um Medizin zu holen.
In jenen Tagen hatte jeder Häuptling einen Botschafter, der Bekanntmachungen und Botschaften übermittelte. Selbst im Sommer waren diese Reisen beschwerlich, aber im Winter, wenn es keine Mokassins gab, hatte es so etwas noch nie gegeben.
Dennoch bereitete Ku-Ku-Li sich darauf vor zu gehen. Aber auch er wurde krank wie die anderen. Seine Frau, die um sein Leben fürchtete, verließ die Hütte und schlüpfte hinaus in die Kälte. Die Kälte nicht achtend und fast unempfindlich für die harte Schneekruste, nur darauf bedacht, für ihren Mann und die Leute des Dorfes Medizin zu holen, lief Ku-Ku-Lis Frau geschwind über die Schneewehen.
Am nächsten Morgen hörten die Leute des Dorfes verwundert ihre Rufe aus dem Wald. »Ku-Ku-Li, komm und hole mich.«
Männer und Frauen erkannten ihre Stimme und liefen hinaus in den Wald, wo sie sie im Schnee liegend fanden; ihre Füße waren geschwollen und blutig vom beißenden Frost, aber in ihrem Bündel hatte sie die Medizin für ihren Mann und die anderen kranken Leute im Dorf. Die Männer trugen sie zurück in ihre Hütte und wickelten ihre Füße in dicke, warme Hirschfelle ein.
Für ihr Opfer an ihren Mann und ihre Hingabe an ihr Volk wurde sie seitdem Wah-on-nay genannt. Als sie starb, wurden ihre Fußtücher zu kleinen gelben Blumen, die man Wah-on-nay-Mokassins nannte; andere nannten sie Ku-Ku-Li-Mokassins. Man kennt sie auch als Frauenschuh.

Vom Nutzen der Pflanzen

Pflanzen haben viele Zwecke, und alle sind gut. Manche unterstützen den Menschen in seinem Wachstum und seinem Leben, manche heilen, manche verleihen Schönheit und innere Stärke.

ALS NAHRUNG

Nahrung wurde durch Beobachtung und Schlußfolgerung entdeckt, manchmal auch durch Zufall.

Zum Beispiel. Daß die Säfte der Bäume nahrhaft sind, wurde der Überlieferung nach auf folgende Weise entdeckt.

Die Birke litt furchtbar an Juckreiz; sie wand und krümmte sich vor Unbehagen. Obwohl sie viele Arme, Beine und Finger hatte, konnte sie sich nicht kratzen. Nichts konnte die arme Birke tun, um ihr Leiden zu lindern.

In ihrer Qual rief die Birke den Eichhörnchen, Igeln und Bibern zu, sie möchten ihr doch die Zecken, Larven und Käfer absammeln, die sie plagten. Aber die Eichhörnchen, Igel und Biber waren zu beschäftigt, um helfen zu können. Sie konnten nichts weiter tun, als der Birke ihr ungeteiltes Mitleid auszusprechen.

Danach rief die Birke die Vögel an. Auch sie hatten Mitleid mit der Birke, aber sie konnten nichts tun. Nur die Spechte kamen, um zu helfen. Es kamen der Flaumspecht, der Buntspecht und der Goldspecht und pickten alles Ungeziefer unter der Rinde der Birke hervor. Jetzt war die Birke das Jucken los.

Viele Jahre später waren die Spechte in Not. Sie wußten nicht, was sie tun oder woher sie Hilfe erhalten konnten, und kamen schließlich zur Birke, um ihr eine traurige Geschichte zu erzählen. In der langen Dürreperiode starben die Spechte vor Durst. Sie konnten nicht wie die anderen Vögel aus Teichen, Seen und Bächen trinken.

»Könntest du«, fragten sie, »etwas tun?«

Die Birke erinnerte sich an die Hilfe, die sie ihr gewährt hatten, und sagte: »Geht an meinen Stamm und bohrt dicht nebeneinander zwei Löcher; sie werden sich sogleich mit meinem Saft füllen.«

Die verzweifelten Spechte flogen an den Stamm und trommelten auf den Baum ein, bis sie zwei winzige Löcher gebohrt hatten. Fast augenblicks begannen die Löcher sich zu füllen und brachten reichlich Saft hervor. Die Spechte tranken durstig, und so trinken sie seit dieser Zeit immer von den Bäumen.

Von den Spechten lernten die Anishnabeg, daß Bäume Saft geben und daß man sie anzapfen kann. Wie die Spechte zapften die Anishnabeg aus der Birke ein essigartiges Getränk und später aus dem Ahorn ein süßes Getränk.

Die Geschichte von der Entdeckung des Ahornsirup beschreibt das Lernen durch Zufall.

Eine junge, etwas faule und geistesabwesende Braut ging gern zu ihren Nachbarinnen, um zu tratschen. Anstatt reines Wasser zum Kochen zu holen, goß sie oft Ahornsirup in ihren Kochtopf. Und während das Mahl dann brodelte, ging sie zu ihren Freundinnen, um zu plaudern. Meistens kam sie rechtzeitig zurück, um den Topf vom Feuer zu nehmen. Ihre täglichen Ausflüge von der Hütte fort brachten ihr den Ruf der Faulheit ein.

»Eines Tages wird etwas passieren«, sagten die Alten traurig. Sie sahen zu und warteten.

Sie mußten eine ganze Weile warten, aber schließlich kam der Tag, an dem sie für ihr Verhalten bezahlen mußte. Wie es ihre Gewohnheit war, begann die junge Braut am frühen Nachmittag mit den Vorbereitungen des Mahls, während ihr Mann auf der Jagd war. Sie machte einen Wildeintopf mit Ahornsaft und ging dann zu den Nachbarinnen, um zu schwatzen. Beim Klatsch vergaß sie den Eintopf.

Als die Sonne hinter den Hügeln versank, kam ihr Mann heim und brachte einen Hirsch mit. Er legte das Wild am Eingang ab und rief nach seiner Frau: »Ich bin hungrig. Ich habe wieder einen Hirsch mitgebracht.«

Aber es kam keine Antwort. Er rief wieder und schaute in die Hütte. Sie war nicht da. Ärgerlich rief er noch einmal

und dachte, seine Frau sei vielleicht in der Nähe nach Feuerholz suchen gegangen. Er sah zur Feuerstelle hinüber. Da hing nur ein Topf über einem Haufen grauer Asche; das Feuer war längst ausgegangen.
Der hungrige und müde Ehemann wurde noch zorniger. Keine Frau, kein Essen. Er ging zum Topf hin und sah hinein; da war nur angebranntes Wild. Er war wütend und beschloß, seine Frau zu bestrafen. Da er aber einen Bärenhunger hatte, langte er in den Topf, holte ein schwarzes, klebriges Stück Fleisch hervor und steckte es in den Mund. Wie gut und fest das war; und auch noch süß. Seine Stimmung hellte sich auf; er nahm noch ein Stück. Sein Zorn wich heller Freude. Nicht lange, und er hatte fast den ganzen Topf geleert.
Er freute sich nicht nur, sondern war auch stolz auf seine kluge Frau, die eine so köstliche und herrliche Mahlzeit bereitet hatte. Sie ist vielleicht ein wenig faul und vergeßlich, dachte er, aber sie ist wenigstens findig.
Der Jäger ging los, seine Frau zu suchen. Er ging von Hütte zu Hütte und fragte nach ihr, aber niemand wollte ihm sagen, wo sie sein könnte. Für gewöhnlich gaben sie ihm bereitwillig Auskunft. Aber diesmal wollte niemand mit der Sprache heraus, denn keiner wollte derjenige sein, der sie seinem Zorn auslieferte.
Schließlich fand er seine Frau auch ohne Hilfe. Sie versteckte sich zitternd in der Hütte ihrer Mutter. Auch die Mutter bebte vor Furcht.
Als der Jäger den Kopf zur Tür hereinstreckte, lächelte er und sagte: »Ich habe noch nie ein so herrliches Essen gehabt wie heute abend. Wie hast du es zubereitet?« Die Braut staunte, und ihre Furcht schwand. »Komm«, sagte der Jäger. Die Braut folgte ihm.
Als sie heimkamen, probierte sie von den Resten des Eintopfs. Da verstand sie.
In Form dieser Geschichte erklärten die Anishnabeg, wie sie den Ahornsirup und Ahornzucker durch reinen Zufall entdeckten.

ALS MEDIZIN

Manche Pflanzen heilen. Daß Pflanzen heilende Kräfte haben, schloß man aus der Beziehung zwischen Tieren und Vögeln und Pflanzen. Die Heilkräfte der Pflanzen wurden auf ähnliche Weise entdeckt wie im folgenden Bericht.

Ein kleines Mädchen und ihre Großmutter waren beim Blaubeerenpflücken. Während sie von einem Platz mit saftigen Beeren zum anderen gingen, blieb die Großmutter plötzlich stehen, deutete auf die Erde und flüsterte zu ihrer Enkelin: »Paß auf, das hier wirst du nicht noch einmal sehen.«

Das kleine Mädchen blickte auf den Boden, wo die Großmutter hinzeigte. Dort im Gras stellte eine Schlange einem kleinen grünen Frosch nach. Das kleine Mädchen und die alte Frau sahen dem Drama auf der Erde zu. Die Schlange holte auf, aber bevor sie den Frosch mit dem Maul packen konnte, rettete sich ihr verzweifeltes Opfer mit einem Sprung in ein Gebüsch von Giftefeu.

Der kleine Frosch wartete im Giftefeu, seine Flanken bebten vor Anstrengung. Er schien unbesorgt, suchte nicht weiter nach Schutz und Unterschlupf. Die Schlange blieb vor dem Giftefeu und krümmte sich, als wollte sie auf den kleinen Frosch losfahren. Aber sie verharrte züngelnd in dieser Haltung und wagte sich nicht näher. Sie wartete darauf, daß der Frosch wieder herauskam. Der aber rührte sich nicht. Nach einer Weile sah die Schlange ein, daß ihr Opfer seine Zuflucht nicht verlassen würde, und kroch enttäuscht von dannen. Selbst dann verließ der Frosch seinen Unterschlupf nicht sofort. Erst als er sicher war, daß die Schlange dieses Unternehmen aufgegeben hatte, verließ er seinen sicheren Platz.

Er kam aus dem Giftefeu hervor und flog geradezu über den Boden, hüpfte ohne Unterlaß, bis er wieder ein kleines Gesträuch erreichte. In diesem Springkraut drehte und wand sich der kleine Frosch, bis jeder Teil seines Körpers gewaschen war. Von diesem kleinen Frosch erfuhren die Menschen das Heilmittel gegen Giftefeu.

Ähnlich wurden die Kräfte anderer Pflanzen entdeckt. Die Menschen fanden, daß man die Wurzel einer bestimmten Pflanze einnehmen mußte, um eine innere Blutung zu stillen; daß die wachsartige Substanz zwischen der Borke und dem Holz der Zeder äußere Blutungen zum Stillstand bringt; daß aus dem Blatt der Zeder oder Balsamil durch Auskochen ein Sud wird, der einen zugeschwollenen Hals wieder frei macht; daß eine Sumpfwurzel namens Jeebkae Halsschmerzen lindert; und daß breite, flache Grasblätter Abschürfungen heilen.

Die Heilkraft der Pflanzen konnte körperliche Schmerzen lindern und Gesundheit verleihen. Aber viele Medizinmänner und Frauen wußten, daß viele Formen der Krankheit nur äußere Anzeichen für einen schlechten inneren Seinszustand waren. Es war bekannt, daß ein Zusammenhang zwischen dem äußeren und dem inneren Wohlergehen eines Menschen bestand; Krankheit und innerer Aufruhr.

Daher genügte es nicht, Krankheiten mit Medizin zu behandeln, sondern es mußte im inneren Sein eines Patienten auch ein Zustand des Friedens hergestellt werden.

ALS ZEREMONIELLE SUBSTANZ

Nahrhaft sind die Früchte von Bäumen und Pflanzen; Wurzeln und Säfte lindern bei Verletzungen; aber bewundernswert ist, was die Pflanzen für die Seele und die Sinne des Menschen tun.

Die Menschen hatten eine Neigung zum Frieden; sie spürten ein Bedürfnis, Kitche Manitu zu berühren. Keine andere Pflanze als der Tabak war mehr geeignet, Frieden zu stiften und die Gedanken und Gebete des Menschen zu Kitche Manitu zu tragen.

Vor allem war der Tabak ein Geschenk des Geistes. Nanabushs Vater war es, der den Tabak brachte und nach dem heldenhaften Kampf mit seinem Sohn die Friedenspfeife mit ihm rauchte. Nanabush wiederum gab den Brauch als eine Zeremonie an die Anishnabeg weiter. Seitdem rauchten die Anishnabeg die Friedenspfeife vor großen Ratsversammlungen, nach dem Krieg und vor anderen Zeremonien. Die Anishnabeg nahmen den Brauch an und machten ihn zu einem Teil ihres täglichen Lebens, um Geist und Seele zu sammeln. Was gegeben worden war, mußte fortgesetzt werden.

Zum zweiten war der Tabak von der Art eines Weihrauchs, süß für die Zunge und von aromatischem Duft. Keine andere Pflanze besitzt diese Eigenschaften.

Zum dritten war der Tabak ein Kind von Mutter Erde und Vater Sonne und eignete sich von seiner Natur her als Opfergabe beim zeremoniellen Rauchen der Friedenspfeife. Er stand im Mittelpunkt der Zeremonie. Das Tabakblatt geht zu Ende, und mit dem Atem des Lebens vermischt, wird es himmelwärts zu Kitche Manitu getragen. Was der Gebende geschenkt hat, wird mit einem Symbol der Dankbarkeit vom Empfangenden zurückgegeben.

Durch die Opferung wurde der Tabak, ein gegenständlicher Stoff, zum Zeichen der Einheit des Menschen mit seinem Gott und nahm die letzte Bestimmung des Menschen selbst vorweg.

Im Winter gab es nur wenige Zeremonien. Kam der Frühling, so lebten die Zeremonien wieder auf. Denn im Frühling spielt sich das größte Schauspiel des Lebens ab: Geburt, Wiedergeburt und Erneuerung. Das war die Zeit, wo auch der Mensch die schwere Prüfung des Winters hinter sich hatte. Das Werden und die Jugend zeigten sich überall.

Und die vorherrschende Farbe des Werdens und der Erneuerung war Grün; die Farbe Grün wurde der Inbegriff des Lebens. Obgleich das Grün schließlich gelb und dann braun wird, bleibt es die Farbe des Lebens. Es ist ein Abbild der Jugend, einer vorübergehenden Zeit im Leben, aber die Farbtöne der immergrünen Pflanzen bedeuten Beständigkeit. Andere Schattierungen von Grün vergehen, aber das Grün der Zeder, der Tanne und der Fichte überdauern den Winter. Für die Anishnabeg bedeutete grün das Leben – Leben zu geben und zu erhalten.

Pflanzen können allein existieren, aber weder Tiere noch Menschen können ohne Pflanzen auskommen. Ohne die Pflanzen und ohne ein ausgewogenes Pflanzenwachstum wäre der Niedergang des Lebens und des Seins unausweichlich.

Zur Verdeutlichung der Abhängigkeit des Menschen von den Pflanzen und um zu zeigen, wie feingesponnen das Gewebe der Abhängigkeit und wie empfindlich das Gleichgewicht ist, erzählten die Anishnabeg folgende Geschichte.

Rosen waren einst von allen Blumen am zahlreichsten und hatten die strahlendsten Farben. Sie waren so zahlreich und in so vielen Farben vertreten, daß sie für etwas ganz Gewöhnliches angesehen wurden. Niemand achtete besonders auf sie; ihre Schönheit blieb unbemerkt, ihre Pracht wurde nicht besungen.

Aber Jahr um Jahr nahmen die Rosen an Zahl ab, und zugleich wurden die Kaninchen immer fetter. Nur der Bär, die Biene und der Kolibri merkten, daß etwas nicht stimmte. Auch den Anishnabeg kam etwas nicht ganz geheuer vor, aber sie wußten nicht, was. Sie wußten nur, daß der Bär magerer und sein Fleisch nicht mehr so süß war wie früher. Die Bären fanden weniger Honig, und was sie fanden, war längst nicht mehr so lecker. Die Bienen und Kolibris fanden weniger Rosen. Die Anishnabeg wunderten sich, die Bären gaben den Bienen die Schuld, und die Bienen waren sehr beunruhigt. Aber keiner konnte irgend etwas tun.

Eines Sommers waren schließlich alle Rosen fort. Die Bienen hungerten, die Kolibris wurden dünn, die Bären tobten. Diesen Sommer nannte man später den Sommer, in dem die Rosen verschwanden. Jetzt waren alle höchst beunruhigt. Eine große Versammlung wurde einberufen. Jeder sollte kommen.

Es wurde viele Tage lang diskutiert, bevor die Versammlung beschloß, alle schnellen Tiere und Vögel auszusenden, um die Welt nach einer einzigen Rose abzusuchen; falls sie eine fanden, sollten sie sie herbringen. Monate vergingen, bevor ein Kolibri zufällig eine einsame Rose entdeckte, die in einem fernen Land an einem steilen Gebirgsabhang wuchs. Der Kolibri hob die blasse Rose aus ihrem Bett und brachte sie heim. Kaum war er angekommen, kümmerten sich Medizinmänner und -frauen um die Rose und erweckten sie in wenigen Tagen wieder ganz zum Leben. Als es der Rose wieder gutging, gab sie einen Bericht von der Vernichtung der Rosen.

Mit vor Schwäche zitternder Stimme sagte sie: »Die Kaninchen haben alle Rosen gefressen.«

Ein wütendes Geraune ging durch die Menge. Die Bären, Wölfe und Luchse griffen sich die Kaninchen bei den Ohren und knufften sie herum. Dabei wurden die Ohren der Kaninchen in die Länge gezogen und ihre Schnauze wurde gespalten. Die wütenden Tiere hätten die Kaninchen vielleicht an diesem Tag getötet, hätte die Rose nicht für sie gesprochen. »Hättet ihr auf uns geachtet und euch um uns gesorgt«, so sagte sie, »dann hätten wir vielleicht überlebt. Aber ihr wart so gleichgültig. Unsere Vernichtung war zum Teil eure Schuld. Laßt die Kaninchen am Leben.«

Widerwillig gaben die Tiere die Kaninchen frei. Die Wunden der Kaninchen heilten zwar, aber die Scharten blieben ihnen als Zeichen ihrer Unmäßigkeit. Und die Rose gewann nie wieder ihre strahlende Schönheit und Pracht zurück. Aber sie erhielten von Nanabush Dornen, die sie vor der Gier der Gefräßigen und Maßlosen beschützten.

Während Nanabush der Rose Dornen verlieh, sprach er an die Versammlung eine Warnung aus: »Ihr könnt den Pflanzen das Leben nehmen, aber ihr könnt ihnen kein Leben geben.«

Die Natur der Tiere

Unsere Älteren Brüder

An dritter Stelle in der Reihenfolge der Schöpfung kamen die Tiere. Es gab solche, die flogen, solche, die schwammen, solche, die krochen, und solche, die gingen.
Von Anfang an besaßen alle Tiere eine besonders enge Beziehung zu Mutter Erde und zu den Pflanzen. Sie lebten nach den Großen Gesetzen und hatten die Gabe der Vorahnung oder des Vorwissens von Ereignissen. Außer dieser Gabe, die alle besaßen, hatte jede Art und jede Kreatur Kräfte erhalten, die für sie und ihre Art kennzeichnend waren. Jeder hatte auf der Erde seinen Bereich, jeder seine eigene Zeit, in der er seine Bestimmung erfüllte und seine Kräfte anwandte. So war die Natur der Tiere im allgemeinen.
Ursprünglich wurden die Tiere ohne besondere Kräfte erschaffen. Sie mußten sich Kitche Manitu auf einem hohen Berggipfel nähern und seine Gaben entgegennehmen.
Der Adler erhielt starke Flügel, scharfe Augen und Zurückgezogenheit. Sein Lebensraum waren die Gebirge und Höhen. Er war zufrieden.
Der Kolibri erhielt die Kraft zu schweben. Ihm wurde die Versorgung von Blumen und Blüten anvertraut. Ernähren sollte der Kolibri sich von süßem Nektar, und er sollte ihn mit den Bienen teilen. Er war zufrieden.
Dem Geier gab Kitche Manitu den Flug, Geduld und Wachsamkeit. Seine Aufgabe war es, die Wiesen sauber und den Wind rein zu halten. Auch er war zufrieden.
Der Bär erhielt Kraft, der Otter Verspieltheit, der Schmetterling Schönheit, die Kaulquappe die Fähigkeit zur Verwandlung, der Hund ein liebendes Wesen, der Biber Frieden, der Wolf Treue, die Eule Vorsicht, der Hirsch Anmut, der Fuchs Schläue, die Forelle Fruchtbarkeit. Alle Tiere

erhielten einen Teil der Kraft von Kitche Manitu, und die meisten waren zufrieden.
Nur der Vielfraß war unzufrieden. Als er sah, was die anderen Tiere alles bekamen, wurde er neidisch. Bald wollte er die Stärke und Größe eines Bären, die Geschmeidigkeit eines Hirsches und die Schnelligkeit eines Fuchses haben. In seiner wachsenden Enttäuschung begann der Vielfraß, sich selbst und seine Gaben geringzuschätzen und bittere Gefühle gegen Kitche Manitu zu hegen.
Endlich entschloß er sich, auf den Berggipfel zurückzukehren und den Herrn des Lebens um größere und bessere Gaben zu bitten.
Als der Vielfraß den Gipfel erreicht hatte, rief er dreist: »Kitche Manitu! Höre mich an! Du warst nicht gerecht zu mir. Du bist nicht zu allen Tieren gerecht gewesen. Einigen hast du vielfältigere und größere Gaben gegeben. Durch diese ungleichmäßige Verteilung hast du einige bedeutender und einige geringer gemacht.«
Noch dreister werdend fuhr der Vielfraß fort: »Ich verlange, daß du dieses große Unrecht wiedergutmachst. Für mich selbst wünsche ich mehr Kraft, mehr Schönheit und mehr Schnelligkeit.«
Aber Kitche Manitus donnernde Stimme unterbrach den Vielfraß in seiner selbstsüchtigen Aufzählung. »Jedem Tierwesen habe ich soviel Kraft gegeben, daß es sein Sein verwirklichen kann. Die Kraft, die ich jedem verliehen habe, ist eine Form meiner Kraft und eine Widerspiegelung meiner Fähigkeiten.
Niemandem ist Unrecht geschehen. Wenn du die Geschenke, die ich dir machte, nicht angenommen und ausgebildet hast, so bist du es selbst, der ein Unrecht an dir begangen hat. Du hast dich selbst verraten.
Für deine Vermessenheit sollst du allein und verachtet bleiben. Und für deine Weigerung, deine Eigenschaften auszubilden, wirst du von jetzt an essen, was die anderen Tiere, die ihre Begabungen ausgebildet haben, dir übriglassen. Geh!«

Vielfraß verließ den Gipfel bitterer und neidischer als zuvor. Selbst Kitche Manitu hatte seinen Sinn nicht wandeln können!

Wie Kitche Manitu verfügt hatte, wurde der Vielfraß ein einsames, bösartiges und gemiedenes Wesen. Ewig hungrig, muß er sich von dem ernähren, was die anderen Tiere übriglassen.

Ganz anders verhielt sich die Schlange, als sie ihre Gestalt und ihre Kräfte erhielt. Sie hatte weder Arme noch Beine, noch Flügel und beschützte doch die kleinen Pflanzen auf Wiesen und Feldern. Sie beklagte sich nicht über ihr Los oder begehrte etwas, das andere besaßen. Fröhlich machte sie so viel wie möglich aus ihren geringen Kräften.

Zum großen Leidwesen der Schlangen gab es Kaninchen, die übermütigsten von allen Lebewesen. Die Schlangen konnten zwar die kleineren Nagetiere aus den Gärten vertreiben, aber den flinken und zahlreichen Kaninchen waren sie nicht gewachsen. Nicht weil die Kaninchen schlecht oder boshaft waren, hatten es die Schlangen mit ihnen so schwer, sondern weil die Langohren so verspielt waren und so gefräßig.

Die Kaninchen fraßen und fraßen. Die Schlangen konnten sie nicht davon abhalten, Pflanzen und Gärten zu zerstören, sosehr sie es auch versuchten. Anstatt nur ein paar saftige Blätter von jeder Pflanze zu nehmen, so daß weitere Blätter wachsen konnten und die Pflanzen einen Nutzen davon hatten, fraßen die gierigen Kaninchen sämtliche Blätter und Blüten, die Stengel und oft auch noch die Wurzeln. Sie schälten die Rinde von jungen Bäumen. Keine Pflanze war vor ihnen sicher. Die Schlangen warnten und bekämpften die Kaninchen, so gut sie konnten, aber die Kaninchen kicherten nur und fraßen weiter.

Als sie entdeckten, daß die Schlangen schwach waren, trieben die Kaninchen ihren Unfug mit ihnen. Sie zogen sie an den Schwänzen, hockten sich auf sie, zerrten sie herum und warfen sie sogar in die Luft. Die Schlangen waren hilflos, sie mußten Verletzungen und Demütigungen hinnehmen. In ihrer Qual flehten sie die Kaninchen an aufzuhören. Es half

nichts. Endlich waren sie all der Gemeinheiten müde und riefen Kitche Manitu um Hilfe an.
Sie gingen zum Berg der Gaben und riefen: »Höre uns, Kitche Manitu! Wir werden unterdrückt. Die Kaninchen tun uns Bosheit und Schimpf an. Wir können uns ihrer nicht erwehren; wir können unsere Pflichten gegenüber den Pflanzenwesen nicht erfüllen. Kitche Manitu, hilf uns!«
Kitche Manitu erbarmte sich der armen Schlangen. Er gab einigen von ihnen Gift und anderen die Fähigkeit, sich um Tiere zu schlingen und sie zu erdrücken. Dann warnte er sie: »Mißbraucht die Macht nicht, die ich euch gegeben habe. Gebraucht sie nur als letztes Mittel, und gebraucht sie richtig. Bevor ihr euer Gift anwendet, warnt eure Feinde; vielleicht könnt ihr durch die Drohung vermeiden, andere Tiere zu vernichten.«
Die Schlangen bedankten sich bei Kitche Manitu für die zusätzlichen Gaben und kehrten zurück, woher sie kamen.
Nicht lange, und die anderen Tierwesen lernten die neuen Fähigkeiten der Schlangen kennen.
Ein Kaninchen war zu Späßen aufgelegt. Seine Brüder sahen zu, während es eine Schlange zu necken begann, die ein Maisfeld bewachte.
Es fing ganz harmlos an. Das Kaninchen verstellte der Schlange den Weg, zog sie am Schwanz und zwickte sie hinter dem Kopf. Damit fügte es der Schlange zwar keinen Schaden zu, hinderte sie aber an der Erfüllung ihrer Pflichten und verletzte ihre Würde als Wächter. Sie sagte jedoch nichts. Aber bald wurden die Späße ärger. Das Kaninchen stieß sie herum, hob sie schließlich auf und warf sie in die Luft. Benommen und blutend fiel die Schlange auf die Erde.
»Jetzt reicht's. Schluß damit«, zischte die Schlange und klapperte zornig mit dem Schwanz.
Das Kaninchen lachte, und die anderen Kaninchen glucksten. »Eine leere Drohung. Wer seine Drohungen nicht wahrmachen kann, sollte sie gar nicht erst aussprechen«,

sagte das Kaninchen mit einfältigem Grinsen und schoß auf die zusammengerollte Schlange zu.
Die Schlange zuckte blitzschnell vor und schlug ihre Giftzähne tief in die Nase des Kaninchens. Das Kaninchen sprang zurück, taumelte und fiel auf die Erde. Es regte sich nicht mehr. Die Kaninchen, die zugeschaut hatten, suchten entsetzt das Weite.
Solche Geschichten verdeutlichen die zusammengesetzte Natur aller Tierwesen. Jedes besteht aus zwei Substanzen, einer körperhaften und einer unkörperlichen. Umfang und Art der Geist-Seele eines Tieres zeigt sich an seiner Stimmung und seinem Temperament. Noch tiefer geht vielleicht der sichere Glaube, daß die Kräfte einer Kreatur eine Ausdehnung der Macht Kitche Manitus waren, die ihr verliehen wurden. Unausgesprochen wird auch verdeutlicht, daß körperliche Formen das Unkörperliche begrenzen und einschränken.
Die Tierwesen lebten in Übereinstimmung mit den Gesetzen der Welt. Ganz zu Anfang lebten sie in Einklang miteinander und mit allen Wesen, die denselben Gesetzen der Natur unterworfen waren. Es heißt, sie hätten einander verstanden.

Die Abhängigkeit des Menschen von den Tieren

Als die Welt überflutet wurde, gingen alle Landtiere unter; nur die Fische und Vögel und die Tiere, deren Lebensraum das Wasser war, überlebten.
Mit ihrer Gabe des Vorwissens spürten die Tiere die übernatürliche Empfängnis des Menschen durch die Geistfrau. Ihr Mitgefühl für die Geistfrau gab ihnen ein, sie herabzubitten, damit sie sich auf dem Rücken der Schildkröte ausruhen konnte. Selbst das kleinste und geringste der Tiere, die Bisamratte, bot seine Dienste an. Als alle anderen Tiere gescheitert waren, brachte die Bisamratte vom Grund des Meeres ein wenig Erde herauf, wie es die Geistfrau verlangt

hatte. Ohne die Tiere wäre die Welt nie entstanden; ohne die Tiere wäre die Welt nicht zu verstehen.

Bei der Geburt war der Mensch hilflos. Wieder waren es die Tiere, die der Geistfrau bei der Ernährung der Neugeborenen halfen; sie brachten Früchte, Gemüse, Beeren und Getränke, während die Vögel und Schmetterlinge die Kinder erfreuten.

In jenem Winter, als die Nahrung knapp und der Wind kalt war, schützten die Tiere den Menschen. Der Bär, der die neugeborenen Wesen liebte, bot sein Fleisch an, damit die Anishnabeg überleben konnten. Dem Beispiel des Bären folgend, boten Hirsch, Elch, Stachelschwein, Biber, Murmeltier, Moorhuhn und Gans und fast alle anderen Tiere sich selbst als Opfer an.

Selbst als der erste Mann und die erste Frau erwachsen waren und selbst schon viele Nachkommen hatten, dienten die Tiere weiter. Der Mensch verließ sich für all seine Bedürfnisse auf die Tiere. Er arbeitete nicht, denn es war nicht erforderlich. Das Leben war leicht. Immer mehr verließen sich die Anishnabeg auf die Tiere. Und so leicht das Leben für die Menschheit war, so schwer hatten es die Tiere. Den Tieren wurde diese Bürde immer schwerer.

Männer und Frauen konnten verstehen, was die Tiere sagten, und die Tiere verstanden den Menschen. Dieses gegenseitige Verstehen ermöglichte dem Menschen, seinen Brüdern immer mehr aufzubürden. Noch schlimmer aber war, daß der Mensch die Tiere gegeneinander ausspielte.

Anstatt selbst zu fischen, ließ der Mensch sich seinen Fang von Tauchern und Eisvögeln einholen. Wollte er ein Kaninchen, so schickte er einen Adler oder einen Falken; wollte er ein Rebhuhn, so schickte er einen Fuchs; wollte er den Saft von Bäumen, so befahl er dem Specht, Löcher für ihn zu bohren; wollte er eine neue Hütte, so trug er dem Biber und dem Stachelschwein auf, Bäume zu fällen. Die Tiere machten alle Arbeit, der Mensch tat nichts.

Lange Zeit dienten die Tiere, ohne zu murren. Aber was schwerer zu ertragen war als ihre Lasten, war, daß der

Mensch seinerseits gegen die Bedürfnisse der Tiere völlig gleichgültig zu sein schien. Sie kamen kaum dazu, etwas für sich zu sammeln und zu speichern, um über den langen Winter zu kommen, und was sie sich beiseite legten, nahm oft noch der Mensch. Das Dienen brachte nur Armut.

Endlich des Dienens müde, beriefen die Tiere schließlich eine große Versammlung ein, um ihre Freiheit wiederzugewinnen. Alle folgten der Einladung des Kuriers.

Der Bär wurde zum ersten Sprecher und zum Vorsitzenden der Versammlung gewählt. Er erklärte den Zweck des Treffens. »Wir sind zusammengekommen, um über unser Schicksal zu entscheiden. Wir sind zu lange vom Menschen unterdrückt worden. Er hat unsere Großherzigkeit angenommen und mit Undank vergolten; er hat unsere Arbeit angenommen und uns versklavt; er hat unsere Freundschaft angenommen und unter uns Zwietracht gesät. Entweder dienen wir ihm weiter, oder wir verweigern uns. Sollen wir weiterhin dienen? Wir müssen zu einem Schluß kommen. Verweigern wir unsere Dienste, so werden wir leben. Solltet ihr das erstere wählen, so müßt ihr euch eurem Schicksal ergeben. Sollte euch das zweite lieber sein, so müßt ihr euch überlegen, wie es zu erreichen ist. Überlegt es euch gut.«

Kaum hatte der Bär geendet, da rief das Murmeltier: »Ich bin für den Tod des Menschen. Wir haben genug gelitten. Die Anishnabeg haben uns getötet; sie waren unfreundlich; und sie haben uns geknechtet. Nur durch den Tod des Menschen wird dieses Unrecht ein Ende finden. Der Mensch muß sterben.«

»Hurra! Er soll sterben«, stimmten die anderen Tiere zu.

»Ich bin für das Leben. Ich bin für Gnade«, sagte der Hund, während er sich erhob. »Es stimmt zwar, daß der Mensch unfreundlich gewesen ist, aber nicht zu allen. Es sind viele hier unter uns, die nicht leiden mußten. Die Katze, der Geier, der Ziegenmelker, der Frosch, der Schmetterling, die Maus, der Kolibri, sie alle lebten und arbeiteten und ruhten sich aus, ohne daß ihnen etwas geschah. Zu ihnen war der Mensch freundlich. Vielleicht ist er ein wenig gedankenlos gewesen. Ist das Grund genug, ihm den Tod zu wünschen? Der Mensch verdient nicht den Tod; er verdient zu leben wie wir alle.«

»Hurra! Er soll leben«, antworteten die Gleichgesinnten im Chor.

Mit finsterem und drohendem Gesicht erhob sich der Vielfraß. »Laßt den Menschen weder leben noch sterben. Laßt ihn leiden. Wenn ihr von der Hand des Menschen gelitten habt, dann seid ihr selbst mit daran schuld, denn wer sich zum Dienen erniedrigt, verdient es, geknechtet zu werden. Er trägt ebensoviel Schuld wie der, der ihn unterwirft. Man kann nicht nur dem Menschen Vorwürfe machen, und er sollte auch nicht allein für eure Torheit büßen.«

Und während er sich wieder setzte, höhnte er noch: »Und wenn der Mensch sterben soll, wer wird ihn töten?«

Ein verblüfftes Murmeln ging durch die Menge. Fragen wurden laut: »Wenn der Mensch sterben soll, wer wird ihn töten?«

Die Tiere sahen einander an, aber niemand konnte diese Frage beantworten.

»Bär, wirst du ihn töten?« fragte der Vielfraß zynisch.

»Ja! Der Bär! Er ist stark und tapfer«, riefen die Tiere.

Der Bär wand sich und wurde etwas bleich. »Ich bin zu langsam. Und ich will auch nicht. Wir sind zu wenige«, redete er sich heraus.

»Dann müssen es die Wölfe tun. Sie sind schnell und stark«, meinte der Vielfraß.

Auf diesen Vorschlag nicht gefaßt, stotterten die Wölfe: »Wir können nicht, und wir trauen uns nicht. Der Mensch ist zu schlau.«

»Feiglinge!« spottete der Vielfraß. »Die Klapperschlange soll es tun.«

Aber die Klapperschlange lehnte ab. »Wir sind zu langsam. Der Mensch ist zu flink. Wir sind nicht groß genug.«

Während die Debatte hin und her wogte, stahl sich ein Hund davon. Ein aufmerksamer Wolf merkte es und schlich ihm nach.

Die Debatte ging weiter und artete in einen Tumult aus. Der Bär, der einsah, daß man zu keiner Einigung kommen würde, solange die Meinungen geteilt waren und die Gefühle weiter angeheizt wurden, rief die Versammlung zur Ordnung. »Wir können den Menschen nicht töten. Er ist zu stark, zu zahlreich und zu listig. Wir sollten auch nicht den Wunsch haben, ihn zu töten oder zu verletzen. Auch er hat ein Recht auf Leben und Wohlergehen. Wir können unsere Lage auch ohne seinen Tod bereinigen.«

An diesem Punkt zerrte der Wolf den Hund, der sich abgesetzt hatte, in die Runde zurück und neben das Feuer.

Ohne erst abzuwarten, bis er das Wort erhielt, überschrie der Wolf wütend den Lärm. Das Winseln des Hundes und das heulende Knurren des Wolfes ließen Stille eintreten.

»Dieser Hund hat uns verraten. Er muß bestraft werden. Vorhin ist er fast unbemerkt verschwunden. Aber ich habe ihn gesehen und bin ihm nach. Er ist direkt zum Dorf der Anishnabeg gegangen und hat ausgeplaudert, was wir hier besprechen. Dieser und alle anderen Hunde müssen bestraft werden.«

Die versammelten Tiere tobten vor Zorn. Sie fielen über die Hunde her und schlugen auf sie ein. Nur der Bär behielt seine Fassung, obwohl er ebenso zornig war wie seine Brüder. Er rief mit donnernder Stimme: »Brüder, es ist zu spät. Die Hunde zu töten, wäre sinnloses, leeres Tun. Laßt den Hund lieber weiterhin unterwürfig sein. Er soll dem Menschen dienen. Er soll hungern. Er soll für ihn jagen. Er soll ihn bewachen. Er soll den Wankelmut des Menschen kennenlernen.«

Er wandte sich dem Hund zu und sagte im Namen seiner Brüder: »Für deinen Verrat sollst du von uns nicht länger als ein Bruder betrachtet werden. Anstelle des Menschen werden wir dich angreifen. Und was schlimmer ist, von jetzt ab wirst du nur noch essen, was der Mensch dir übrigläßt, du wirst in Kälte und Regen schlafen und als Dank für deine Treue Tritte erhalten.«

Dann sprach er noch einmal zur Menge. »Um es dem

Menschen schwerzumachen, uns wieder zu versklaven, werden wir nicht länger die gleiche Sprache sprechen. Wir werden in verschiedenen Sprachen sprechen. Von jetzt an werden wir für uns selbst leben. Der Mensch soll lernen, ohne unsere Hilfe für sich selbst zu kämpfen.«

Damit wurde die Versammlung aufgelöst, und alle Tiere gingen ihrer Wege.

Der Mensch war für Nahrung, Kleidung und Werkzeuge auf die Tiere angewiesen; auch für das Wissen über die Welt, das Leben und sich selbst war er auf die Tiere angewiesen.

Tiere haben eine einzigartige Fähigkeit, Veränderungen in der Welt, den Wechsel der Jahreszeiten und den kommenden Zustand der Dinge zu spüren. Der Mensch hat kein Vorwissen wie Drossel oder Forelle oder Eichhörnchen. Wollte der Mensch vorbereitet sein, so achtete er auf seine älteren Brüder.

Adler, Gänse und Rotkehlchen wußten von der Ankunft des Herbstes und brachen nach Süden auf. Die Eichhörnchen spürten, daß der nächste Winter kam, spielten weniger, legten sich große Vorräte an und bauten tiefe Nester. Wie hoch oder niedrig die Bienen ihre Nester bauten und wieviel Honig sie erzeugten, hing davon ab, was sie vorausahnten. Drosseln und Rotkehlchen wußten, wann es Zeit war, in ihr Sommerrevier zurückzukehren. Der Mensch hatte diese Fähigkeit nicht, und daher mußte er sein Vorwissen aus dem Verhalten der Tiere ableiten.

Noch etwas anderes war den Tieren zu eigen. Sie besaßen ein bestimmtes Gepräge, in dem sich die elementare Natur des inneren Seins widerspiegelte.

Tiere wurden die totemischen Symbole des Menschen.

Kranich	— redegewandt, Führerschaft
Falke	— Bedachtsamkeit, Voraussicht
Adler	— Mut, Vorwissen
Möwe	— Anmut, Frieden
Taucher	— Treue
Adler (weißköpfiger)	— Voraussicht

Schwarzente	— Tiefe
Gans	— Klugheit
Sperber	— Ausdauer
Bär	— Stärke und Mut
Marder	— Aufrichtigkeit, Urteilskraft
Elch	— Ausdauer, Kraft
Karibu	— Anmut, Wachsamkeit
Wolf	— Ausdauer, Bewacher
Luchs	— Entschlossenheit, innere Stärke
Biber	— Einfallsreichtum; kümmert sich um seine eigenen Angelegenheiten
Bisamratte	— Ausdauer
Hecht	— Schnelligkeit, Eleganz
Schildfisch	— Gelassenheit, Anmut
Stör	— Tiefe, Stärke
Weißfisch	— Fülle, Fruchtbarkeit, Schönheit
Nixe (Nix)	— Versuchung
Frosch	— Verwandlung
Wasserschlange	— Bereitwilligkeit
Schildkröte	— Verständigung, Botschafter
Klapperschlange	— Geduld, schwer zu reizen
Wels	— Breite, geistiger Horizont

Die Menschen strebten danach, diesen Charakterzügen der Tiere nachzueifern und sie zu einem Teil ihrer selbst zu machen. Jedes Tier ist Sinnbild eines Ideals, das man erstreben, erlangen und fortführen muß.

Die Taucher

Welche Kraft
Brachte euch zusammen,
Eure Bestimmung zu vereinigen?
Zufall?
Natur?

Was
Vereinigt eure Seelen
In ihrem getrennten Sein?
Wille?
Natur?

Welcher Zweck
Zwingt eure Seelen, eins zu sein
Und allein die Weiten zu durchmessen?
Freiheit?
Natur?

Welche Tiefe
Bewegt eure Herzen,
Zur Rückkehr zu rufen?
Fühlen?
Nur Natur?

Welche Kraft
Hält euch in Treue zusammen,
Läßt euch in Eintracht eins sein?
Liebe?
Natur?

Die Schlange

Grausiges, zorniges Rasseln
Irgendwo auf dem Waldboden
Weckt neue und alte Schrecken
In meiner leeren, verzagten Brust.

O versteckte tödliche Schlange,
Liegst du reglos und gespannt zum Biß?
Oder fürchtest du dich wie ich
Und zitterst vor bloßem Grauen?

Aber Ängste, ob wirklich oder eingebildet,
Bleiben und werden nicht gehen,
Und in jeder neuen Notlage werden sie
wohl kommen und mein Herz zusammenpressen.

In dir, Verderbliche und Tödliche,
Werde ich suchen, was ich nicht habe,
Und wie der Hopi werde ich durch dich
Alle Ängste beruhigen und zerstreuen.

Wenn die Kette aus törichten, wehleidigen Ängsten
Sich löst und mich freigibt
Und das Herz nicht mit dem Geist im Streit liegt,
Dann wird mein Leben Frieden haben.

Der Adler

Mächtiger Adler,
Gern sähe ich meine Zukunft
Und wüßte, was mir bevorsteht,
damit ich in Harmonie mit dem
Schicksal, den Wechselfällen und Umständen leben kann.

Mächtiger Adler,
Vergebens suche ich die Vergangenheit ab
Nach Zeichen und Wegemarken scharf und klar,
Die meinen Pfad bis an sein Ende leiten.
Aber die Erinnerung verblaßt mit der Zeit,
Vermischt Gewesenes mit nicht Gewesenem,
Macht aus Wirklichkeit und Phantasie
Ein schwankendes, verschwimmendes Ganzes.
Irrende Schritte, die getan werden müssen.

Mächtiger Adler,
Gern hätte ich deine Kräfte
Der Vision, der Stärke und des Muts

Als Waffen gegen die ungeborenen Stunden
Der Bedrängnis auf meiner Pilgerschaft.
Sucht meine Seele Erfüllung,
Strebt mein Herz nach Frieden,
Kommt, was ich tue, aus Güte,
So werde ich würdig sein.

Aber die Tiere waren mehr als nur Fleisch für die Nahrung, mehr als Spiegelungen kommender Veränderungen, mehr als Abbilder von Charakterzügen. Sie waren Lebewesen, die ein Recht auf Leben und Sein hatten. Aber damit der Mensch leben konnte, mußten die Tierwesen sterben.

Die Anishnabeg bekundeten ihre Abhängigkeit von den Tieren auf fast allen Gebieten des Lebens, indem sie ihnen in fast allen ihren Geschichten einen Platz einräumten.

So vollkommen war diese Abhängigkeit, daß die Anishnabeg sich in Geschichten auszumalen versuchten, was geschehen würde, wenn die Tiere verschwänden. Vielleicht regte das alljährliche Verschwinden mancher Tierarten solche Geschichten an, denn während der Abwesenheit der Tiere veränderte sich das ganze Leben.

Aus irgendeinem unerklärlichen Grund verschwanden einst der Elch, der Hirsch und der Karibu aus dem Land der Anishnabeg. Danach war das Leben der Anishnabeg nicht mehr wie vorher. Um ihr altes Leben wiederherzustellen, machten sich die Anishnabeg auf die Suche nach ihnen.

Mit der Unterstützung anderer Tiere, deren Leben auch anders geworden war, durchstreiften sie die Welt auf der Suche nach den verschwundenen Tieren. Eine Eule, die, mehr, um sich auszuruhen, als um zu suchen, nach Norden geflogen war, stieß auf eine Herde, die in einer riesigen Hürde eingeschlossen war, als sei sie dort gefangen. Dennoch wirkten die Tiere recht zufrieden, fraßen von den Tannen, Fichten, Zedern und Balsamien.

Neugierig flog die Eule zu einem niedrigen Ast hinunter, um die Hirsche zu fragen. Aber als sie sich auf dem Ast niederlassen wollte, wurde sie von einer Schar Krähen angegriffen

und aus dem Land vertrieben. Mit Mühe gelang es ihr zu entkommen. Es war Nacht, und das half ihr bei der Flucht. Sie verließ die Gegend, so schnell sie konnte.
Zurück im Land der Anishnabeg, berichtete die Eule sofort von ihrer Entdeckung. Die Anishnabeg stellten rasch eine Schar von Kriegern auf, um die gefangenen Hirsche zu befreien. Die Eule flog als Führer voran.
Als sie an den Toren der Hürde ankamen, wurden sie von einem großen Schwarm grimmiger Krähen angegriffen. Tagelang tobte der Kampf, und keine der streitenden Parteien konnte den Sieg erringen.
Die Anishnabeg fochten wütend, und die Krähen stürmten erbarmungslos gegen sie an. Aber während der ganzen Schlacht versuchten die Hirsche kein einziges Mal zu entkommen; sie schauten nur neugierig zu. Die Angreifer waren über ihre Gleichgültigkeit bestürzt.
Enttäuscht baten die Anishnabeg um Waffenstillstand. Die Krähen gewährten die Bitte und schauten mit überlegenen Mienen zu, wie der Häuptling der Anishnabeg die Hirsche ansprach. »Warum steht ihr so gleichgültig da, während wir uns bemühen, euch zu befreien? Wir haben große Mühen auf uns genommen und für euch unser Leben eingesetzt. Aber das scheint euch nicht zu interessieren.«
Der Führer der Hirsche erwiderte: »Eure Annahme, daß wir gegen unseren Willen hier sind, ist falsch. Wir haben uns selbst dafür entschieden, hier zu bleiben, und wir sind zufrieden. Die Krähen haben uns besser behandelt, als ihr es jemals getan habt, als wir noch das gleiche Land mit euch teilten.«
»Was haben wir euch denn getan«, fragte der Häuptling verwundert. Der Anführer der Hirsche antwortete schnell und traurig: »Ihr habt unser Fleisch verschwendet, ihr habt unsere Futterplätze verwüstet, ihr habt unsere Knochen geschändet, ihr habt uns und euch entwürdigt. Wir können ohne euch leben, aber ihr nicht ohne uns.«
»Was sollen wir tun, um das wiedergutzumachen? Wisse, daß unsere Unachtsamkeit nicht böser Wille war. Welche

Buße sollen wir für euer Leid auf uns nehmen? Sage es uns«, sagte der Anishnabeghäuptling.

Wieder sprach der Führer der Hirsche: »Ehre und achte unser Leben und Sein im Leben und im Tod. Tut, was ihr noch nicht getan habt. Und hört auf, etwas zu tun, was unsere Seelen verletzt.«

Der Häuptling versprach es, und die Krähen ließen die Hirsche, Elche und Karibus frei. Die Tiere folgten den Anishnabeg willig in ihre Heimat.

Diese und andere Geschichten verdeutlichen ein immer wiederkehrendes Thema im Leben der Anishnabeg und ihre Einstellung dazu:

Alles Leben muß in Ehren gehalten werden.

Wie das Leben einer Art ist, hängt von einer anderen Art ab.

Nimm das Leben, aber nicht im Zorn.

Das Leben des einen bedeutet den Tod eines anderen.

Achtung vor dem Tod bedeutet Achtung vor dem Leben.

Tierwesen verdienen das Leben. Sie verdienen es, geachtet zu werden.

Viele Tierwesen verließen das Land für den Winter; das Leben der Anishnabeg veränderte sich. Aufgrund des alljährlichen Verschwindens der Tiere entstanden viele Bräuche, die mit der Jagd in Zusammenhang stehen.

Es gab Gebete, die man beim Tod eines Tierwesens sprach oder dachte, Gebete, die Kummer und Achtsamkeit ausdrückten und mit denen man um Vergebung bat.

Gebet für einen vom Jäger erlegten Hirsch

Ich war bedürftig,
Ich habe dir Schönheit, Anmut und Leben genommen.
Ich habe deine Seele von ihrem weltlichen Leib gesondert.
Nie mehr wirst du in Freiheit laufen,
Weil ich bedürftig war.

Ich war bedürftig.
Im Leben hast du deinesgleichen in Güte gedient.
Mit deinem Leben will ich meinen Brüdern dienen.
Ohne dich muß ich hungern und werde schwach.
Ohne dich bin ich hilflos, nichts.

Ich war bedürftig.
Gib mir Kraft durch dein Fleisch.
Gib mir deine Hülle als Schutz.
Gib mir deine Knochen für meine Arbeit,
Und mir wird es an nichts fehlen.

Der großen Bedeutung der Tiere für den Menschen wurde nicht nur im Gebet gedacht, sondern sie fand auch in den Instrumenten der Zeremonien ihren Ausdruck. An der heiligen Friedenspfeife waren die Federn des Adlers und Tierhaut. Alle vier Stufen des Lebens waren im Ritual gegenwärtig. Nur unter dieser Voraussetzung waren Instrument und Zeremonie vollständig. Ohne die vier Dimensionen gab es keine Einheit.

In der Midewiwin wurden Tierwesen und die Welt der Tierwesen dargestellt. Oftmals wurden Tierwesen als Gegensätze, als Widersprüche dargestellt. Manchmal wurde der Bär als gut dargestellt, manchmal als böse. Damit wurde eine Tatsache des Seins und des Lebens abgebildet: daß alles aus zwei Aspekten besteht, die als Gegensätze auftreten. Geburt und Tod, Jugend und Alter, Tag und Nacht, Mann und Frau, Wasser und Feuer, Wind und Fels, Traurigkeit und Freude, Triumph und Niederlage, Körper und Geist-Seele, gut und böse. Daß Leben und Sein widersprüchlich sind, wird im Gebet ausgesprochen und findet in der Midewiwin seinen sichtbaren Ausdruck.

Die Haut des Hermelins ist ein wesentlicher Bestandteil des Medizinbeutels. Der Medizinmann oder die Medizinfrau werden durch sie daran erinnert, daß das Wissen von der Heilkraft der Pflanzen von den Tieren kommt.

Für Midewiwin-Mitglieder dritten Grades, die das Jeesek-

keewin (Kommunion mit der unkörperlichen Welt) praktizierten, war die Schildkröte Symbol für die Schnelligkeit des Gedankens und für die Art, wie sich die Dimensionen und Stufen des Seins miteinander verständigen.
Auf ähnliche Weise werden auch andere Tierwesen durch Gebet und Ritual geehrt.
Auf der praktischen Ebene erwies man den Tieren auf folgende Weise Achtung:

Weibliche Tiere mit Jungen wurden verschont. Nur die männlichen durften gejagt werden.
Junge Tiere sollte man wachsen lassen.
Ein Paar von Tieren sollte man leben lassen, um die Fortsetzung des Lebens zu sichern.
Die Knochen der Tiere sollten gebraucht und nicht verschwendet werden. Die Knochen der Fische durften nicht ins Wasser geworfen werden.

Auf diese Weise bemühten sich die Anishnabeg darum, dem Leben, dem Tod und dem Wissen der Tiere ihre Achtung zu erweisen. Männer und Frauen nannten die Tiere »Unsere Älteren Brüder«.

Die Welt des Menschen

Gerüst und Aufbau der Ojibwa-Gesellschaft entstanden aus den fünf individuellen und sozialen Grundbedürfnissen und Bestrebungen des Menschen: Führerschaft, Schutz, Versorgung, Lernen und körperliches Wohlbefinden. Die Erfüllung dieser Bedürfnisse nach individueller und sozialer Entwicklung bildeten die *raison d'être* der Gesellschaft. Alle Funktionen innerhalb der Ojibwa-Gesellschaft, Regierung, Verteidigung, materielle Versorgung, Erziehung und medizinische Versorgung, lagen in den Händen sozialer Untergruppen, deren Mitglieder in die jeweilige Gruppe hineingeboren und besonders geschult wurden. Jede soziale Einheit versah einen Teil des allgemeinen Aufgabenbereichs, und dieser Teil wurde von einem Emblem symbolisiert, das unter dem Namen Totem bekannt ist. Das Totem war wahrscheinlich die wichtigste soziale Einheit, wichtiger als der Stamm, die Dorfgemeinschaft und die Familie.
Die Ojibwa-sprechenden Völker Ottawa, Pottawatomi, die eigentlichen Ojibwa und die Mississauga bilden – fügt man noch die Sauk, Menomini und Algonkin hinzu – einen großen Stamm. Obwohl diese Völker ähnliche Sprachen und ein gemeinsames kulturelles Erbe hatten, gab es unter ihnen kein ausgesprochenes Gefühl der Einheit oder Solidarität; sie brauchten es nicht. Männer und Frauen fühlten sich eher einem Totem als einer Volksgemeinschaft zugehörig. Trafen sich Leute, die einander nicht kannten, so fragten sie zuerst: »Waenaesh k'dodaem?« (Was ist dein Totem?); erst dann fragte man »Waenaesh keen?« (Wer bist du?) Frage und Antwort verdeutlichen die Bedeutung des individuellen und gemeinschaftlichen Identitätsgefühls. Solche Fragen zielten mehr auf die Gruppenzugehörigkeit als etwa auf den Geburtsort oder den Wohnsitz. Auch die Antwort entsprach diesem Zusammenhang. Nach der Identität befragt, könnte ein Mann oder eine Frau etwa antworten »Zaugee« oder

»Zaugeewini«, was soviel bedeutet wie »Ich bin aus dem Volk von der Flußmündung« oder »Pottawotomi«, das heißt »Ich bin aus dem Volk der Feuerwächter« oder »Menomini – Ich bin aus dem Volk vom Wasserzaun«. In all diesen Fällen war nicht der Herkunftsort wichtig, sondern die Zugehörigkeit. Brauch und Praxis deuten darauf hin, daß das Zusammengehörigkeitsgefühl in einem Totem oder einer Dorfgemeinschaft größer war als innerhalb eines Stammes.

Die Ojibwa-sprechenden Völker bildeten einen der größten Stämme nördlich der mexikanischen Grenze. Zahlreiche Stammesgruppen lebten zurückgezogen und weit voneinander entfernt. Manche bestanden nur aus wenigen Familien, manche hatten viele hundert Mitglieder.

Im Idealfall waren in jeder Stammesgruppe alle fünf sozialen Grundeinheiten vertreten, die das Funktionieren der Gemeinschaft sicherten; aber das war nicht immer der Fall.

Eine Stammesgruppe oder Gemeinschaft, in der alle fünf totemischen Gruppen vertreten sind, läßt sich etwa so darstellen:

Führerschaft	Verteidigung	Versorgung	Erziehung	Medizin
Häuptling(e)	Krieger	Jäger	Lehrer	Heiler

Ursprünglich gab es fünf Totems, die die fünf Bedürfnisbereiche des Volkes und die fünf Grundfunktionen der Gesellschaft repräsentierten. Später wurden weitere hinzugefügt.

FÜHRERSCHAFT
Chejauk (Kranich)
Wawa (Gans)
Mong (Taucher)
Kaikaik (Falke)
Peepee gizenke (Sperber)
Migizi (weißköpfiger Adler)
Kineu (schwarzköpfiger Adler)
Makataezheeb (Wildgans)
Kayaushk (Möwe)

VERTEIDIGUNG
Noka (Bär)
Myeengun (Wolf)
Pizheu (Luchs)

VERSORGUNG
Waubizhaezh (Marder)
Amik (Biber)
Moozo (Elch)
Addik (Karibu)
Wawashkaesh (Hirsch)
Wuzhushk (Bisamratte)

ERZIEHUNG
Mizi (Wels)
Kinozhae (Hecht)
Numaebin (Schildfisch)
Numae (Stör)
Addikmeg (Weißfisch)

MEDIZIN
Makinauk (Schildkröte)
Negik (Otter)
Medawaewae (Klapperschlange)
Muzundumo (Schwarze Natter)
Mukukee (Frosch)
Nebaunaube (Nixe oder Nix)

Vieles deutet darauf hin, daß »dodaem« von derselben Wurzel abgeleitet ist wie »dodum« und »dodosh«. »Dodum« bedeutet tun oder erfüllen, während »dodosh« wörtlich Brust bedeutet, das, wovon man Milch oder Nahrung bezieht. »Dodaem« kann bedeuten: das, wovon ich meinen Zweck, meinen Sinn und mein Sein ableite.
Eine Legende berichtet vom Ursprung der Totems. Sechs große Wesen entstiegen dem Meer. Eins verendete unter der Hitze und dem Licht der Sonne und sank zurück ins Meer.

Die anderen betraten das Land der Anishnabeg und wurden von ihnen willkommen geheißen. Zum Dank erklärten sich die fünf körperlosen Wesen bereit, die Menschen bei der Bewältigung ihrer Angelegenheiten anzuleiten.

Einteilung der Gesellschaft

FÜHRERSCHAFT

Der Ruf des Kranichs war so einzigartig und so selten zu hören, daß dieser Vogel zum Symbol für Leitung und Führerschaft wurde. Die Tonhöhe und der Klang der Stimme waren so ungewöhnlich, daß alle anderen Lebewesen verstummten, um dem Kranich zu lauschen. Wenn der Kranich ruft, hören alle zu.

Wie der Kranich selten ruft und Aufmerksamkeit verlangt, so sollte auch ein Anführer sein Vorrecht selten gebrauchen und seine Pflichten mit der gleichen Achtsamkeit erfüllen. Er spricht nicht oft, niemals hört man leeres Gerede von ihm. Ein Anführer, der für seine Autorität keine anderen Stützen hat als seine Charakterstärke und seine Überzeugungskraft, setzt seine Stellung nicht leichtfertig aufs Spiel. Außerdem war ein Anführer nicht einfach ein Befehlshaber, sondern der erste, der handelte. Als Sprecher gab er nicht seine eigene Meinung wieder, sondern die seines Volkes. Er mußte die Gefühle seines Volkes schonen und sie nicht durch zu häufiges Sprechen entwerten.

Führerschaft beruhte auf Überzeugungskraft, ihre Ausübung hing von den Umständen und Bedürfnissen ab. Niemand war ständiger Inhaber der Führerposition, sondern wie bei anderen Lebewesen war die Führerschaft auf besondere Gelegenheiten beschränkt. Zweimal im Jahr, im Spätsommer und im Frühjahr, beginnt für die Vögel die Zeit, wo sie einen Führer brauchen. Im Spätsommer versammeln sich die Vögel zu großen Schwärmen unter einem Führer und machen sich auf den Weg nach Süden; im Frühling folgen sie

ihrem Anführer zurück in den Norden. Wenn der Bedarf nicht mehr besteht, endet auch die Führerschaft.
Selbst wenn die Umstände einen Anführer verlangen, bestand kein Zwang zu gehorchen. Man folgte dem Anführer freiwillig und hatte das Recht, sich zu verweigern. Wenn ein Vogelschwarm seinen Bestimmungsort erreicht hat, zerstreuen sich die Mitglieder, und damit endet die Führerschaft.
Auch unterwerfen sich nicht alle Mitglieder einer Spezies demselben Führer. Viele Schwärme bilden sich, um den gleichen Ort zu erreichen, und viele verschiedene Wege führen dorthin. Der Sicherheit und Autonomie einer Spezies ist am besten gedient, wenn kleinere Einheiten verschiedene Wege nehmen.
Außerdem sind kleine Gruppen mit starkem innerem Zusammenhalt besser zu leiten, der Anführer wird von seiner Aufgabe nicht erdrückt.
Die Führerrolle wird nicht erkämpft. Führerschaft ist eine Bürde, nach der man sich nicht drängt, der man vielleicht sogar eher auszuweichen versucht. Ein Führer wird aufgrund seiner Weitsicht durch Konsens gewählt. Im Wegweisen, und nur in diesem Sinn, ist er der erste.
Eine Geschichte von einem Führungskampf verdeutlicht, wie die Anishnabeg die wahrscheinlichen Folgen eines Wettstreits einschätzten. In dieser Geschichte forderte ein Taucher den Kranich zum Wettstreit um die Führerschaft unter allen Vögeln heraus. Nicht bereit, auf Leben und Tod um eine so zweifelhafte und nur scheinbar ruhmreiche Sache zu kämpfen, willigten der Kranich und alle anderen Vögel ein, dem Taucher die Führerschaft zu überlassen.
Der Taucher machte viel Aufhebens um seine neue Stellung und gebärdete sich befehlshaberisch. Die anderen Vögel waren erleichtert, jemanden gefunden zu haben, der die Aufgabe auf sich nehmen wollte, und warteten darauf, daß er sie führte und ihnen ein besseres Leben verschaffte.
Aber es dauerte nicht lange, bis sich unter den Vögeln Unzufriedenheit ausbreitete. Gegen Ende August bereiteten

sich manche Vögel auf den Abflug nach Süden vor. Sie bedrängten den Taucher, er möge sie führen. Aber der Taucher wehrte ab; es sei noch zu früh, sagte er, und die anderen Vögel seien noch nicht für den Abflug bereit. Man solle in Ruhe abwarten, sagte der Taucher, alle würden gehen.

Als der Taucher und die anderen Vögel endlich bereit waren aufzubrechen, hatten die Sperlinge, Finken und Rotkehlchen schon schlimme Zeiten hinter sich; viele hatten ihr zu langes Verweilen mit dem Leben bezahlt.

Als der Taucher und seine riesige Gefolgschaft ihre Wanderung nach Süden begannen, gab es wieder Beschwerden. Sogar Streit. Manche beklagten sich über die Fluggeschwindigkeit, andere nörgelten wegen der Flughöhe, und wieder anderen war die Länge der Tagesreisen nicht recht.

Bei der Ankunft im Süden stellte sich heraus, daß einige Vögel noch weiter südwärts fliegen mußten, aber der Taucher wollte nicht mehr weiter. Auf einer hastig einberufenen Versammlung wurde dem Taucher dringend nahegelegt, von seiner Führerposition zurückzutreten.

Die ewig Unzufriedenen, wie der Taucher sie nannte, sagten: »Du kümmerst dich nicht um die Verschiedenheit unserer Bedürfnisse. Unserer Not gegenüber bist du gleichgültig.«

Der Taucher erwiderte: »Das Wohl aller kommt zuerst. Ich muß an das Wohl der Gemeinschaft denken.«

»Das allgemeine Wohl hat uns fast alle umgebracht«, gab ihm die Drossel wütend zurück.

Aber der Taucher blieb fest. »Ich muß an alle denken, nicht nur an einen oder ein paar.«

»Du denkst zu großspurig«, stöhnten die Prachtmeisen, Amseln und Waldsänger. »Und in deinem großspurigen Denken vergißt du die Kleinen.« Ohne noch ein Wort zu sagen, ließen sie den Taucher einfach stehen, und die anderen Vögel taten es ihnen gleich.

Allein gelassen dachte der Taucher über seine Anmaßung nach. Der Kranich wurde wieder zum Führer ernannt.

Weil die Prinzipien der Führerschaft am besten bei den Vögeln zu erkennen sind, wurden einige Vögel zum Symbol der Führerschaft.

Führerschaft ist eine Bürde, eine unsichere Sache für die Gemeinschaft und für die Person, der sie sich anvertraut. Um hervorragende Führungseigenschaften so weit wie möglich zu gewährleisten, wurden die Kinder, die unter dem Totem der Führerschaft zur Welt kamen, für ihre Aufgabe geschult. Sie mußten sich mit Geschichte, Tradition, Grammatik und Sprechen befassen. Ein Teil der Erziehung war auf Beredsamkeit, Weisheit und Großmut ausgerichtet. Damit sollte den zukünftigen Führern eine besondere Ehrfurcht vor dem Prinzip eingeprägt werden, daß das Wohl des Volkes für den Regierenden über allem anderen stehen mußte.

Es war Brauch, daß die Alten einen Mann ihrer Wahl einluden und mit ihm die Friedenspfeife rauchten. Nahm er die Pfeife an, so nahm er auch die Führerschaft an, und das Rauchen wurde eine feierliche Handlung. Die Zeremonie wurde oft von den Worten »Ihr habt mich zu einem armen Mann gemacht« begleitet, denn zu führen galt als eine mühselige Sache, und niemand nahm die Führerrolle gern an.

Aber die Führerschaft wurde nicht immer denen angetragen, die dafür geschult waren oder im entsprechenden Totem geboren waren. Das Kriterium, nach dem die Eignung eines Kandidaten eingeschätzt wurde, war sein Verdienst. Wurde jemand, der in einer anderen totemischen Gruppe geboren worden war, für geeigneter befunden, die Führerschaft zu übernehmen, so wurde er dem Kandidaten aus dem Totem der Führerschaft vorgezogen.

Bei der Ausübung seines Amtes handelte der Führer nicht in eigener Initiative. In Angelegenheiten, die die Gemeinschaft betrafen, mußte er einen aus den führenden Männern und Frauen bestehenden Rat befragen und dessen Weisungen berücksichtigen. Dieser Rat bestand meist aus den Ältesten. Wenn ein Häuptling die Unterstützung der führenden Leute hatte und ihren Wünschen Ausdruck verlieh, gewann er die Autorität, die er brauchte, wenn er Missetäter verurteilen, Streitigkeiten schlichten, Jagd- und Fischgründe aufteilen, die Erschließung neuer Jagd- und Fischgründe leiten und zwischen Krieg und Frieden wählen mußte. Die Zusammensetzung des Rates ist nicht eindeutig geklärt, man kann jedoch als ziemlich sicher annehmen, daß er aus den Ältesten einer jeden totemischen Gruppe einer Stammesabteilung bestand. Wahrscheinlich ist, daß jede Gemeinschaft aus den fünf ursprünglichen totemischen Gruppen bestand.

Ein Mann, der zum Führer bestimmt wurde, sollte möglichst den Prinzipien des Friedens verbunden sein und nicht dem Krieg. Aber in der Praxis ließ sich nicht umgehen, daß auch einmal ein Krieger zum Anführer wurde, und es gibt andererseits zahlreiche Beispiele von Kriegshäuptlingen, die die Angelegenheiten der Gemeinschaft auf sehr friedfertige Art regelten. Aber es galt immer als besser, wenn der Friedensführer und der Kriegsführer getrennt blieben. Ihre Zwecke widersprachen einander.

Charakter und Eigenschaften, die man von Anführern erwartete, werden in Erzählungen deutlich. Kitche Ojibwa war ein hühnenhafter Mann, gut zwei Meter groß, ein Krieger, der häufig auf Kriegspfad war und dabei soviel Ehrenhaftes vollbracht hatte, daß er berechtigt war, einen Kopfschmuck zu tragen.

Bei der Rückkehr von einem seiner Kriegszüge mußte er feststellen, daß sein Dorf während seiner Abwesenheit von den Dakota (Sioux) überfallen worden war. Zornentbrannt stellte Kitche Ojibwa eine Truppe zusammen, die aus zweiundzwanzig Kriegern und ihm selbst bestand. Gegen den Rat eines Medizinmannes brach Kitche Ojibwa mit seinen Leuten auf, um sich an den Dakota zu rächen, deren Dorf etwa drei Tagesmärsche nach Westen lag.

In der Nähe des Dakota-Zeltdorfs angekommen, versteckten die Krieger sich ungefähr eine Meile entfernt in einem Dickicht. Sie wollten am nächsten Morgen angreifen. Zufällig wurden sie jedoch von einigen Kindern mit ihren Hun-

den entdeckt, die in der Gegend herumstreiften. Die erschrockenen Kinder rissen die Arme hoch und schrien: »Ojibwa! Ojibwa!« Dann flüchteten sie schreiend zum Dorf zurück.
Nicht lange, und die Krieger des Dorfes, unterstützt von 150 weiteren Kriegern, die gerade zu Besuch waren und von denen Kitche Ojibwa nichts wußte, stürmten aus dem Dorf hervor, um die Eindringlinge zurückzuwerfen. Überrascht stellten die Ojibwa fest, daß sie in der Minderzahl waren. Dennoch bereiteten sie sich darauf vor, sich ehrenvoll zu verteidigen.
»Geht heim!« zischte Kitche Ojibwa seinen Kriegern zu. »Geht, bevor es zu spät ist.«
»Wir können jetzt nicht mehr zurück«, protestierten die Krieger.
»Geht, schnell«, befahl Kitche Ojibwa.
»Wir sind keine Feiglinge. Unser Volk wird uns für feige halten, wenn wir vor den Dakota weglaufen«, erwiderten die Krieger.
»Geht heim«, befahl Kitche Ojibwa noch einmal, während die Dakota-Krieger mit Geheul auf sie zustürmten. »Wenn ihr bleibt, werden wir alle sterben. Niemand wird unser Dorf verteidigen; niemand wird da sein, der unsere Frauen und Kinder versorgt. Geht, solange noch Zeit ist.«
»Aber wie sollen wir diesen Fehlschlag erklären?« fragte ein Krieger.
»Ihr könnt euch in einem anderen Jahr rächen, wenn ihr stärker seid; wenn ihr nicht in der Minderzahl seid; wenn ihr eine Chance habt. Geht. Ich bleibe.«
Nach diesen Worten schlichen die Krieger sich fort.
Niemand sah Kitche Ojibwa jemals wieder, aber er wurde nicht vergessen.
Aber nicht nur die Männer besaßen soviel Mut. Weegibance, Kleine Holzfaser, war eine Großmutter und gehörte zu den Leech-Lake-Ojibwas.
Eine schreckliche Krankheit, die Pocken, befiel Weegibances Dorf. Schon nach kurzer Zeit waren die meisten Dorfbe-

wohner nach schweren Fieberanfällen gestorben oder lagen in qualvollem Todeskampf. Weegibance füllte die Kanus mit den Überlebenden; einige waren bereits krank, und alle waren sie dem Tod geweiht. Sie wollte mit ihnen vom Ort des Todes fliehen und vermeiden, daß noch andere Menschen angesteckt wurden. Monatelang waren sie auf der Flucht.

Am Tag paddelten sie mit ihren Kanus weiter und umgingen die Dörfer, an denen sie vorbeikamen; nachts lagerten sie ohne Feuer.

Die ganze Zeit fischte und jagte Weegibance für die Leute, gab ihnen Medizin, um ihr Leiden zu lindern, begrub die Toten. Obwohl sie schon krank war und glaubte, daß auch sie sterben mußte, gab sie nicht auf.

Einer nach dem anderen starb, ihre Freunde und die Mitglieder ihrer Familie, bis sie zuletzt allein war. Zu Tode erschöpft und zu schwach, um weiterzuwandern, bereitete Weegibance sich auf ihren Tod vor. Sie legte an einer Insel in einer kleinen Bucht an und brach am Ufer zusammen.

Als sie wieder zu Bewußtsein kam, saßen nicht weit entfernt zwei Männer, kochten ein Mahl und sprachen leise miteinander. Sie sah die beiden entsetzt und rief: »Ich bin krank. Ich habe die schrecklichen Pocken. Geht weg.« Dann begann sie zu schluchzen.

»Dann ist es zu spät für uns«, sagte einer der Männer bestürzt. Lange Zeit sagte keiner etwas; Weegibance war zu schwach, und die beiden Männer wußten, daß auch sie angesteckt waren.

Weegibance verlor wieder das Bewußtsein. Später wachte sie wieder auf, und die Männer waren immer noch da. Sie blieben mehrere Tage da, machten ihr Brühe aus Kräutern und fütterten sie. Sie wurden nicht krank, und Weegibance kam wieder zu Kräften.

Nach ungefähr einer Woche wußten sie sicher, daß sie nicht von der Krankheit befallen worden waren, und Weegibance erholte sich zusehends. Die beiden Männer nahmen sie mit in ihr Dorf, und dort heiratete sie einen der älteren Männer.

Unter den Ojibwa-sprechenden Völkern genoß kein Beruf mehr Ansehen als der des Jägers und Fischers, also des Versorgers, und kein Mann wurde mehr geachtet als der geschickte Jäger, der Familie und Gemeinschaft reichlich mit Nahrung und Materialien für Kleidung und Hausbau versorgte. Zum Totem des Jägers gehörten Marder, Elch, Hirsch, Karibu, Biber und Bisamratte.

Das Jagen erforderte Geschicklichkeit beim Aufspüren des Wildes und Geduld beim Anschleichen an Elch und Hirsch, um so nahe heranzukommen, daß man Pfeil und Bogen benutzen konnte, mit denen man auf etwa fünfundzwanzig Meter treffsicher schießen konnte. Der Beruf verlangte vom Jäger große Ausdauer und Kraft, wenn er in Zeiten der Wildknappheit oft meilenweit und tagelang laufen und auf dem Rückweg schwere Lasten tragen mußte. Außerdem brauchte ein Jäger im Sommer wie im Winter großen Einfallsreichtum. Wer die Gefahren und Strapazen der Jagd überwand, bewies damit seinen persönlichen Wert.

Die erste Jagd eines Jungen, bei der er meist vom besten Jäger des Dorfes geführt wurde, war ein feierliches Ereignis. Auch darin zeigt sich die große Bedeutung des Jagens und Fischens.

Die Männer und Frauen, die diesen Berufen nachgingen, befriedigten die Grundbedürfnisse des Menschen. In den Erzählungen von Nanabush und anderen Geschichten war ein immer wiederkehrendes Thema der Hunger, und diese Geschichten spiegeln die Wirklichkeit und die Angst. Nanabush war ständig hungrig. Es lag aber nicht so sehr an der Wildknappheit, daß seine Vorratskammer leer war und seine Kinder Hunger hatten. Wäre er geschickt, geduldig und ideenreich gewesen, hätte er nicht gar so jämmerlich und stümperhaft gewirkt. Es gab aber auch Zeiten, wo Nanabush Glück hatte und viel Wild erlegte. Bei solchen Gelegenheiten schlugen sie sich die Bäuche voll.

Aus demselben Thema des Hungers und der Knappheit entstand der Windigo, der Vielfraß, das Symbol der Völlerei.

Auch die Legenden vom Verschwinden der Hirsche und der Rosen und von der nachfolgenden Not stammen aus diesem Themenkreis.
Verglichen mit dem Jagen, galt das Kämpfen als eine gefahrvolle Nebenbeschäftigung; Kriege wurden nur im Sommer geführt, und man unterbrach sie, sobald die Versorgungslage im heimatlichen Dorf kritisch wurde. Daß Pontiac und andere berühmte Kriegshäuptlinge so viele Krieger um sich versammeln und halten konnten, bezeugt ihre Charakterstärke und Persönlichkeit. Doch weder die Notwendigkeit, Land und Freiheit zu verteidigen, noch Pontiacs magische Anziehungskraft konnten die Krieger davon abhalten, den Kriegszug immer wieder zu unterbrechen, um ihre Familien zu versorgen.
Die Gemeinschaft und die Familie erwarteten vom Jäger, daß er alles Notwendige herbeischaffte – vielleicht sogar ein besseres Leben, wo niemand hungern mußte und wo es etwas zu lachen gab. Ein geschickter Jäger war für eine Frau der ideale Lebensgefährte. Die Eltern hielten ihre Töchter an, gut zu wählen. In vielen Dörfern war es Brauch, den zukünftigen Mann der Tochter für eine Weile aufzunehmen; er mußte die Familie versorgen und so beweisen, daß er zum Ehemann taugte. Nicht vom Krieger, sondern vom Jäger erhoffte man sich ein besseres Leben.
Ein Junge, der Fischer und Jäger werden wollte, mußte eine lange und harte Schule durchlaufen. Die jungen Männer mußten sich nicht nur mit dem Charakter und der Natur der Tiere befassen, sondern auch lernen, wie man das Handwerkszeug herstellt und repariert, so daß sie in jeder Lage auch allein überleben konnten. Die Schulung machte sie unabhängig und erfinderisch, und je mehr sie diese Eigenschaften besaßen, desto besser war es für die Gemeinschaft.
Als Symbole für die Eigenschaften, die man brauchte, um erfolgreicher Jäger und Fischer zu sein, wurden Tiere gewählt, die selbst etwas mit Jagen, Fischen und Fallenstellen zu tun hatten.

VERTEIDIGUNG

Raubtiere wie Bär, Wolf und Luchs waren die Totems des Kriegers. Krieger waren ein notwendiges Übel. Die Jungen suchten nach Gelegenheiten, ihren Mut zu beweisen; es gab zwar viele Möglichkeiten, das zu tun, aber die leichteste und beste war der körperliche Kampf. Der Kampf war der Prüfstein für Mut, Kraft und Geschicklichkeit.

Die Älteren konnten wenig daran ändern, daß die Jungen loszogen und den Kampf suchten; sie rieten davon ab, denn sie wußten sehr wohl, welche Folgen daraus entstanden. Aber sie konnten die jungen Männer ebensowenig vom Kämpfen abbringen wie sie verhindern konnten, daß sie wuchsen.

Die Kämpfe, auf die junge Männer sich einließen, zielten nicht darauf ab, jemanden zu töten, aber es geschah häufig. Es war genug, wenn ein junger Krieger seinen Mut bewies, sich selbst in Gefahr brachte und seinen Widersacher überwand. Die Kämpfe waren kurz und oft blutig, endeten mit gebrochenen Knochen, Niederlagen und vermindertem Ansehen.

Krieger stifteten zu bösen Gefühlen und Kämpfen an, aber sie waren notwendig, um die Familie und die Gemeinschaft vor Angriffen zu schützen.

Es war zwar wünschenswert, aber nicht immer möglich, die Kriegshäuptlinge aus der Regierung einer Gemeinschaft fernzuhalten. In Zeiten der Bedrohung wurde die Führerschaft dem Kriegshäuptling für die Dauer der Krise übertragen. War die Gefahr vorüber, so wurde er aufgefordert, seine Führerrolle wieder abzugeben.

Auch während der Krise hatte der Häuptling nur begrenzte Autorität und Macht; es kam darauf an, wie viele Krieger ihm folgten. Aber selbst über diese Leute hatte er nur wenig Gewalt, und wahrscheinlich noch weniger über die anderen Mitglieder der Gemeinschaft, denen er weder etwas befehlen noch verbieten konnte. Seine Position war schwach.

Das Amt des Kriegshäuptlings war nicht strikt den Mitgliedern der Totems von Bär, Wolf und Luchs vorbehalten. Mut scheint die einzige Voraussetzung dafür gewesen zu sein, und Mut ließ sich an der Anzahl der gewonnenen Kämpfe und an der Größe der Verluste ablesen. Durch Niederlagen und zu große Verluste verlor der Kriegshäuptling Einfluß und Gefolgschaft.

Jeder Krieger konnte Kriegshäuptling sein und eine Truppe aufstellen. Aber seine Macht war so begrenzt, daß er die Männer, die an seinem Kriegszug teilnehmen sollten, zum Rauchen der Kriegspfeife einladen mußte. Ein Mann, der die Pfeife rauchte, zeigte damit seine Bereitschaft, mitzumachen und sich dem Vorhaben zu verpflichten; diese Verpflichtung konnte er nicht widerrufen. Er durfte aber die Einladung auch ablehnen, ohne daß er deswegen Tadel oder Anklagen zu befürchten gehabt hätte.

Auch während des Kampfes besaß der Kriegshäuptling keine absolute Autorität. Er konnte die Schlacht noch so sorgfältig geplant haben, nie wußte er, ob sein Plan auch ausgeführt wurde; selbst eine so simple Vereinbarung, wie den Kampf bei einem bestimmten Pfeifton zu beginnen, war Glücksache. Der Häuptling konnte nur hoffen. Oft konnten oder wollten die Krieger nicht auf das Signal warten.

Manchmal gelang es dem Anführer, seine Leute zum Abwarten eines bestimmten Signals zu bewegen. War es aber einmal gegeben, dann mußte jeder allein zurechtkommen. Dann war alles dem einzelnen und dem Zufall überlassen.

Der einzelne sah den Kampf weniger als Krieg um eine bestimmte Sache, sondern eher als eine Gelegenheit, seinen Wert zu beweisen. Krieger betrachteten den Kampf nicht unter politischen oder ökonomischen Aspekten; sie betrachteten den Kampf nicht als ein Mittel, um Völker zu vernichten oder zu unterwerfen, oder um Land zu erobern. Es war für sie nichts weiter als eine Gelegenheit, Mut zu beweisen. Aber Krieger erzeugten Mißtrauen, lang anhaltenden Haß, was manchmal zu endlosen bitteren Kämpfen führte.

Aber diejenigen, die vom Krieg abrieten, konnten den jungen Männern keine gleichwertige Möglichkeit, ihren Mut zu beweisen, anbieten. Nicht einmal die Furcht vor Vergeltung

und der Gedanke, daß vielleicht Unschuldigen Schaden zugefügt wurde, konnten die Jugend von ihrer Kampfeswut abbringen.
Aber im Grunde liebten die Anishnabeg den Frieden; das Vorhandensein der Friedenspfeife und der Rauchzeremonie ist ein symbolisches Zeugnis dieser Liebe.

LEHRE

Männer und Frauen müssen geistig wachsen, sie müssen erkennen. Diese Grundvoraussetzung bedingt, daß es Lehrer geben muß und daß sie die Pflicht des Lehrens auf sich nehmen müssen. Das Wohlergehen und die Kontinuität einer Gemeinschaft verlangen, daß der Geist erweitert und von Generation zu Generation weitergegeben wird.
Nicht nur Geschicklichkeit und Können mußten entwickelt werden, sondern auch die Fähigkeit zu erkennen; es ging nicht nur um Wissen, sondern auch um Weisheit. Die Weisen hatten die Pflicht, ihre Weisheit zu vermitteln, und ebenso hatten die Unwissenden die Pflicht zu lernen.
Grundsätzlich hatte das Lernen zwei Hauptaspekte: Ein Ziel war es, Mann und Frau zur Befriedigung der körperlichen Bedürfnisse zu befähigen; das andere war, seine Geist-Seele, sein inneres Sein zu erweitern. Für das erste Ziel teilten die Erwachsenen den Jungen ihr Können und Wissen mit; für das zweite gaben die Alten ihre Weisheit an sie weiter. Beide Arten der Schulung fanden zugleich statt. Durch das Zusammenwirken beider Arten wurden die Schüler zu ganzen Menschen, die zugleich geschickt und weise waren.
Ging es in der einen Form der Schulung vorwiegend um das Erlernen von Fähigkeiten für das tägliche Leben, so war die andere eine Vorbereitung auf die Vision, auf die Treue zu dieser Vision, sobald man sie erlangt hatte, und schließlich auf das Erlangen von Weisheit.
Die Ältesten, die Großmütter und Großväter, vermittelten ihre Lehren über das Leben durch Geschichten, Fabeln, Parabeln, Allegorien, Gesänge und Tänze. Sie waren diejenigen, die lange genug gelebt hatten, die einen Pfad gehabt

hatten, dem sie folgen konnten, und die die Voraussetzungen mitbrachten, die ein Lehrer braucht – Weisheit, Wissen, Geduld und Großmut.

Untersucht man die Geschichten, die uns überliefert sind, so erweisen sie sich als zugleich einfach und komplex. Einfach sind sie, weil sie auch den kleinen Kindern gefallen, aber komplex, was ihre Reichweite, Tiefe und die Vielzahl ihrer Themen angeht. Die Geschichten besitzen neben der Vielzahl der Themen und Interpretationsmöglichkeiten noch ein weiteres Element: Humor. Ein guter Erzähler weiß seinen Geschichten etwas Humorvolles zu geben und verdeutlicht damit, daß alle Aspekte des Lebens auch ihre komischen Seiten haben. Eine gut erzählte Geschichte sollte mindestens vier Sinnebenen erschließen: die Ebene der Freude an der Erzählung, die Ebene der moralischen Unterweisung, eine philosophische und eine metaphysische Ebene.

Um die Individuation und das innere Wachstum von Kindern und Jugendlichen zu fördern, wurden sie angehalten, ihre eigenen Schlüsse aus den Geschichten zu ziehen. Es wurde kein Versuch gemacht, ihnen Ansichten aufzuzwingen. Jeder lernte gemäß seinen intellektuellen und physischen Fähigkeiten. Manche lernten schnell und besaßen bald ein breites Wissen, andere lernten langsam und mußten sich auf weniges beschränken. Jeder nach seiner Begabung.

Irgendwann kam die Zeit der Probe, und sie war hart. Es war die einzige Art, wie ein Mensch seinen Wert erkennen und unter Beweis stellen konnte. Er ertrug die langen Nachtwachen der visionären Suche, wie er sich der Erprobung im Kampf unterwarf. Ein Medizinmann oder eine Medizinfrau kämpften sich durch lange Perioden der Schulung und suchten Erkenntnis. Ein Jäger mußte beweisen, daß er sein Handwerk verstand.

Je einfallsreicher ein Mensch war, desto mehr war er ein vollkommener Mensch und desto wertvoller war er für die Gemeinschaft. Die Gemeinschaft hatte die Pflicht, die Erziehung ihrer Mitglieder weniger auf das Wohl des Ganzen abzustellen (obgleich es auch dieses Ziel gab) als vielmehr auf das Wohl der Person. Der Mann oder die Frau, die so von der Gemeinschaft unterwiesen wurden, hatten ein Geschenk erhalten, für das sie sich in irgendeiner Form dankbar erweisen mußten. Und dieser Dank bestand einfach darin, daß man seine Fähigkeiten nach besten Kräften weiterentwickelte. Je stärker der Einzelne war, desto stärker war die Gemeinschaft; aber auch das Umgekehrte galt: je stärker die Gemeinschaft war, desto gefestigter konnten ihre Mitglieder sein.

Als Symbol für den edlen Beruf des Lehrers dienten die Fische. Fische bleiben hinter Felsen verborgen und leben ungesehen in dunklen Tiefen, aber sie bleiben fest und ruhig im wirbelnden Strom stehen.

In dieser Schulung lassen sich drei Stufen unterscheiden. In den ersten sieben Jahren kümmerten sich die Frauen und die Alten um die Kinder und lehrten sie. Im zweiten Stadium gingen die Jungen mit den Männern und lernten das Jagen und Fischen, während die Mädchen bei den Müttern und Alten blieben. Das dritte Stadium begann, wenn ein junger Mensch anfing, bei anderen Weisheit zu suchen.

In dieser letzten Phase des Lebens entdeckte der Lernende sein Verlangen nach Weisheit und suchte nach Weisen, die ihn lehren konnten. Ein Mann oder eine Frau beginnen zu lernen, wenn sie Erkenntnis und Weisheit suchen; die Weisheit wird nicht sie suchen. Sie mögen die Weisheit vielleicht nie finden, aber sie können nach den Prinzipien leben, die ihnen gegeben werden.

HEILEN

Die wichtigsten Symbole der Medizinmänner und -frauen waren der Otter und die Schildkröte.

In eines dieser beiden Totems hineingeboren zu werden, bedeutete aber noch nicht, daß man auf jeden Fall Medizinmann oder Medizinfrau wurde. Das Heilen war nicht den Personen von besonderer Geburt vorbehalten. Es war eine besondere Gabe.

Weil die Fähigkeit, heilen zu können, eine so einzigartige

und besondere Gabe war, die nicht allein auf der Kenntnis der Pflanzen und ihrer Heilkraft beruhte, sondern auf der Heilkraft der Person, suchten sich die Medizinmänner und -frauen solche Jungen und Mädchen als Schüler, bei denen sie diese Fähigkeiten vermuteten.

Wer ausgewählt wurde, durchlief eine lange Lehrzeit unter Führung eines Medizinmannes. Zweck dieser Schulung war es, die persönlichen Heilkräfte zu entwickeln und zu erweitern und medizinische Kenntnisse zu erlangen.

Ursprünglich bestand die Heilkunst in der Anwendung von Kräutern. Später verfeinerte sich das medizinische Wissen, und damit entstand das Bedürfnis, es weiterzugeben und zu verbreiten. Die Heilkundigen schlossen sich zusammen, um sich neue Erkenntnisse mitzuteilen.

Schließlich wurden die Kräutermänner Medizinmänner, und die Medizinmänner wurden Philosophen, die sich nicht nur mit der Erhaltung des Lebens und dem Lindern von Schmerzen befaßten, sondern auch Hilfen und Lehren für das richtige Leben anboten, dessen Ziel das Wohl der Gemeinschaft war.

Sie ergründeten die Zusammenhänge des Lebens und brachten dadurch ein neues Element in die Medizin: daß der Zustand des Körpers in direkter Beziehung zum Zustand des inneren Seins eines Menschen stand. Krankheiten, zumindest bestimmte Formen, wurden als körperlicher Ausdruck innerer Unordnung aufgefaßt. Daher genügte es jetzt bei der Heilung einer Krankheit nicht mehr, Kräuter anzuwenden, sondern die Natur und der Charakter der Träume mußte aufgedeckt werden.

Nicht alle Medizinmänner und Medizinfrauen nahmen an dieser Entwicklung teil; manche blieben ganz bei der Kräuterheilkunde, andere wurden darüber hinaus Philosophen.

Diese letzteren begründeten die Midewiwin und legten einen Kodex des richtigen Verhaltens oder des aufrechten Lebens fest. Sich an diesen Kodex zu halten, stand jedem frei, aber Medizinmänner und Medizinfrauen, die andere beeinflussen wollten, mußten sich daran halten. Man war überzeugt, daß

sich dadurch die Heilkräfte vergrößerten, denn das Gute bringt noch mehr Gutes hervor.
Von den Heilern ging die Ethik aus, eine Ethik, die nicht nur für sie selbst galt, sondern auch für andere. Daher war die Heilkunst nicht nur etwas für die Kranken, sondern auch für die Gesunden. Sie hatte Bezug zum einzelnen und daher auch zur Gemeinschaft, sie stand im Zusammenhang mit Metaphysik, Psychologie, Ethik, Moral und Zeremonie, das heißt, mit Schulung und Erziehung.
Für die Weisheit eines Medizinmannes empfand man Ehrfurcht, vor seiner Heilkunst Achtung. Nur wenige Männer und Frauen waren mit dem Geist begabt, der heilen und Leben schützen konnte.

Totem bedeutet Bruderschaft

Das Band, das die Ojibwa-sprechenden Völker vereinte, waren die Totems. Das Gefühl der Einheit unter diesen Menschen, die ein riesiges Territorium bewohnten, beruhte nicht auf politischen, nationalen oder ökonomischen Erwägungen und nicht einmal auf der gemeinsamen Religion oder auf ähnlichen Lebensanschauungen und Zeremonien, sondern auf den totemischen Symbolen; alle, die unter einem Zeichen geboren wurden, waren nach Geburt und Lebenszweck gleich.
Durch die Totems entstanden Bruderschaft und Schwesternschaft. Wer eine Rede hielt, begann immer mit den Worten: »Meine Brüder, meine Schwestern.« So gab man dem bestehenden Band äußerlichen Ausdruck. Das Band des Totems wurde als so eng und fest betrachtet, daß Männer und Frauen des gleichen Totems einander nicht heiraten durften.
Männer und Frauen wurden als Brüder und Schwestern betrachtet. Anführer betrachteten einander gemäß ihrer Funktion als Brüder, ebenso taten es Lehrer, Jäger und

Medizinmänner. Menschen von ähnlicher Berufung waren Brüder und betrachteten einander auch als Brüder.
Obgleich die Anishnabeg durch das Band der totemischen Beziehungen vereinigt waren, eine gemeinsame Weltanschauung hatten, eine gemeinsame Sprache sprachen und nach einer gemeinsamen Tradition lebten, waren sie verschieden und eigenständig. Vielleicht hätten schon allein die großen Entfernungen eine Einigung verhindert, aber der wahre Grund liegt wohl eher darin, daß das Gefühl der Unabhängigkeit und individuellen Freiheit zu tief in den Anishnabeg verwurzelt war, als daß sie sich einer zentralen Regierung oder einem allgemeingültigen Gesetz hätten unterwerfen können, wie es für eine politische und ökonomische Vereinigung notwendig gewesen wäre. Sie waren auch nicht der Ansicht, daß eine abgeschlossene Gemeinschaft ihr Wohlergehen einer anderen aufopfern sollte.
Der einzelne muß frei sein, also auch die Gemeinschaft. Jede Dorfgemeinschaft war frei, weil sie ihre eigenen Führer hatte, ihre Angelegenheiten selbst regelte und ihre eigenen Bräuche hatte. Keine Dorfgemeinschaft wagte es, sich das Recht der Einmischung in die Angelegenheiten anderer anzumaßen, nicht einmal im Krieg.
Es gab also unter den Ojibwa-sprechenden Völkern eine Sprache und eine ähnliche Weltanschauung, aber keine Einheit. Was dieses Volk zusammenhielt, war das totemische System. Männer und Frauen des gleichen Totems betrachteten einander als Brüder und Schwestern und fühlten sich einander verpflichtet.

PFLICHT

Wie andere Menschen machten auch die Anishnabeg sich Gedanken über Pflichten. Was ist ein Mensch der Gemeinschaft schuldig? Was seinem Nachbarn? Was seiner Familie? Was sich selbst? Welche Pflicht hatte er zu erfüllen? Und wann? In welchem Ausmaß? Was war Pflicht überhaupt? Gab es natürliche Pflichten, die nicht zu umgehen waren? Steht die Pflicht, ein Versprechen einzulösen, so fest wie die

Gesetze der Natur? Für diese Fragen gab es keine endgültige Antwort, nur weitere Fragen, die in Erzählungen aufgeworfen wurden.

Zhawano-Geezhig (Blauer oder Südlicher Himmel) spürte, daß er an Verletzungen sterben würde, die er sich bei einem Jagdunfall zugezogen hatte. Eines Abends, als seine junge Familie um sein Strohlager versammelt war, sein Sohn Cheebik (Wurzel), seine Tochter Kayaushkonse (Kleine Möwe) und sein kleiner Sohn Myeengun (»Er, der seltsame Laute macht«, Wolf), sagte er zu seiner Frau: »Ich werde bald gehen. Gib auf die Kinder acht.« Dann wandte er sich an seine Kinder und keuchte: »Gebt auf eure Mutter acht. Seid gut zu ihr.« Unter Tränen nickten die Kinder. Und binnen weniger Tage starb Zhawano-Geezhig in diesem Winter.

Im Frühjahr wurde Weengushk (Süßgras), die Mutter, krank. Mit jedem Tag ging es ihr schlechter, schließlich spie sie Blut. Da sie wußte, daß auch sie sterben mußte, sagte sie zu ihrem Sohn, der ungefähr sechzehn Jahre alt war: »Sorge für deine Schwester und deinen kleinen Bruder.«

»Ja, Mutter«, sagte Cheebik leise.

Das gleiche Versprechen verlangte die sterbende Weengushk von ihrer Tochter. Wie ihr Bruder versprach auch Kayaushkonse feierlich, sich um die Geschwister zu kümmern.

Weengushk starb, und ihre beiden ältesten Kinder mußten sich allein um ihren zweijährigen Bruder kümmern.

Eine Zeitlang lebte die kleine Familie aus Schwester und Brüdern einträchtig beisammen. Aber zwei Jahre nach dem Tod der Eltern begann Cheebik von zu Hause wegzubleiben, manchmal tagelang. Anfangs sagte Kayaushkonse nichts dazu, als aber die Versorgung mit Nahrungsmitteln schlechter wurde, beklagte sie sich. Auf solche Vorwürfe hin gab Cheebik sich in der ersten Zeit immer Mühe, aber dann vergaß und vernachlässigte er Bruder und Schwester wieder. Alles schien immer schlimmer zu werden.

Eines Tages, nach einer besonders schweren Schelte, gab Cheebik zögernd und etwas verschämt zu, daß er sich verliebt hatte und heiraten wollte.

Kayaushkonse war über die Absichten des Bruders entsetzt. Zornig erinnerte sie ihren Bruder an sein Versprechen. »Denkst du nicht mehr an das Versprechen, das du Mutter gegeben hast? Willst du dein Versprechen jetzt brechen und uns verlassen?«
Auf diese Anschuldigung wußte Cheebik nichts zu sagen als: »Du kannst mit unserem kleinen Bruder bei uns wohnen. Ich habe der Frau, die ich heiraten werde, alles über uns erzählt. Sie ist bereit, sich um uns alle zu kümmern.«
Er wurde von seiner Schwester unterbrochen, die ihn unter Tränen anschrie: »Du sorgst dich mehr um eine Fremde als um uns. Du denkst mehr an dich selbst als an deine Mutter. Geh! Laß uns allein. Ich werde mein Versprechen halten, ich werde es nicht brechen. Geh!« Mit diesen Worten schob sie ihren Bruder zur Tür hinaus.
Cheebik kam nicht wieder. Irgendwie gelang es Kayaushkonse, ihren kleinen Bruder und sich selbst in den nächsten drei oder vier Jahren zu ernähren. Es waren schwere Zeiten, aber sie überlebten.
Eines Abends kochte Kayaushkonse ein Mahl, als ein junger Mann aus dem Wald trat. Da sie ihr ganzes Leben in einer abgelegenen Gegend gewohnt hatte, war sie den Anblick junger Männer nicht gewohnt und erschrak; sie sagte nichts. Als der junge Mann sah, daß das Mädchen sich ängstigte, erklärte er, daß er auf der Jagd gewesen war, aber nichts gefangen hatte und jetzt zu seinem Dorf zurückkehren wollte. Kayaushkonse gab ihm zu essen und sagte, sie könne ihm nicht viel bieten. Nachdem der junge Mann, Meegwun (Feder), gegessen hatte, dankte er Kayaushkonse und ging.
Ein paar Tage später war er wieder da, gab ihr etwas Wild, und sie kochte es. Aber er blieb nicht. Am nächsten Tag kam er wieder und brachte noch mehr Nahrung. Von da an kam er alle paar Tage und brachte Fleisch und Fische aller Art.
Nach und nach überwand Kayaushkonse ihre Scheu und fing an, mit Meegwun zu sprechen. Sie erzählte ihm von ihren Eltern, ihrem Bruder, dem Versprechen und den gan-

zen Umständen. Meegwun antwortete, er habe schon von ihnen gehört.

Meegwuns Besuche wurden immer häufiger und schöner, und Kayaushkonse merkte, daß sie sich in ihn verliebte. Das war zwar schön, aber sie fand es doch nicht richtig. Gegen ihre starken Gefühle für ihn versuchte sie ihn zurückzuweisen und sagte eines Tages: »Du darfst nicht wiederkommen.«

Meegwun war verletzt und sagte: »Ich liebe dich. Ich möchte dich zur Frau.«

»Ich kann nicht. Jetzt nicht. Ich muß für meinen kleinen Bruder sorgen, wie ich es meiner Mutter versprochen habe. Er geht vor«, sagte Kayaushkonse.

»Wir können zusammen für deinen Bruder sorgen, und du kannst dein Versprechen halten«, sagte Meegwun.

»Sosehr ich dich inzwischen liebe, ich kann mein Versprechen nicht brechen. Kannst du nicht warten?« flehte sie.

Meegwun gab nicht so leicht auf.

»Du bist auch dir selbst verpflichtet. Du schuldest dir ein Leben. Aber dein Bruder hat keine derartige Verpflichtung. Wenn er alt genug ist, um wegzugehen, so wird er weggehen. Und was dann? Was wird dann aus dir?« fragte er.

Kayaushkonse wurden den Gedanken an Meegwun und an seine Worte nicht mehr los. Einige Tage saß sie trostlos in ihrer Hütte, nur hin und wieder unterbrach ihr Bruder ihre trübe Stimmung und fragte: »Warum bist du traurig?«

Abwechselnd empfand sie Haß und Mitleid für ihn, mal nahm sie ihn in die Arme, mal drehte sie ihm den Rücken.

Früh am Morgen, als ihr Bruder noch schlief, suchte Kayaushkonse ihre Habseligkeiten zusammen und schlüpfte aus der Hütte.

Am nächsten Tag kam sie mit Meegwun zurück, um ihren Bruder abzuholen. Zu ihrem Entsetzen war der Junge verschwunden. Sie suchten den nahe gelegenen Wald ab, aber Myeengun war nicht zu finden.

Tagelang suchten sie, aber erfolglos. Schließlich gaben sie traurig ihre Suche auf. Dennoch kehrten sie von Zeit zu Zeit

zurück, aber mehr aus Pflichtgefühl als in der Hoffnung, den Bruder noch zu finden. Kayaushkonse verzweifelte.
Sechs oder sieben Jahre vergingen, bis Meegwun wieder einmal in die Gegend kam, wo Myeengun verschwunden war. Er schlich sich gerade an einen Hirsch an, als er hörte, wie jemand den Namen seiner Frau rief: »Kayaushkonse.« Meegwun erstarrte. Die Stimme klang klar und verdrossen: »Kayaushkonse.« Meegwun erkannte Myeenguns Stimme. »Myeengun«, rief er, und seine Stimme hallte durch den Wald. Dann hörte er ein so trauriges Heulen, daß ihm Schauer über den Rücken liefen: »Uuuuuuu.«
Meegwun schob sich vorsichtig über einen kleinen Hügel. Direkt vor ihm saß ein dunkelgraues Wesen, einem Hund ähnlich, aber größer, hatte den Kopf zum Himmel erhoben und stieß ein trostloses, trauriges Heulen aus. Meegwun erhob sich und erschreckte das Tier; es schaute ihn an, bevor es verschwand.
Meegwun wußte, daß er Myeengun gehört und gesehen hatte, »Ihn, der seltsame Laute macht.« Er erzählte seiner Frau nichts davon. Aber anderen Leuten und seinen Kindern erzählte er von Myeengun, dem Wolf, von dem Wesen, das dem Menschen nicht traut, sondern fortläuft. Meegwun pflegte zu sagen: »Wenn ihr einen Wolf heulen hört, so denkt daran, daß er seine Brüder und Schwestern vor der Anwesenheit des Menschen warnt und sie ermahnt achtzugeben.«
Die Geschichte von den Adlern vermittelt einen anderen Aspekt von der Vorstellung über die Pflicht.
»Morgen fliegen wir los«, sagte Vater Adler zu seinen Söhnen und Töchtern. Der Herbst war nicht mehr fern, und es war Zeit, sich nach Süden aufzumachen.
»Bleibt hier und ruht euch aus, während ich noch jagen gehe.« Mit diesen Worten schwang er sich in die Luft und war bald nicht mehr zu sehen. Die jungen Adler waren voller Vorfreude auf den Flug nach Süden, in das Land, das sie noch nie gesehen hatten und das sie nur aus Erzählungen kannten. Sie schwatzten und lärmten und konnten keinen

Augenblick stillsitzen. Ihre Mutter konnte sie nicht zügeln, und auch ihr Tadel blieb erfolglos.

Gegen Mittag begann die Mutter, den Himmel nach ihrem Gemahl abzusuchen; etwas besorgt schickte sie ihren ältesten Sohn los, um nach dem Vater zu sehen.

»Schau nach deinem Vater aus. Er sollte schon zurück sein.«

Der älteste Sohn brauchte keine zweite Aufforderung. Sofort schwang er sich in den Himmel.

Als nach einer Stunde weder Vater noch Sohn zurück waren, machte Mutter Adler sich ernsthaft Sorgen, aber sie zeigte es nicht und schickte zwei andere Söhne aus, um die Vermißten zu suchen.

Wie zuvor ihr Bruder, schossen die beiden jungen Adler freudig in die Luft und verschwanden in verschiedenen Richtungen.

Unruhig geworden schickte die Mutter bald darauf wieder zwei Junge aus und trug ihnen auf, das Buschwerk im Tal abzusuchen. Jetzt bekam die Adlermutter wirklich Angst, und die ganz kleinen Adler blieben hungrig. Sie versuchte ihre Erregung zu verbergen, um die Jüngsten nicht zu beunruhigen.

Der Nachmittag verging, und die Jungen kamen eins nach dem anderen zum Nest zurück. Jetzt waren alle in größter Sorge. Als die Sonne sank und die Schatten länger wurden, kam der älteste Sohn völlig erschöpft und atemlos zurück.

»Mutter«, keuchte er, »ich habe Vater ein paar Meilen von hier gefunden. Er hat sich in einem Baum verfangen und kann nicht fliegen. Er hat sich einen Flügel gebrochen.«

»Kommt!« schrie Mutter Adler und warf sich in die Luft. Alle zugleich stiegen sie in die Wolken, schweigend, nur das Rauschen ihrer Flügel war zu hören. Kurz darauf stießen sie auf die tief unten liegende Lichtung herunter, zu der der älteste Sohn sie geführt hatte.

So sanft sie konnten, hoben Mutter Adler und ihr ältester Sohn den verletzten und hilflosen Vater aus seiner Umstrikkung; er hatte sich in den Zweigen einer mit Ranken umschlungenen Lärche verfangen. Sie setzten ihn auf einen freien Ast. Unsicher hockte der große Vogel da, Schmerz anstatt Feuer in den Augen, seine großen Schwingen hingen kraftlos herunter. Vergebens wischte Mutter Adler ihm das Blut vom Flügel und schmiegte sich an ihn. Sie konnte ihm nicht helfen; vor Schmerz wankte der große Adler auf seinem Ast, rang keuchend nach Luft. Sie sahen ihn hilflos an. So gut Mutter Adler konnte, versuchte sie, ihrem Mann Trost und Erleichterung zu geben. Aber sie wußte so gut wie er, daß er sich von dieser Verletzung nicht erholen würde, Zeit und Natur konnten den Bruch nicht heilen. Es gab nur noch den langsamen, qualvollen Tod.

Mit schmerzerstickter Stimme flüsterte der große Adler seiner Frau und seinen Kindern zu: »Ihr müßt morgen losfliegen wie abgemacht.«

Bevor er weitersprechen konnte, protestierten die jungen Adler wie aus einem Mund: »Wir fliegen nicht ohne dich. Wir werden warten, egal, wie lange.«

Der alte Adler sagte mit krächzender Stimme: »Ihr müßt gehen, alle. Ich komme nach, wenn es mir besser geht. Eure Mutter wird euch führen.«

»Nein«, sagte die Adlerfrau, »ich bleibe bei dir. Ich bin deine Lebensgefährtin.«

Der alte Adler schüttelte traurig den Kopf. »Nein, du mußt mit ihnen fliegen. Du mußt auf deine Kinder aufpassen, sie brauchen dich.«

Sie sah ihrem Mann in die Augen und sagte mit fester Stimme: »Ich werde bleiben. Ich werde den Kindern erklären, wie sie in den Süden kommen. Unser ältester Sohn wird sie führen. Sie sind alt und stark genug, um auf sich selbst aufzupassen.«

Sie rief ihren ältesten Sohn zu sich und erklärte ihm, in welche Richtung sie fliegen mußten, wie weit jeden Tag, in welcher Höhe, was sie fressen sollten, welche Gefahren sie vermeiden mußten, und wann es wieder Zeit zur Rückkehr war. Danach versicherte sie ihm: »Vater und ich kommen nach, sobald es ihm wieder besser geht.«

Früh am nächsten Morgen verabschiedeten die jungen Adler sich widerstrebend von ihren Eltern und machten sich auf die weite Reise nach Süden.

Der große Adler schwankte auf seinem Ast, obgleich er sich so fest anklammerte, wie seine nachlassenden Kräfte es erlaubten. Sein Flügel hing schlaff herunter, seine einst schimmernden und glatten Federn waren jetzt stumpf und struppig.

Sein Blick war glanzlos und leer, der Schnabel sank ihm auf die Brust. Seine Stimme brach. Anmut, Kraft und Schönheit waren verschwunden. Wie er so schwankend dasaß, bot er ein Bild des Verfalls.

Seine Frau brachte ihm Futter, schützte ihn mit dem eigenen Körper so gut es ging vor Wind und Regen, erhob sich in den Himmel, um die Geier zu vertreiben, die auf das Ende warteten, oder stieß auf Vielfraße und Luchse herunter, die gierig heraufblickten. Meist aber saß sie ganz nah bei ihrem todgeweihten Gefährten.

Sie spürte, wie er schwächer wurde. Und immer noch flehte er sie an: »Flieg fort, bevor es zu spät ist.« Aber sie blieb bei ihm.

Eines Morgens fiel der erste Schnee. Der große Adler war jetzt völlig abgezehrt und zerzaust. Kaum noch fähig, sich auf den Füßen zu halten, klagte er: »Es ist so heiß. Wischst du mir über die Stirn?«

Bei diesen Worten verlor er das Gleichgewicht, flatterte schwach mit dem gesunden Flügel, stürzte dann wie ein lebloses Stück Fell von Ast zu Ast hinunter und blieb leblos unter dem Baum liegen.

Mit einem Schrei flog die Adlerfrau ihrem Gefährten nach, und dann saß sie klagend und verzweifelt neben seiner reglosen Gestalt.

Im nächsten Frühjahr kamen die jetzt erwachsenen jungen Adler an ihren Geburtsort zurück, um Vater und Mutter zu suchen, aber sie fanden nur einige verschmutzte und zerfetzte Federn unter dem Baum, wo sie sich einst von ihnen getrennt hatten.

Inaendaugwut – Es ist erlaubt

Auf die universelle Frage »Auf was hat der Mensch als Mensch ein Anrecht?« hätten die Anishnabeg wahrscheinlich geantwortet: auf Nahrung, Kleidung, Unterkunft, persönliches inneres Wachstum und Freiheit. Zu allen anderen Dingen, etwa über die Beziehungen des einzelnen zu anderen Männern und Frauen oder zur Gesellschaft insgesamt hätten sie gesagt: inaendaugwut – es ist erlaubt oder inaendaugozi – er erlaubt es sich selbst. Dieser Ausdruck wurde für viele Aspekte des Lebens und der zwischenmenschlichen Beziehungen gebraucht; er bezeichnet eine Art, die Dinge zu verstehen.

Ereignisse werden durch Kräfte, die außerhalb des Menschen liegen, erlaubt oder zugelassen; die Anwendung von Begabungen oder Ausübung von Vorrechten erlaubte der Mensch selbst.

Bevor Kitche Ojibwa, der berühmte Krieger, seinen verhängnisvollen Kriegszug gegen die Dakota unternahm, befragte er einen weisen Mann über die Erfolgsaussichten. Der Medizinmann riet ihm, seinen Plan fallenzulassen. Gegen diesen Rat ging der Kriegshäuptling das Wagnis ein und bezahlte es mit dem Leben. Man sagte später über diesen Feldzug und sein Ergebnis: »Es war nicht erlaubt.«

Sowenig ein Kriegsführer den Ausgang eines Kampfes in der Hand hatte, so wenig hatte er Gewalt über seine Krieger. Der Brauch gebot ihm, die Krieger zu bitten, ihm zu folgen. Wer aufgefordert wurde, konnte zusagen oder ablehnen. Kam eine genügend große Anzahl von Kriegern zusammen, so war das ein Zeichen für Erlaubnis; sagten zu wenige zu, so bedeutete es die Verweigerung der Erlaubnis.

Ein Anführer für Friedenszeiten hatte gewisse Vorrechte, die er aber nur bei bestimmten Gelegenheiten und unter bestimmten Umständen ausübte. Es wurde ihm erlaubt.

Eines seiner Privilegien war es zu sprechen, aber wenn er sprach, tat er es niemals im Namen seines Volkes, wenn er nicht vorher den Rat der Leute über die zur Diskussion stehende Angelegenheit eingeholt hatte. Indem er sich dem Brauch und dem Willen des Volkes unterwarf, bat der Sprecher um Erlaubnis. Das Volk andererseits bezeugte seine Hochachtung vor der Redegewandtheit des Sprechers, indem es ihm Erlaubnis erteilte.

Auch wo es nicht um öffentliche Reden ging, galten bestimmte Einschränkungen für das Sprechen. Sprechen und Glaubwürdigkeit standen für die Anishnabeg in enger Beziehung.

Daebaudjimod, der große Erzähler, der über alles etwas wußte, verlor irgendwann ganz allmählich das Vertrauen seiner Zuhörer. Obgleich Männer und Frauen ihm weiterhin lauschten, glaubten sie ihm seine Berichte nicht mehr. Sie sagten von dem armen Daebaudjimod: »Er weiß zuviel, kein Mensch kann soviel wissen.« Manche sagten sogar: »Er hat zuviel geredet.« Und die Zweifel blieben, selbst wenn die Ereignisse Daebaudjimod recht gaben.

Die Vorstellung, daß Dinge erlaubt wurden, regierte viele Aspekte der zwischenmenschlichen Beziehungen und der Beziehung des einzelnen zur Gesellschaft oder Gemeinschaft.

Die Gesellschaft der Anishnabeg beruhte auf dem, was man als Grundrecht betrachtete, und ihre Beziehungen untereinander beruhten auf dem Schutz des persönlichen Rechts, sich in Übereinstimmung mit der Welt geistig und seelisch zu entwickeln.

Die Midewiwin

Medizinmann und Medizinfrau

In den ersten Jahren ging es den Anishnabeg auf ihrer Inselheimat gut. Dann kam eine tödliche Krankheit und drohte sie auszulöschen. Alle, die krank wurden, starben; niemand erholte sich wieder. Eines der Opfer war ein Junge. Vom Wächter am Eingang zum Land der Seelen gefragt, weshalb er Kummer habe, antwortete er: »Weil die Menschen sterben.«

Der Wächter überbrachte Kitche Manitu diese Botschaft. Kitche Manitu erbarmte sich der Menschen und versprach, Nanabush mit dem Geschenk der Medizin zu schicken. Und er ließ den Jungen ins Land der Lebenden zurückkehren.

Einige Zeit danach erschien Nanabush bei den schwer geprüften Menschen. Er suchte den jungen Mann auf, der ins Land der Lebenden zurückgeschickt worden war. Nanabush glaubte, daß dieser junge Mann das Geheimnis von Leben und Gesundheit besaß, und beschloß, ihn die Kunst des Heilens zu lehren.

Als er den jungen Mann, der jetzt Odaemin (Herzbeere oder Erdbeere) hieß, gefunden hatte, führte er ihn in eine abgelegene Bergschlucht. Dort beteten sie um Führung und um eine Vision. Der Wunsch ging in Erfüllung, und Nanabush empfing eine Vision. Er sah einen Otter, der vor Krankheit blaß und schwach war und im Maul einen Zweig trug. Das Tier schleppte sich mühsam zu einem See, schwamm hinaus und schien dann von den Wellen verschlungen zu werden. Der See beruhigte sich. Als der Otter kurz darauf, den Zweig immer noch im Maul, wieder auftauchte, wirkte er stärker. Er war geheilt.

Nanabush erwachte freudig aus seinem Schlaf. Er weckte Odaemin. Er ging mit dem jungen Mann in den Wald, grub ein Loch in die Erde und zog die Kenebigo-wushk (Schlangenwurzel) hervor. Aus Dankbarkeit für seine Vision und dieses Geschenk errichtete Nanabush eine offene Hütte und sprach darin ein Dankgebet. Er bereitete aus der Wurzel eine Medizin und verabreichte sie allen Männern, Frauen und Kindern, die von der Krankheit niedergestreckt worden waren. Bald waren alle wieder gesund.

In den nächsten Jahren blieb Nanabush Odaemins Lehrer. Pflanzen, so sagte er, besitzen zwei Kräfte, die Kraft zu heilen und die Kraft zu wachsen. Nanabush lehrte Odaemin auch noch, daß Pflanzenwesen ihre Kraft zu heilen und zu wachsen auch anderen Wesen verleihen konnten. Die Tierwesen wußten das. Odaemin mußte von ihnen lernen. Das Wichtigste, was Odaemin bei Nanabush lernte, war, wie man lernt.

Nanabush ging, aber Odaemin lernte weiter. Jeden Tag beobachtete er die Tiere und Pflanzen. Er merkte sich, welche Pflanzen, Wurzeln und Blätter die Bären aßen, welche die Hirsche, welche die Biber und welche das Rebhuhn und der Adler. Er beobachtete, was die Tierwesen nahmen, wenn sie krank oder verletzt waren. Odaemin lernte, welche Wurzeln und Pflanzen den Elch genesen ließen, welche den Wolf und welche die Eule. Durch das Beobachten der Tiere lernte Odaemin die Eigenschaften der Pflanzen kennen. Und was er auf diese Art erfuhr, gab er an die Menschen weiter.

Odaemin fand, daß die Kraft zu heilen nicht jedem Menschen geschenkt war. Und selbst, wer diese Kraft besaß, mußte sie noch ausbilden und erweitern. Er hatte die Gabe, Wachstum und Gesundheit zu fördern. Es genügte nicht, etwas über Pflanzen und das eigene Selbst zu wissen, sondern man mußte in der Lage sein, die Heilkräfte von Pflanzenwesen und Menschenwesen zu vereinigen. Nur wer innere Heilkräfte besaß und entwickelte, konnte die innere Heilkraft der Pflanze empfangen und seine eigene auf sie übertragen.

Von Nanabush und aus seiner eigenen Erfahrung lernte Odaemin, daß Krankheit niemals aus dem Leben verschwinden würde. Sie gehörte ebenso zum Leben wie Gesundheit.

Da es immer Krankheit und Schmerz geben würde, mußte das Wissen um die Medizinen und die Heilkunde weitergegeben werden. Sollten die verheerenden Folgen von Krankheiten gemildert werden, so mußte Odaemin, der erste Medizinmann, sein Wissen anderen vermitteln.

Die Medizin mußte am Leben erhalten werden, und ebenso wichtig war es, sich für dieses Geschenk dankbar zu zeigen.

Um die Heilkunst zu erhalten, erwählte Odaemin sich einen jungen Mann mit besonderen Gaben zum Schüler. Die Schulung war lang, mühsam und gründlich. Erst als Odaemin starb, war die Lehrzeit des jungen Mannes abgeschlossen.

So wurden Medizinmänner und Medizinfrauen ausgebildet; diese Form der Schulung wurde ein fester Brauch.

Das innere Sein, in dem die Gabe des Heilens lebt, mußte erweitert werden.

In den ersten Jahren der Schulung verbrachte ein junger Mann oder eine junge Frau, die aufgrund besonderer Gaben ausgewählt worden waren, viel Zeit mit Meditation und Gebet. Ganz allein an einem abgeschiedenen Ort lebend, suchten sie einen Traum. Zugleich strebten sie danach, ihr inneres Sein den Pflanzen und Tierwesen mitzuteilen, während sie deren innere Substanzen in sich aufzunehmen und zu einem Teil von sich selbst zu machen versuchten.

In dieser Zeit der Zurückgezogenheit sollte ein Medizinmann oder eine Medizinfrau sich selbst kennenlernen und eine höhere Art von Heilkraft erlangen. Solche Zeiten gab es in der Laufbahn eines Medizinmanns immer wieder. Wie die Erde sich alljährlich erneuert, mußte auch der Medizinmann sich jedes Jahr in sich selbst zurückziehen, um seine Kräfte zu erhalten.

Die Schulung war lang und schwierig und setzte sich das ganze Leben lang fort. Erst mit dem Tod des betreuenden und noch tätigen Medizinmannes wurde der Schüler selbst ein vollwertiger Medizinmann, der seine Arbeit selbständig verrichten konnte.

Während der Medizinmann sein inneres Sein und seinen

Charakter auf die Anwendung seiner Fähigkeiten vorbereitete, studierte er die Pflanzenwesen. Hatte er die Natur und die Lebensweise der Pflanzenwesen erfaßt, so richtete er die Art, wie er sie sammelte, darauf ein. Wurzeln wurden im Frühjahr gesammelt, wenn sie weich und mit den Säften des Lebens angefüllt waren. In dieser Zeit besaßen die Wurzeln ihre größte lebenspendende Kraft. Während der Medizinmann die Wurzel aus ihrem Erdnest hob, sprach er ein Gebet:

Deine Faser ist weich,
Deine Säfte sind reich;
Laß uns die Schwachen
Wohl und stark machen.

Danach bot er den vier Himmelsrichtungen Tabak dar, dann Vater Sonne, und zuletzt legte er ihn in den Busen von Mutter Erde.
Blätter, Blüten und Stiele wurden im Spätsommer gesammelt, wenn sie ihren ersten Zweck erfüllt und Mutter Erde Schönheit verliehen hatten.
Beim Pflücken wurde gebetet:

Dein Geist,
Mein Geist,
Mögen sie sich vereinigen und
Einen Geist des Heilens bilden.

Oder:

Du hast Schönheit geschenkt,
Jetzt schenke Gesundheit.

Jede Pflanze hatte ihren Platz und Zweck; jede Pflanze hatte ihre Zeit. Für jede Pflanze gab es Gebete und Lieder.

Das Studium der Pflanzenwesen durch Beobachtung der Tiere führte zu reichem Wissen. Die Notwendigkeit und der Wunsch, mehr zu wissen, brachte die Medizinmänner und Medizinfrauen auf den Gedanken, sich zu Gesellschaften zu vereinigen.
Sie hatten erfahren, daß Kenntnisse in der Heilkunst noch kein langes Leben garantierten. Die Heilkunst war noch unvollkommen. Immer noch starben Männer und Frauen, bevor sie ihre ganze Lebensspanne durchmessen hatten. Irgend etwas fehlte noch. Für die Medizinmänner war Krankheit ein Unglück, das einer Strafe gleichkam. Ein volles Leben, so sagten sie, war nicht durch Kenntnisse in der Heilkunst zu erlangen, sondern nur dadurch, daß man ein gutes Leben führte. In ihren Zusammenkünften erörterten die Medizinmänner und Medizinfrauen, was zu einem guten Leben gehörte.
Da gab es, wie sie sich erinnerten, Kitche Manitus Anordnung, der Gabe des Wissens über die Medizin in einer Zeremonie zu gedenken. Diese Anordnung zu befolgen, war die Einlösung eines Gelöbnisses, das Odaemin dem Schöpfer geleistet hatte. Überall, wo die Anishnabeg ihre Dörfer und Hütten bauten, gedachten sie der Gabe der Erkenntnis alljährlich mit einem Ritual.
Auf diese Art gewannen die Heilkunst und die Arbeit des Medizinmannes eine ganz neue Dimension.
Da sie glaubten, daß ein langes Leben das Ergebnis einer guten, aufrechten Lebensweise ist, mußten Medizinmänner und Medizinfrauen herausfinden, was zu einem makellosen Leben gehört, und sie mußten selbst so leben.
Sie gelobten, daß sie die Kräfte der Pflanzen nur zum Guten benutzen wollten. Es genügte nicht, aufrecht zu erscheinen, sondern Medizinmänner und Medizinfrauen mußten es wirklich sein.
Weil das Gute aus dem Herzen kommt und weil es Männern und Frauen darum ging, ihren Brüdern und Schwestern

Gutes zu tun, nannte man die Ausübung der Heilkunst Midewiwin. Dieser Ausdruck ist wahrscheinlich aus »Mino« (gut) und »daewaewin« (herzig) zusammengesetzt. Es könnte aber auch »Ton« oder »Tönen« bedeuten. Während der Zeremonie wurden Trommeln geschlagen, um den Geist der Gesundheit zu beschwören; mit Rasseln sollte der Geist der Krankheit und des Leidens vertrieben werden.

Ursprünglich genügte die Kenntnis der Pflanzen und die Kraft zu heilen, um in die Midewiwin aufgenommen zu werden. Mit der Einführung der Moral in die Heilkunde wurde von den Mitgliedern auch ein guter Charakter verlangt. Für Männer war außerdem Voraussetzung, daß sie eine Vision gehabt hatten; an Frauen wurde keine ähnliche Anforderung gestellt. Für beide war entscheidend, daß sie ein unantastbares Leben führten. Später konnte man nur noch durch Einladung in die Midewiwin aufgenommen werden.

Durch ihr aufrechtes Leben verliehen Männer und Frauen der Midewiwin Charakter und Stärke. Aber sie wurden andererseits auch durch die Midewiwin gestärkt und bereichert. Für die Aufnahme und Bestätigung als Mitglied der Midewiwin entwickelten sie eine Zeremonie.

Niemand konnte sich für die Aufnahme in die Medizingesellschaft bewerben. Die Gesellschaft lud von sich aus Männer und Frauen von gutem Charakter zum Eintritt in die Bruderschaft ein. Die Einladung wurde erst nach sorgfältiger Prüfung des Kandidaten ausgesprochen.

Es war Brauch, daß ein Mitglied seinen Kollegen einen Kandidaten zur Einladung vorschlug. Der Förderer bat dann drei Mitglieder, den Kandidaten zu einem Festmahl zu besuchen, an das sich eine Befragung anschloß. Nach dem Festmahl wurde die heilige Pfeife geraucht; der Kandidat sorgte für den Tabak. Dann wurde er von dem Medizinmann, der ihn vorgeschlagen hatte, und seinen Kollegen befragt: über seine Träume, sein Leben, seine Vision. Nach der Art seines Berichts machte man sich ein Bild von seinem Wert. Befanden sie ihn für nicht geeignet, so zogen sie sich

aus der Hütte zurück; fanden sie aber, daß er ein aufrechter Mensch war, so besprachen sie, welche Opfergaben dargebracht werden sollten; zuletzt wiesen sie ihm einen Mentor zu.
Insgesamt gab es vier Stufen, die ein Kandidat durchlaufen mußte, bevor er als vollwertiges Mitglied anerkannt wurde (es sind aber auch Fälle bekannt, wo dazu acht Stufen notwendig waren). In den verschiedenen Gebieten des Landes der Anishnabeg gab es kleine Unterschiede der Handhabung. Im wesentlichen war die Zeremonie jedoch überall gleich.

DIE ERSTE STUFE (ODER DER ERSTE RANG)

Ein Jahr lang wurde der Kandidat von seinem Mentor unterwiesen. Ein- oder zweimal in der Woche ging er zu ihm und bewältigte ein bestimmtes Wissensgebiet, lernte die Namen von Pflanzen, ihre Anwendung, ihren Charakter und die Lieder und Gebete, die an die einzelnen Arten zu richten sind. Er mußte die Opfergaben beschaffen, die bei der Midewiwin-Zeremonie im Frühjahr dargebracht werden sollten.
Viele Tage vor der Zeremonie schickten der Kandidat, sein Mentor und derjenige, der ihn vorgeschlagen hatte, Einladungen an die Mitglieder der Midewiwin, an der Zeremonie teilzunehmen. Alle Eingeladenen erhielten ein kleines Bündel Holzspäne, von dem sie jeden Tag einen Span ablösen mußten, so daß sie genau wußten, wann der Tag der Zeremonie war.
Fünf Tage vor der Einführungszeremonie fand sich der Kandidat in dem Dorf ein, wo das Ritual stattfinden sollte. Sogleich machte er sich daran, abseits des Hauptdorfes seine Laube zu errichten.
In den nächsten vier Tagen fastete und betete er, um sein unkörperliches Selbst vorzubereiten. Jeden Tag säuberte er seinen Körper in der Reinigungshütte. So präsentierte er sich der Midewiwin rein an Herz, Geist und Körper.
Am Morgen der Einweihungszeremonie blieb der Kandidat

in seiner Laube, bis er von seinem Förderer gerufen und zur Midewigun (der Hütte) geführt wurde.
Die Midewigun, wo die Zeremonie abgehalten werden sollte, war ähnlich angelegt wie die Hütte, die Nanabush gebaut hatte.
Um die eigentliche Midewigun war eine Einfriedung errichtet, die den Geist der Feier bewahren sollte.
Die Midewigun selbst war rechteckig, im Osten und Westen je ein Eingang. Oben war die Hütte offen, um Leben, Licht und alle Laute der Welt und des Universums aufnehmen zu können.

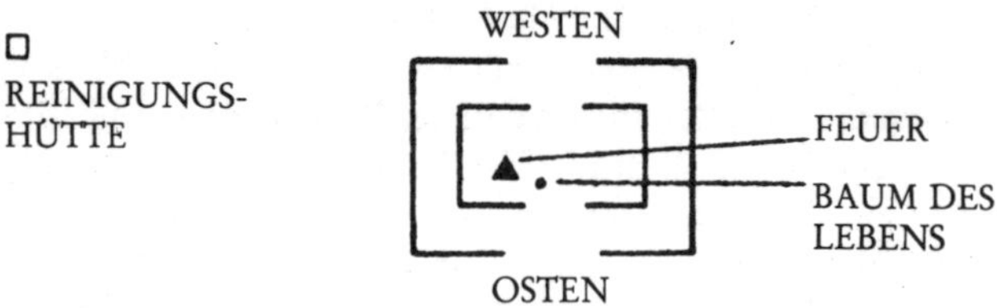

In der Hütte stand ein Pfahl aus frischem Zedernholz als Baum des Lebens. Er wurde Midewatik genannt und stand stellvertretend für die Welt der Pflanzenwesen. An seinem Fuß wurden die Opfergaben abgelegt, die der Kandidat in seiner Vorbereitungszeit gesammelt hatte.
Neben dem Midewatik war ein Feuer, Symbol für eines der vier Grundelemente der Welt.
Der Förderer und der Mentor führten den Kandidaten von seiner Hütte zur Midewigun. Am Eingang zur äußeren Einfriedung trafen sie auf vier Bären, Symbole für alles Gute im Leben. Viermal mußten der Kandidat und sein Förderer die Hütte umrunden; die vier Bären begleiteten ihn, sprachen ihm Mut zu und bestärkten seine guten Absichten. Vier andere Bären, die die Versuchungen darstellten, denen der Kandidat begegnen würde, verstellten ihnen den Weg.
Die Versuchungen, denen man auf seinem Lebensweg begegnet, waren auf der heiligen Rolle aus Birkenrinde als ein

Weg abgebildet, der neun Abzweigungen hat und manchmal sieben Pfade, die vom Hauptweg des Menschen wegführen.

Nach der Midewiwin war ein Abweichen vom Weg, ohne zurückzukehren, gleichbedeutend mit dem Tod. Aber die Abweichungen waren oft nur vorübergehend, selten für immer. Aus diesem Grund waren die Mitglieder der Midewiwin gehalten, jedes Jahr wiederzukommen, um in Nachtwachen und Gebeten um Führung zu bitten. In dieser Zeit der Abgeschiedenheit prüfte der Medizinmann sein Leben, um festzustellen, ob er auf dem richtigen Pfad war. An das Böse und die Versuchung wurde man durch die Bären, die den Weg verstellten, erinnert, an die Abschweifungen und die Fähigkeit zur Erneuerung durch die heiligen Rollen.
Das Leben hat vier Stadien: Kindheit, Jugend, Erwachsenenalter und Greisenalter. Viermal müssen der Kandidat und seine Begleiter die Midewigun umrunden, bevor sie ins innere Heiligtum vorgelassen werden. Auf dem Weg dürfen sie nicht straucheln oder den Mächten des Bösen nachgeben.
Nach der vierten Umrundung blieb der Kandidat vor der östlichen Tür stehen und bat um Einlaß. Die Erlaubnis einzutreten kann man als ein Symbol für den Triumph des Guten über das Böse betrachten.
Der Kandidat wurde in die zentrale Hütte aufgenommen und willkommen geheißen; er trat damit in eine neue Art des Seins ein, in eine Welt des Werdens.
Er sang:

Ich komme
Zitternd,
Schwach und ungelernt.
Lehrt mich!

Die versammelten Mitglieder saßen in Reihen ihm gegenüber und antworteten:

Seht,
Ein neuer Bruder.
Laßt uns unseren neuen Bruder
Willkommen heißen.

Nach dem Singen wurde die heilige Pfeife angezündet und herumgereicht.
Auf eine Geste des vorsitzenden und ältesten Midewiwinini (Medizinmannes) hin nahm der Kandidat Platz, um geprüft und befragt zu werden. Er mußte alle Fragen beantworten und zeigen, daß er alles gelernt hatte, was ihm aufgetragen worden war. Er durfte keine Fehler machen.
Dann schoß der vorsitzende Midewiwinini oder Midewiquae (Mann oder Frau) die Midemigis (eine Muschel) auf den Kandidaten. Der Kandidat viel tot um und rührte sich nicht. Der Midewiwinini erweckte ihn mit dem Atem des Lebens, wie auch Odaemin, der erste Medizinmann, das Leben zurückerhalten hatte. Der Kandidat stand auf, ein neuer Mensch.
So wurden die Zustände von Nichtexistenz und Auferstehung dargestellt. Der Kandidat war jetzt nicht mehr der gleiche, er war verwandelt. Er war wiedergeboren.
Die heilige Midemigis erinnert an ein Ereignis aus der Geschichte der Anishnabeg.
Eine große Gruppe von Anishnabeg verließ ihr Heimatland, um das Land des Überflusses zu suchen. Sie dachten, solch ein Land müsse im Osten liegen, und wanderten viele Jahre in Richtung Sonnenaufgang. Schließlich kamen sie an einen Ozean, dessen Wasser salzig war. Da die Anishnabeg nicht weitergehen konnten, ließen sie sich am Ufer des Salzwassers nieder. So lange blieben sie dort, daß Männer und Frauen ihre Herkunft vergaßen.
Eines Tages erhob sich eine kleine Seemuschel aus den Wellen des Meeres und blieb über dem Land der Anishnabeg

lange Zeit schwebend stehen. Männer, Frauen und Kinder fürchteten sich vor ihr; die weisen und klugen Medizinmänner wunderten sich.
Medizinmänner und Medizinfrauen gingen in die Abgeschiedenheit und wachten so lange, bis einer der älteren einen Traum hatte. Er träumte von einem Land im Westen, wo die Sonne sank. Die Vision der untergehenden Sonne war für ihn ebenso schön wie der Sonnenaufgang.
Die anderen, denen er seinen Traum erzählte, deuteten seine Vision als ein Zeichen, daß sie in die Heimat zurückkehren sollten, die alle außer den ganz Alten vergessen hatten.
Die Medizinmänner unterrichteten die Anführer über die Bedeutung der Muschel. Und die Führer befahlen den Anishnabeg sofort, ihre Hütten abzubrechen und sich auf eine lange Reise vorzubereiten.
Als alles vorbereitet war, Kanus, Paddel, Bogen und Pfeile, begannen die Anishnabeg ihre Heimreise nach Westen.
Eine Legende berichtet, daß die Muschel stets am westlichen Himmel schwebte und die Anishnabeg heimwärts führte. Eine andere Geschichte erzählt, daß die kleine Muschel nur dann am westlichen Himmel erschien, wenn die Anishnabeg zu lange an einem Ort verweilten oder vom rechten Pfad abwichen.
Von der Muschel geführt, erreichten die verlorenen Söhne und Töchter nach vielen Monaten endlich ihr eigenes Land. Manche sagen, sie hätten sich in Boweting (Sault Ste. Marie) niedergelassen, andere meinten, die Anishnabeg seien weiter nach Westen bis nach Moningwaukauning (jetzt La Pointe in Wisconsin) gegangen.
Zur Erinnerung an dieses Ereignis in der Geschichte der Anishnabeg benutzten die Männer und Frauen der Midewiwin die Midemigis in den ersten drei Einführungszeremonien der Midewiwin; die kleine Muschel symbolisiert die Rückkehr zum richtigen Pfad und zur Entschlossenheit.
In dem Auferstehen des Kandidaten wurde eine Kraft sichtbar; zugleich zeigte sich darin auch die Macht des Medizinmanns und der Midewiwin. Der Eingeweihte gab einen Weg

und ein Leben auf, und indem er sich wieder erhob, nahm er ein neues Leben an. Die Midewiwin nahm ein Leben und gab dafür etwas nie zuvor Besessenes.

Jetzt demonstrierte der Eingeweihte den versammelten Medizinmännern und Medizinfrauen seine anderen Kräfte. Danach erhielt er vom vorsitzenden Medizinmann den Midewiyaun (Medizinbeutel), in den er die Gegenstände tat, die seine neuerworbenen persönlichen Kräfte symbolisierten. Der Medizinbeutel war das äußerlich sichtbare Zeichen der geheimnisvollen Wandlung zu einem neuen Menschen, einem Midewiwinini oder Midewiquae. Der Midewiyaun war so persönlicher Natur, daß er beim Tod als Zeichen für das Ende der Substanz des Menschen mit dem Verstorbenen begraben wurde.

Dem großen Geschenk neuer Kräfte und eines neuen tieferen und reicheren Lebens gebührt Dankbarkeit. Was das neue Mitglied erhalten hatte, war nicht mit den Händen zu greifen; was es selbst gab, konnte nur durch Greifbares vertreten werden.

An diesem Punkt der Zeremonie verteilte der Kandidat die Gaben, die er während des Vorbereitungsjahres gesammelt hatte. Er beschenkte seine neuen Brüder.

Noch ein Ritual folgte, bevor die Zeremonie endete. Die Geschichte der Anishnabeg wurde erzählt. Ein Geschichtenerzähler erinnerte das neue Mitglied und die anderen an den Pfad des Lebens und an die Gaben, die sie von den Großvätern und Großmüttern erhalten hatten.

Danach wurde der Midewatik (der Pfahl aus Zedernholz) niedergelegt und der Kandidat durch den westlichen Ausgang aus der Midewigun geführt. Er war nun ein Mitglied des ersten Ranges der Midewiwin. Er hatte damit das Recht, einen Balken über sein Gesicht zu malen. Als ein anerkannter Medizinmann des ersten Ranges konnte er Begräbniszeremonien leiten und dem Festmahl der Toten vorsitzen. Am Ende der Zeremonie oder auch später konnte er seine Absicht erklären, im nächsten Frühjahr in den zweiten Rang aufzusteigen.

DIE ZWEITE STUFE

Wie bei der Einführung mußte ein Mitglied sich für die Aufnahme in den zweiten Rang vorbereiten. Ein neuer Mentor wurde für ihn ausgewählt, der ihn einmal in der Woche unterrichtete. Ein Jahr lang mußte der Kandidat wieder Gaben sammeln, sich Gesänge und Rituale aneignen und all das lernen, was ihm aufgetragen wurde.
Die Midewigun wurde wieder wie beim erstenmal errichtet, nur standen jetzt zwei Zedernpfähle neben dem Feuer.

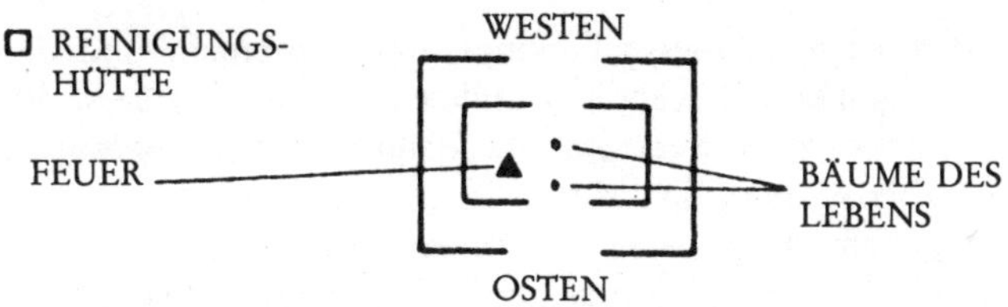

Der Kandidat muß in seiner Hütte warten, bis sein Mentor und seine Begleiter kommen. Die ganze Zeit über schickte er seine Bitten in Gesängen zu Kitche Manitu und dem Geist der Welt.

Meine Augen sind geschlossen,
Meine Ohren nicht offen.
Öffne meine Augen,
Öffne meine Ohren.

In der Midewigung wurde damit begonnen, die kleinen Trommeln zu schlagen. Der Mentor ging den Kandidaten holen. Im Namen der Mitglieder lud er ihn in die Hütte ein. Langsam und in Begleitung der vier Bären führte er ihn zur Hütte. Am Eingang zur äußeren Einfriedung trafen sie auf eine Schlange, das Symbol des Bösen und der Versuchung.
Viermal mußten der Kandidat und seine Begleiter die Hütte umrunden. Während der ganzen Zeit tönten die Trommeln aus der Midewigun; die vier guten Bären benutzten ihre

Rasseln, um die Schlange zu vertreiben. Am Eingang zur Midewigun trafen der Mentor und sein Kandidat den vorsitzenden Midewinini des vierten Ranges. Die vier Bären zogen sich zurück, die Schlange verschwand. Wieder sang der Kandidat seine Bitte. Die Mitglieder sangen ihr Willkommen:

Mögen unseres Bruders
Augen sich öffnen und
Die Ohren sich entriegeln.

Zu den Klängen dieses Gesangs, der Trommeln und der Rasseln gingen der Kandidat und sein Mentor in der Midewigun achtmal im Kreis herum. Dann wurde er eingeladen, gegenüber seinen acht Prüfern Platz zu nehmen.
Es folgte eine Prüfung seines Wissens und seines Charakters und eine Demonstration seiner Kräfte. Unmittelbar darauf verteilte er seine Gaben an die Mitglieder der Midewiwin.
Er konnte jetzt weit sehen, weiter als das Auge reicht; er konnte Dinge hören, die außerhalb der Reichweite der Ohren lagen. Gut und Böse konnte er tasten und spüren.
Wieder wurde zum Abschluß der Zeremonie die Geschichte der Anishnabeg erzählt. Die Anwesenden durften die Vergangenheit nicht vergessen; was ihre Vorfahren geschaffen hatten, mußten sie stets vor Augen behalten und fortsetzen.
Jetzt war der Kandidat ein Mitglied des zweiten Ranges der Midewiwin. Er hatte das Recht, zwei Streifen in seinem Gesicht zu tragen. Er verließ die Hütte durch die westliche Tür.

DIE DRITTE STUFE

Hatte ein Midewiwin-Mitglied des zweiten Ranges vor, in den dritten Rang aufzusteigen, so mußte es alle anderen Mitglieder der Midewiwin davon unterrichten. Er mußte einen neuen Mentor finden, um Geist und Seele auf die Prüfung und den Eintritt in den nächsten Rang vorzuberei-

ten. Wiederum sammelte er in der Zeit vor der Einführungszeremonie Geschenke.
In Form und Ablauf glich die Zeremonie für den dritten Rang den früheren, nur standen im Midewigun diesmal drei Pfähle.

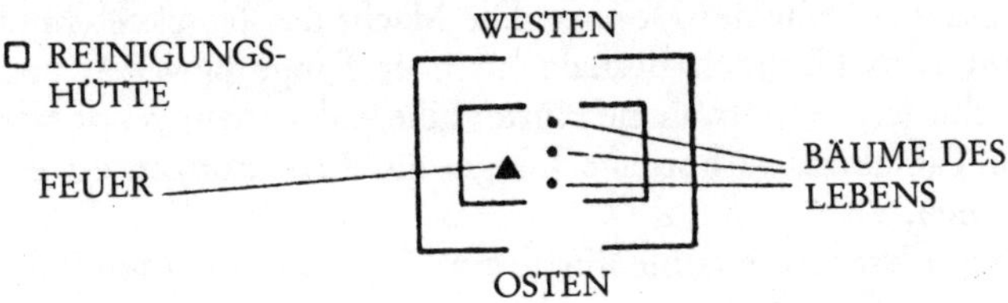

Der Mentor holte den Kandidaten und brachte ihn unter den Klängen von Gesängen, Trommeln und Rasseln in die Einfriedung. Bei der viermaligen Umrundung der Midewigun versuchten vier Luchse, den Kandidaten abzuschrecken.
Beim Betreten der Hütte durch den östlichen Eingang sang der Kandidat seine Bitte:

Ich komme
Aus dem alten Leben.
Ich suche
Neues Leben.

Die Mitglieder der Midewiwin sangen:

Aus einer anderen Zeit
Kommt einer.
In eine neue Zeit
Wird ein Bruder.

Jetzt kam die Prüfung, der Schuß mit der Midemigis, der Tod und die anschließende Wiederbelebung.
Wieder zum Leben erweckt, besaß der Kandidat Kräfte, die er zuvor nicht hatte. Worauf er sich ein Jahr lang vorbereitet

und wofür er in Gesängen gebeten hatte, gehörte jetzt ihm.

Mit diesen neuen Kräften konnte er ein Jeesekeewinini werden, der übernatürliche Kräfte und Wesen herbeirufen, Dinge in heilsame Schwingungen versetzen und mit dem Übernatürlichen kommunizieren konnte. Sein besonderer Schutzherr war der Donner. Die Macht des Jeesekeewinini kam vom Himmel; deshalb kann er Dinge bewegen und erschüttern wie etwa eine Hütte. Eine andere neue Kraft war die Fähigkeit, verborgene Dinge und Bedeutungen zu erkennen.

Nach dieser Zeremonie durfte ein Mitglied des dritten Ranges sein Gesicht bei besonderen Gelegenheiten im oberen Teil grün und im unteren rot färben. Für die Midewiwin bedeutet grün Süden, den Ursprung von Regen, Donner und Erneuerung. Rot war Westen, das Reich der Schatten und des Todes.

DIE VIERTE STUFE

Die Vorbereitung für den Eintritt in den vierten und höchsten Rang der Midewiwin unterschied sich nicht von den ersten drei Malen. Aber die Midewigun für den vierten Rang hatte an jeder Seite drei Reinigungshütten und im inneren Heiligtum vier Zedernholzpfähle.

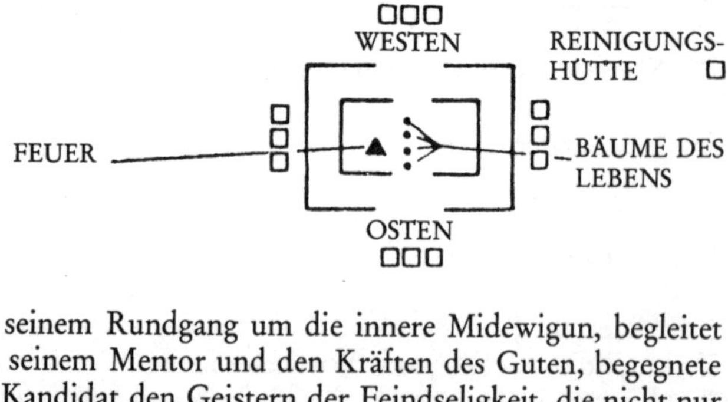

Bei seinem Rundgang um die innere Midewigun, begleitet von seinem Mentor und den Kräften des Guten, begegnete der Kandidat den Geistern der Feindseligkeit, die nicht nur die Integrität der Midewiwin beschützten, sondern ihn auch

in Versuchung führen wollten. Die mit Bogen bewaffneten Wächterbären schossen symbolisch auf Luchs, Schildkröte, Vielfraß, Fuchs, Wolf und Bär. Sie töteten das Böse.
In der Midewigun intonierte der Kandidat vor den versammelten Mitgliedern:

Ich komme,
Um zu sterben.
Ich komme
Für das Leben.

Und die Mitglieder antworteten:

Es ist leicht zu sterben.
Es ist schwer zu leben.

Von seinem symbolischen, aber im geistigen Sinn wirklichen Tod erwacht, besaß der Kandidat jetzt die Macht, in anderen ähnliche Kräfte zu wecken und zu festigen, wie er selbst besaß. Er war berechtigt, Kandidaten zu prüfen.
Jetzt war der Kandidat ein vollwertiges Mitglied der Midewiwin, erkennbar an der Grünfärbung der linken Gesichtshälfte, die von roten Punkten unterbrochen war. An der Anzahl der Punkte konnte man ablesen, wie oft er getötet und wiedererweckt worden war.
Ein Midewiwinini, der als Mitglied des vierten Ranges bestätigt worden war, hatte vier Einweihungen gemeistert, war viermal geläutert worden und viermal geprüft, hatte viermal das Leben verloren und wiedererhalten. Wenn er die Midewigun verließ und die vier heiligen Pfähle niedergelegt wurden, war der Medizinmann oder die Medizinfrau der vierten Stufe ganz und vollendet.
Dennoch mußte ein Midewiwinini einmal im Jahr einer Zeremonie der Midewiwin beiwohnen, um sich selbst und seine Kräfte zu erneuern.
Eine Phase des Seins endete und eine andere begann. Im geistigen Sinn begann jetzt der schwierige Teil des Weges.

Der Medizinmann mußte gute Werke tun; er mußte andere leiten und selbst ein gutes Leben führen.
Ohne selbst einen aufrechten Charakter zu besitzen, konnte er weder sich selbst noch anderen zu einem langen Leben verhelfen. Alles, was er tat, wäre dann Heuchelei gewesen.
Als Voraussetzung für ein langes Leben und für Weisheit galten in der Midewiwin die Leitlinien:

Danke Kitche Manitu für all seine Gaben.
Achte die Alten; in ihnen achtest du Leben und Weisheit.
Achte das Leben in all seinen Formen, und dein eigenes Leben wird immer Hilfe finden.
Achte die Frauen; in ihnen achtest du das Geschenk des Lebens und der Liebe.
Achte das Versprechen; halte dein Wort, und du wirst wahr sein.
Achte die Freundlichkeit; freundlich bist du, wenn du deine Gaben teilst.
Sei friedfertig; durch Frieden wirst du den Großen Frieden finden.
Sei mutig; durch Mut wirst du an Kräften wachsen.
Sei maßvoll in allen Dingen; sieh hin, höre zu und denke nach, dann werden deine Taten klug sein.

Der Pfad ohne Ende

Der Zyklus und die Fortdauer des Lebens

In einem wunderschönen abgelegenen Tal lebten Eshkebug (Neues Blatt) und seine Eltern. So weit war es bis zum nächsten Dorf, daß er auf seinen Jagdzügen noch nie einen fremden Menschen getroffen hatte. Doch Eshkebug war zufrieden, denn die Bäume, Blumen, Vögel und Tiere waren ihm Gefährten wie Brüder. Er lebte in Einklang mit seiner Welt, jagte nur soviel Wild, wie sie für den Hunger brauchten, und vergaß nie, ein Gebet für das Wesen zu sprechen, das sein Leben für das Wohl seiner Familie geopfert hatte. Mit dem frühen Mannesalter kam die Rastlosigkeit, und Eshkebug begann seine Jagdzüge immer weiter auszudehnen, obwohl er nicht hätte sagen können, weshalb.

Eines Tages stieß er weit von zu Hause weg auf eine Lichtung im Wald. Er ließ seine Augen aufmerksam über die Lichtung schweifen, vom fichtenbestandenen Rand bis auf den mit weichem Gras bewachsenen Grund. Gerade vor ihm waren die Gräser niedergetreten und zeigten eine deutliche Spur. Eshkebug wunderte sich. Welches Tier konnte solch eine Spur machen?

Er kniete nieder und sah, daß die Spuren von kleinen Mokassins herrührten. Nur mühsam konnte er seine Erregung beherrschen. Er folgte den Fußspuren und kam nach einer Weile wieder an dieselbe Stelle zurück. Er hatte die Lichtung ringsherum in einem Kreis umrundet. Dieser Pfad war ein Kreis. Es war ein Pfad ohne Ende.

In der Mitte des Kreises waren Blumen und Gräser niedergedrückt, und die Erde hatte eine Vertiefung. Staunend untersuchte Eshkebug die große flache Mulde und versuchte, sich ihr Entstehen zu erklären. Kein Tier trug Mokassins oder hatte so viele Füße und auch noch alle von verschiedener Größe! Dennoch schien ein riesenhaftes Tier öfters im Mittelpunkt des kreisförmigen Pfads zu schlafen. Eshkebug kannte kein Tier von solcher Größe – der leibhaftige Großvater aller Bären! Er bückte sich und untersuchte den Abdruck, und wiederum konnte er sich nur ratlos am Kopf kratzen.

Eine schwache, wiederkehrende Melodie hüllte Eshkebug ein. Wie verzaubert erhob er sich und sah sich um, und wieder schwoll die Musik an und ab, kam näher. Von Westen, hoch in der blauen Himmelskuppel, kam ein Sternenblitz, ein Funkeln in der Nachmittagssonne. Langsam, federgleich schwebte ein Himmelsfahrzeug herunter. Es schwebte langsam sinkend immer näher an die Lichtung heran, in der Eshkebug stand. Aus Furcht vor den übernatürlichen Kräften, die solch ein Schiff haben mußte, aber auch neugierig versteckte Eshkebug sich in den Büschen und sah zu, wie das Schiff, von ätherischer Musik eingehüllt, sich in der Senke in der Mitte des Kreispfads niederließ.

Als das Fahrzeug sich wie eine gigantische Muschel, denn so sah es aus, auf seinen Ruheplatz senkte, sprenkelte die Sonne seine schwach schimmernden Seiten mit einem Muster aus Blättern und Fichtennadeln. Die Musik verstummte. Das Oberteil öffnete sich langsam und enthüllte das prächtige Innere des Schiffes. Fröhliches Lachen umschwirrte den staunenden Eshkebug.

Zehn Jungfrauen entstiegen dem Schiff, eine schöner als die andere. Sie spielten mit einem Ball, der so schillerte wie das Schiff, warfen ihn hoch und fingen ihn wieder auf. Sie tanzten mit kunstvoll verschlungenen Schritten auf dem Pfad im Kreis herum, voller Anmut und Geschmeidigkeit wie junge Hirsche. So verzaubert war Eshkebug, daß er in seinem Versteck blieb und zusah, wie sie lustig plaudernd im Gras saßen, Blumen pflückten und einander Kränze flochten. Endlich ihres Spiels müde, erhoben sich die Mädchen und stiegen zurück in ihr Schiff.

Langsam schloß sich das Oberteil, und die Mädchen sangen wieder die Melodie, die ihre Ankunft angekündigt hatte. Das Fahrzeug schaukelte, hob sich ab vom Boden und schwebte

nach oben in die länger werdenden Schatten der beginnenden Abenddämmerung. Es verschwand in den Himmeln.
Eshkebug ging heim und erzählte von dem seltsamen Himmelsfahrzeug und seiner Fracht von jungen Frauen; seine Eltern wunderten sich, und in seiner Mutter erwachten Erinnerungen an alte Geschichten, die ihre Familie erzählt hatten. Während Eshkebug tief und ruhig schlief, saß sie noch lange am Feuer, aber ihr fiel nicht mehr alles ein, so daß sie sich schließlich mit einem vagen Gefühl der Unruhe und einer Art Vorahnung zu Bett legte.
Eshkebug kehrte am folgenden Tag zu der Lichtung zurück. Wieder stieg das Schiff herab. Wieder verspielten die Mädchen den Nachmittag unter fröhlichem Geplauder und Tänzen. Alle waren sie wunderschön, aber es war vor allem die jüngste, die Eshkebugs Augen immer wieder anzog, die heftige Bewegung in ihm hervorrief und sein Herz bis zum Hals schlagen ließ. Er beschloß zu sprechen und sich zu zeigen; er stand auf, trat ins Freie und rief etwas. Seine Hände hielt er offen ausgestreckt, um zu zeigen, daß er keine böse Absicht hatte.
Die Mädchen kreischten vor Entsetzen und flohen in ihr Schiff. Hastig stimmten sie ihr Fluglied an, ihr Schiff erhob sich in die Luft, und Eshkebug stand wieder allein auf der Lichtung, in der jetzt die Stille widerhallte.
Enttäuscht und traurig kehrte Eshkebug nach Hause zurück und erzählte seinen Eltern, wie die Himmelsfrauen bei seiner freundlichen Annäherung geflohen waren. Das jüngste Mädchen, so gestand er, liebte er und wollte es heiraten, wenn er nur einmal mit ihr sprechen könnte.
Seine Mutter sah seine Unruhe und erzählte ihm ausführlich von den Himmelsvölkern und ihren besonderen Kräften, die auf der Erde niemand hatte. Sie hatte sich nämlich jetzt nach langem Nachdenken an die Geschichten ihrer Familie erinnert und wußte, was für Wesen ihr Sohn auf der Waldlichtung begegnet war.
Eshkebugs Absicht stand fest, und er ließ sich nicht davon abbringen.

Seine Mutter erklärte ihm, daß eine Himmelsfrau auf der Erde nicht zufrieden sein würde, da sie nie mehr, auch nicht für kurze Zeit, zu ihren Leuten zurückkehren könnte.
Eshkebug gab nicht nach. Das jüngste Mädchen hatte eine Liebe in ihm entfacht, die sich nicht mehr bezähmen ließ.
Tief besorgt sagte seine Mutter noch, daß die Zeit den Himmelsleuten, anders als den Sterblichen, unbekannt war. Manche sagten sogar, sie seien unsterblich. Konnte Eshkebug mit einer Frau glücklich sein, die nicht alterte, während er selbst alt und schwach wurde?
Die Zukunft, sagte Eshkebug, ist immer unsicher. Vielleicht war ihm gar nicht bestimmt, alt zu werden. Er wollte das Mädchen jetzt zur Frau und nicht in irgendeiner fernen Zukunft, die vielleicht niemals kam.
Schließlich wünschten die Eltern ihm alles Gute und versprachen, ihm in jeder Weise zu helfen.
So kehrte Eshkebug ermuntert und getröstet zu der einsamen Lichtung zurück. Er fürchtete, die Mädchen würden nie wiederkommen, hoffte aber doch, sie würden die Erde so hinreißend finden, daß sie ihren Schrecken über sein plötzliches Erscheinen vergaßen.
Kein Himmelsfahrzeug stieg herunter. Eshkebug wartete. Die Nacht kam. Er schlief.
Er hatte einen Traum, in dem ein stattlicher junger Hirsch aus dem Wald trat und ohne Furcht auf ihn zukam. Sie sahen einander an. Plötzlich leuchtete der Hirsch wie Sand in der blendenden Sonne, und ein Mann, der in der Art von Eshkebugs Volk in ein Hirschfell gekleidet war, stand vor dem grünen Hintergrund der Bäume. In seiner Hand trug er einen Gürtel aus geflochtenem Leder. Um ihn herum war ein Strahlenkranz von blauem Licht.
»Ich kenne dein Herz, Eshkebug«, sagte der junge Mann. »Du hast immer auch an unser Wohl gedacht und nie vergessen, uns um Verzeihung zu bitten, wenn du unser Leben nehmen mußtest; deswegen sind wir dir freundlich gesonnen. Dafür schenken wir dir die Fähigkeit, deine Gestalt zu wandeln, wie du es willst. Diese Kraft hast du nur,

wenn du sie brauchst, um dich dem Mondmädchen zu nähern. Ja, Eshkebug, von Großmutter Mond kam das Schiff. Benutze diese Kraft weise und wisse, daß die Hirsche dir wohlgesonnen sind. Wir werden dir helfen, so gut wir können. Hier ist das Symbol deiner Medizin«, und er gab Eshkebug den Gürtel in die Hand.

Bevor Eshkebug sich gefaßt hatte, war der junge Mann wieder ein Hirsch und verschwand im Dickicht. Als er erwachte, war der Gürtel fest um seine Hüfte geschlungen.

In den folgenden Tagen des Wartens dachte Eshkebug über seine neue Fähigkeit nach. Er hielt geduldig Wache, und eines sonnigen Nachmittags schwebte das Schiff wieder leicht vom Himmel herunter, und wieder erklang das Lied, das ihn angezogen hatte.

Sein Herz schlug schneller, und er lief zum Pfad ohne Ende, wo er seinen Gürtel berührte und sich in einen Baum verwandelte. Sogleich wuchs neben dem Pfad eine anziehende junge Fichte. Eshkebug wiegte entzückt seine tiefgrünen Zweige, um unbedachte Mondmädchen mit kühlem Schatten zu locken.

Das Himmelsschiff landete in der Mulde. Als die fröhlichen, lachenden Mädchen gerade aussteigen wollten, rief das älteste warnend: »Wartet, Schwestern! Dieser Baum war früher nicht hier!«

Wieder mußte Eshkebug zusehen, wie das Schiff abflog. Hilflos und verzweifelt nahm er wieder seine frühere Gestalt an.

Aufgeben? Er nicht! Hatten ihm die Hirsche nicht ihre Hilfe versprochen? Er fastete und betete, suchte neue Hoffnung und Führung. Bald kam der Hirsch aus dem Wald und verwandelte sich in einem Lichtschimmer wieder in den jungen Mann aus Eshkebugs Traum. Seine Augen leuchteten vor Vergnügen.

»Eshkebug, armer Freund, ich dachte, ich würde dir zu einer Frau verhelfen. Aber laß den Kopf nicht hängen. Frauen sind nun mal wechselvolle Wesen, woher sie auch kommen.

Vielleicht solltest du um die älteste werben, sie hat ein schnelles Auge und ist auch schön. Aber die jüngste und schüchternste hat es dir angetan. So sei es. Wenn sie wiederkommen – und sie werden wiederkommen, zweifle nicht daran –, so verwandle dich in ein Rehkitz. Ich selbst werde als Muttertier in deiner Nähe sein. Könnte irgendein Mädchen wohl dem Anblick eines so jungen und hilflosen Wesens widerstehen? Was ist für einen Wald natürlicher als Tiere, die sich frei darin bewegen? Nur Mut, mein Freund. Wir werden das Mißtrauen der ältesten schon zerstreuen. Glaubst du mir? . . . Ich sehe, du tust es.« Mit einem Lächeln verschwand er.

Wie der Abgesandte der Hirsche gesagt hatte, kam das Himmelsschiff eines Nachmittags wieder vom Himmel herunter. Als der Gesang der Mädchen verstummte, hatte Eshkebug sich in ein Kitz verwandelt, und ein Reh trat mit zierlichen Schritten aus dem Wald heraus an seine Seite. Die beiden sahen sich nur einmal verstohlen an, bevor sie Seite an Seite zu äsen begannen und sich dabei dem Pfad ohne Ende näherten.

Die älteste Schwester schaute sich sorgfältig um, bevor sie aus dem Schiff stieg. Einige Augenblicke stand sie auf der Erde, prüfte die Luft mit der Nase, lauschte auf die Vögel, die ungestört sangen, betrachtete argwöhnisch jede Blume, jeden Schmetterling. Schließlich rief sie: »Kommt, Schwestern. Es besteht keine Gefahr.« Bald war die Lichtung wieder von ihrem unbeschwerten Lachen und Spielen erfüllt; die Schwestern vereinigten sich wieder mit der Erde. Als sie das Kitz und seine Mutter sahen, die aufgeschaut hatten, um dem Spiel zuzusehen, kamen die Mädchen leise auf sie zu, um sie nicht zu erschrecken. Sie streichelten die Tiere, bewunderten ihre Schönheit und staunten über ihre vollkommene Furchtlosigkeit. Wie alle Frauen äußerten sie ihr Entzücken über das kleine Wesen, bestaunten seine schneeweißen Flecken und die winzigen Hufe, fütterten es mit Butterblumen und sangen ihm leise ein Lied.

Als das jüngste Mädchen sich niederkniete, um seine samtige

Nase zu streicheln, verwandelte Eshkebug sich in einen Menschen zurück, ergriff sie und rannte unter den erschrokkenen Aufschreien der anderen in den Wald, während die übrigen Mädchen in den Schutz ihres Himmelsschiffes zurückflohen. Den ganzen Nachmittag blieb das Schiff da, und die Mädchen hofften, ihre Schwester würde der furchtbaren Kreatur wieder entkommen, die sie gefangenhielt. Aber als das Zwielicht sich herabsenkte, glaubten sie, daß sie tot war. Traurig sangen sie das Lied des Abflugs und verließen die Erde, die sich plötzlich als so gewalttätig und unsicher erwiesen hatte. Niemals würden sie wiederkommen.

Das jüngste Mädchen war vor Schreck bewußtlos geworden, und Eshkebug trug sie auf seinen Armen zur Hütte seiner Eltern. Obwohl er über seinen Fang froh war, beunruhigte ihn doch die Reglosigkeit seiner Last. Er hielt an, betrachtete seine Geliebte im Mondlicht, sah ihre Lider zittern, hörte sie murmeln und setzte froh seinen Weg fort.

Als erstes sah sie Eshkebug, als sich ihre Augen nach der Starre des Entsetzens wieder öffneten. Er streichelte sanft ihr seidiges Haar, aber sie duckte sich unter seiner Berührung. In diesem Augenblick kam Eshkebugs Mutter herein, schob ihren Sohn zur Seite, der in seiner Verwirrung nicht wußte, wie er sich seiner Gefangenen nähern sollte, ohne ihr weh zu tun. Die ganze Zeit hatte er nur seinen Raub geplant und nicht darüber nachgedacht, wie er seine Braut beruhigen und trösten sollte. Seine Mutter wußte es. Sie nahm das verängstigte Mädchen in die Arme und wiegte es wie ein Kind, das man beruhigen will. Bald hörte es auf zu zittern. Jetzt zuckte es nicht mehr unter Eshkebugs Berührung zusammen. Es aß sogar etwas und schlief ein.

Sie gaben ihr den Namen Geezhigoquae oder Himmelsfrau, denn sie war vom Himmel gekommen. Von Eshkebugs Eltern liebevoll und freundlich behandelt und von Eshkebug selbst umworben, überwand sie bald ihre Scheu und gewöhnte sich an die Art der Menschen. Sie nahm einen Teil der häuslichen Pflichten auf sich wie eine Tochter und schien mit ihrer neuen Lage zufrieden zu sein.

Vor Einbruch des Winters heirateten Eshkebug und Geezhigoquae. Im folgenden Jahr wurde ihnen ein Sohn geboren, den sie Zhawano-geezhig (Blauer Himmel) nannten. Eshkebug war über alle Maßen glücklich. Aber wenn er in Geezhigoquaes Augen schaute, so sah er darin manchmal eine unendliche Traurigkeit. Bemerkte sie seinen Blick, so lächelte sie sanft, und die Traurigkeit verschwand aus ihren Augen. Oft befragte er sie darüber, wenn sie sich im Schlaf herumwälzte und murmelte, oder wenn sie etwas an den Mund hob und plötzlich für einen Augenblick regungslos dasaß. Immer versicherte sie ihm, es sei alles in Ordnung. Geezhigoquae fand in Eshkebug den zärtlichsten und besten Ehemann. Sie war stolz darauf, daß gerade ihr Geist damals im Wald in ihn eingedrungen war. Sie war stolz, daß er gerade sie entführt hatte. Jetzt war sie es zufrieden, seine Frau zu sein.

Kurz nach Zhawano-geezhigs Geburt wachte Eshkebug einmal von dem leisen Weinen seiner Frau auf. Er nahm sie in die Arme und flüsterte ihr zärtlich ins Ohr, aber sie war viele Stunden lang nicht zu beruhigen. Ein Traum quälte sie.

Sie sah ihre Eltern, die nun alt waren und sie zu sich riefen. Sie wollten ihren Enkel sehen und ihn willkommen heißen. Etwas in ihr drängte sie heftig, ihnen diesen Wunsch zu erfüllen, ihnen einmal, nur einmal, bevor sie starben, ihren Enkel Zhawano-geezhig zu zeigen. Aber sie wußten, daß es nicht sein konnte.

Fest in Eshkebugs Armen gehalten und von seinem Mitgefühl eingehüllt, schlief sie endlich wieder ein. Aber sie konnte ihren Traum nie vergessen.

Zhawano-geezhig wuchs, und die Sehnsucht seiner Mutter, einmal ihre Eltern zu besuchen, wurde stärker. Eshkebug hätte die Reise mit ihr gemacht, wenn es nur möglich gewesen wäre, und sein Unvermögen, ihr diesen Wunsch zu erfüllen, machte ihn traurig, und er gab sich alle Mühe, sie mit anderen Dingen zu erfreuen.

Konnte sie auch nicht für einen Besuch in die Hütte ihrer Eltern zurückkehren, so dachte Eshkebug, so würde sie vielleicht Trost in einer Nachbildung des Himmelsschiffes finden, das sie zu ihm gebracht hatte. Er konnte zwar das schimmernde Regenbogenmaterial des echten Schiffes nicht nachbilden, aber die Birkenrinde, mit dem sein Volk seine Kanus baute, schien ein guter Ersatz zu sein. Als er ihr diesen Plan enthüllte, glänzten ihre Augen in bittersüßer Erinnerung, und sie lächelte durch einen Schleier von Tränen. Sie beschlossen, daß Eshkebug die Rinde sammeln sollte und sie würde mit der Hilfe von Zhawano-geezhig das Schiff bauen. Zhawano-geezhig war jetzt schon groß und kräftig und hatte das heitere Gemüt eines Kindes, das geliebt wird; voller Begeisterung beteiligte er sich an der Arbeit.

Im Herbst war das Schiff fertig; ein kleines, rundes, muschelförmiges Gebilde stand angebunden vor Eshkebugs Hütte. Geezhigoquae saß oft mit ihrem Nähzeug darin und dachte an ihre Jugend, während ihre Hände über ihre Arbeit flogen. Ihre Augen blickten zurück in diese weit entfernte Zeit, während sie ihrem aufmerksamen Sohn Geschichten von ihrem Volk erzählte. Fasziniert von dem Himmelsfahrzeug, das er selbst mitgebaut hatte, und von seinen Vorfahren, kam Zhawano-geezhig oft und saß bei ihr.

Neugierig fragte er, wie eine Frau vom Mond dazu kam, einen Mann von der Erde zu treffen und zu heiraten. Sie legte ihre Arbeit beiseite und erzählte ihm die Geschichte, die mit dem Raub endete.

»Meine Schwestern flohen beim plötzlichen Auftauchen deines Vaters entsetzt in das Schiff zurück«, sagte sie abschließend. »Wir wußten nicht, was für eine Art von Wesen uns da ständig nachstellte, noch, was es vorhatte. Ich bin glücklich, daß er mich ausgesucht hat, aber ich sehne mich doch danach, deine Großeltern noch einmal zu sehen. Stell dir das Fluglied vor und den Kummer in der Hütte meiner Eltern, als die Mädchen ohne mich zurückkehrten.« Sie nahm ihre Handarbeit wieder auf und seufzte.

»Mutter, sing das Fluglied für mich«, bat Zhawano-geezhig.

Seine Mutter lachte leise. »Das ist ein Frauenlied«, sagte sie. »Ich werde es dir trotzdem singen, aber du mußt mir

versprechen, nie auch nur einen Ton zu wiederholen. Unglück kommt über Männer, auch über kleine, wenn sie das Lied der Frauen singen. Niemals verläßt ein Himmelsschiff den Mond, ohne daß die Frauen das Fluglied singen.«
Zhawano-geezhig hörte ihr staunend zu. »Ich verspreche es, Mutter«, sagte er.
Geezhigoquae schwieg einen Augenblick und sammelte sich; dann sang sie das Lied, das sie zu Eshkebug getragen hatte. Die Erinnerungen kehrten wieder, und sie sang das Lied noch einmal lauter. Das Schiff schüttelte sich. Ganz in Gedanken verloren, merkte sie nicht, daß selbst solch ein ganz anderes Schiff durch das Lied die Kraft zu fliegen bekam, und sang weiter. Zhawano-geezhig blieb vor Erstaunen stumm, als das Schiff sich hob, über die Bäume in den Himmel schwebte und auf dem Mond vor der Hütte von Geezhigoquaes Eltern landete.
War das in dieser Nacht ein Fest für die beiden erstaunten Reisenden! Unter Singen, Tanzen und Lachen war Eshkebug bald vergessen.
Aber auf der Erde in Eshkebugs Hütte war Kummer eingekehrt. Bei der Heimkehr von der Jagd sah er, daß das Schiff verschwunden war, und wußte, wohin. Was konnte er tun? Er kannte die Herkunft seiner Frau, aber seine Liebe war so groß, daß er glaubte, die wunderschöne Erde könnte den Verlust der Eltern und der Heimat ersetzen. Eshkebug war sicher, die Liebe seiner Frau gewonnen zu haben. Er glaubte, daß er sie glücklich gemacht hatte.
Da erinnerte er sich an die Hilfe, die er früher bekommen hatte, fastete und betete, bis wieder der mächtige Hirsch aus dem Wald trat und sich in einen von schimmerndem Licht umgebenen Mann verwandelte. Eshkebugs Schutzherr war wieder da. Mitgefühl war in dem Gesicht des jungen Mannes zu sehen, als er sagte: »Warte, Eshkebug, warte! Vielleicht wirst du für immer warten. Warte! Hoffe! Gib nicht auf.« Dann verschwand er.
Oben bei den Himmelsmenschen dachte Zhawano-geezhig mit Sehnsucht an seinen Vater. Bei der Ankunft hatte er alles

so aufregend gefunden. Seine Großeltern waren freundlich und erfüllten ihm jeden Wunsch. Es gab vieles zu entdecken und viele neue Spiele, aber Zhawano-geezhig wurde schwermütig. Sein Vater fehlte ihm.

»Laß uns heimgehen, Mutter«, bettelte er.

»Bald«, erwiderte sie.

Ach, die Zeit hat für die Himmelsmenschen wenig Macht und Bedeutung! Nur Zhawano-geezhig dachte daran, denn er war sowohl Mondmensch als auch Erdmensch. Er fragte oft, und immer bekam er die gleiche Antwort.

»Bald«, sagte seine Mutter immer. »Ja, bald, mein Sohn.«

Zhawano-geezhig flehte seine Großeltern an: »Schickt nach meinem Vater.«

Weil sie ihren Enkel liebten, willigten sie ein.

»Geh«, sagten sie, »hol deinen Vater her. Sag ihm, er soll einen Vogel von jeder Art als Geschenk mitbringen. Nimm die älteste Schwester deiner Mutter als Lenker deines Schiffes mit, denn sie ist weise und wird dir helfen.« Dann umarmten sie ihren hochgewachsenen Enkel.

In dem Tal, wo er geboren war, fand Zhawano-geezhig seinen Vater, der jetzt alt und einsam war. Als er von seinen Abenteuern berichtet hatte und Eshkebug wußte, daß Geezhigoquae ihn nicht absichtlich verlassen hatte, fiel ihm ein großer Stein vom Herzen. Bald hatten sie Vögel von jeder Art gefangen und beluden das Schiff mit einem gefiederten Regenbogen.

So geschah es, daß Eshkebug auf den Mond kam und wieder mit Frau und Kind vereinigt wurde. Man bereitete ein Willkommensfest für ihn vor, und dort übergab er seinem Schwiegervater die Vögel.

Die freigelassenen Vögel flogen in den Himmel und wurden ein neues Sternbild. Wie ein Schwan am Himmel erinnern sie uns an den alten Eshkebug in seiner neuen Heimat.

Der Pfad der Seelen

(Über den Tod und das Nachleben)

Die Milchstraße

Geezhig (Zeder) und Wabun-anung (Morgenstern) sollten im Frühjahr heiraten. Nachdem Geezhig sich als fähiger Jäger gezeigt und bewiesen hatte, daß er Wabun-anung versorgen konnte (er hatte die Familie den Winter über ernährt), bekam er die Erlaubnis, sie zu heiraten.

In der andauernden Liebe, die sie füreinander empfanden, war ihnen der Frühling eine Verheißung. Voller Vorfreude malten sie sich ihre Zukunft aus, dachten an die glücklichen Jahre liebevoller Gemeinschaft und an ihre Kinder. Als aber die ersten Blätter des Frühlings sich entfalteten und die Rotkehlchen das Versprechen des neuen Lebens verkündeten, starb Wabun-anung. Und alle Verheißung starb mit ihr.

Geezhig gab sich ganz der Trauer hin. Die Augen mit Tränen gefüllt, die er nicht vergießen konnte, starrte er Tag um Tag ins Feuer oder wanderte einsame Wege, an die er sich später nicht erinnern konnte. Er jagte nicht mehr. Er aß nicht mehr, denn alle Nahrung drohte ihn zu ersticken. Nachts starrte er in die schwarze Dunkelheit, das Herz war ihm schwer in der Brust, und er hing den Erinnerungen nach, bis er die Qual nicht mehr ertragen konnte. Der Sommer kam, und ein Entschluß reifte in ihm. Wabun-anung war ihm genommen worden. Gewiß hatte sie nicht gehen wollen. Er wollte, er mußte gehen, um seine verlorene Liebe aus dem Land der Seelen zu befreien.

Er sagte niemandem etwas von seinem Plan, nahm seinen Medizinbeutel und seine Waffen und ging zu seinen Eltern. »Ich gehe, um Wabun-anung zu suchen«, erklärte er. Geezhigs Vater schüttelte bekümmert den Kopf. »Sie ist tot, mein Sohn. Wabun-anung ist tot. Du kannst sie nicht aus dem Land der Toten zurückholen.«

»Ich muß es versuchen, Vater.«
»Geezhig, Geezhig«, seufzte seine Mutter, »laß die Toten ruhen.«
»Ich kann nicht, Mutter.«
Sie sahen ihm nach, wie er durch den Morgentau davonging, in ihren Gesichtern war Gram und Sorge. Als er im Wald verschwunden war, nahmen sie ihr Tagewerk wieder auf und fragten sich seufzend, ob er die Gefahren einer solchen Reise überleben würde. Aber sie wußten beide, daß ihr Sohn nur auf diese Weise von der Endgültigkeit des Todes seiner geliebten Frau überzeugt werden konnte.
Die Suche führte Geezhig von Dorf zu Dorf, von einem weisen Mann zum anderen, von Freunden zu Fremden. Überall stellte er die gleiche Frage: »Wo ist das Land der Seelen?« Überall erzählte er die gleiche Geschichte: »Die Frau, die ich heiraten wollte, ist gestorben. Ich bin entschlossen, ins Land der Seelen zu gehen, um sie mir wiedergeben zu lassen.«
Niemand konnte mit Sicherheit die Richtung angeben, die er einschlagen mußte. Manche sagten nach Süden, andere nach Westen. Alle waren sie hilfsbereit und freundlich, aber sie wußten so wenig wie Geezhig, wo das Land der Seelen lag. Alle waren befremdet über Geezhigs Vorhaben und die Festigkeit seines Entschlusses. Männer und Frauen versuchten seinen Kummer zu lindern, so gut sie konnten.
»Geezhig«, sagte ein weiser Mann, »es ist nicht gut, das Unerreichbare zu suchen. Gib die hoffnungslose Suche auf, die deiner niedergedrückten Seele nur noch mehr Leiden bringen wird. Versuche lieber, deine Seele zu beruhigen und zu sammeln, damit sie dereinst, wenn sie ins Land der Seelen gerufen wird, friedvoll ist und dort bleiben mag. Belaste deinen Geist im Leben, und er wird die Erinnerung an den Kummer auch im Land der Seelen behalten.«
Gute und weise Worte, die weder Geezhigs Schmerz linderten, noch seinen Entschluß ins Wanken brachten. Er suchte weiter.
»Mein Sohn, aus deinem Verlust wird dir Gewinn erwach-

sen«, sagte eine alte Großmutter, deren Rücken von der Last des Kummers gebeugt war. Ihr Herz hatte viel Leid erfahren, so tief wie Geezhigs Verlust, aber ihre Augen leuchteten noch vor Lebensfreude. »Es ist besser, Liebe nur kurz empfunden und empfangen zu haben, als sie überhaupt nicht kennenzulernen. Durch dein tragisches Schicksal lernst du das Leben kennen und wirst danach noch besser in der Lage sein, Liebe zu geben und zu empfangen.«
Ungerührt ging Geezhig weiter.
»Dein Leben wird teilweise vom Schicksal bestimmt; es läßt bestimmte Ereignisse zu und verhindert andere. Nimm an, was dir zugewiesen worden ist; du verhinderst damit vielleicht, daß noch größeres Unheil über dich kommt.«
Weise, klug und wahr, dachte Geezhig. Aber er ging weiter.
Einer anderen Frau hörte er noch zu, deren ergrautes Haupt die Unfestigkeit des hohen Alters erkennen ließ. »Du bist nicht der erste und wirst nicht der letzte sein, dem so Unangenehmes widerfährt. Wir sind voll Kummer, wenn das Gute endet, wir trauern, wenn das Erwartete sich in Nichts auflöst, wir jammern, wenn die Schönheit verblaßt. Für jedes Ende gibt es einen neuen Anfang. So ist es im Frühjahr, wenn die Bäume, die ihre Blätter im Herbst verloren haben, neues Laub bekommen; schneide eine Rose ab, und sie entspringt neu aus den Wurzeln. Und so muß ein Mensch, der den Verlust der Liebe oder seiner Heimat zu erdulden hat, auf den Trümmern etwas Neues bauen. Geezhig, fang noch einmal an.«
Es gab keinen Trost. Weisheit und Mitleid konnten ihm seine geliebte Wabun-anung nicht wiederbringen. Den Liebesschmerz können andere nicht heilen.
Bis zu diesem Punkt war Geezhig noch in keine bestimmte Richtung gewandert, sondern war in der Suche nach Wissen umhergezogen. Eines Abends im späten Herbst starrte er in die Glut seines Feuers und dachte, daß er von jetzt an nach dem Pfad der Seelen suchen würde, da er bisher noch nichts gefunden hatte, was sein Herz erleichtern konnte. Er hatte den Sommer über viel vom Pfad der Seelen gehört. Wenn er

diesem Pfad folgte, so dachte er, würde er sicher ins Land der Seelen und zu Wabun-anung kommen. Er mußte weder nach Süden noch nach Westen wandern, darüber waren die Meinungen geteilt, sondern versuchen, den südwestlichen Mittelweg einzuschlagen. Wenn er dann den Pfad der Seelen nicht fand, konnte er es immer wieder abwechselnd im Süden und Westen versuchen, bis sich eine bessere Möglichkeit einstellte oder bis er selbst ins Land der Seelen gerufen wurde.

Er wanderte viele Monate, überquerte zahllose Flüsse, Sümpfe und Seen. Er ging durch Gegenden, von denen er noch nie gehört hatte, traf Leute, deren Sprachen und Gebräuche ihm fremd waren. Er aß wenig und schlief selten. Träume von Wabun-anung verfolgten ihn im Wachen wie im Schlafen. Er ging immer weiter.

Viele Pfade hatte er gefunden, manche waren ausgetreten, andere wenig benutzt, bis er endlich auf einen Pfad kam, der zugleich breit und tief war. Dichter Nebel hüllte die Bäume auf beiden Seiten ein, waberte über den Weg und strich an seinen Wangen entlang. Im Wald hörte er die Tropfen auf die Blätter fallen. In der Ferne hörte er den Schrei einer Eule. Der Nebel umwirbelte ihn in blendendem Weiß, so daß er nichts sehen konnte. Er hatte den Pfad der Seelen gefunden. Schatten, deren Gestalt er nicht erkennen konnte, gingen mit ihm auf dem düsteren Weg, alle richteten ihre Schritte ohne Hast nach Westen. Geezhig ging mit ihnen in die dichter werdende Finsternis.

Schweigen lag über den Geist-Seelen, denn das waren sie, während sie ohne zu rasten ihrem Bestimmungsort zustrebten. Geezhig wußte, daß er ein Eindringling war, der eigentlich kein Recht hatte, unter ihnen zu sein, und daß er sie bei ihrem letzten Traum nicht stören durfte. Für ihn war dies ein Weg, den er gewählt hatte und den er verlassen konnte, wann immer er wollte. Es erfüllte ihn mit Hoffnung, daß die anderen ihn duldeten.

Wie lange folgte er dem stillen Pfad? Die Zeit war bedeutungslos. Plötzlich erkannte er durch den wallenden Nebel

einen Gebirgskamm und dahinter einen mächtigen Abhang. Einer nach dem anderen verschwanden die Schatten über dem Kamm und wurden von dem dichten Nebel am Fuß des Abhangs verschluckt. Auch er wollte gerade hinuntersteigen, als ein uralter Mann ihn ansprach.
»Du bist Geezhig«, sagte der alte Mann. »Ich warte schon auf dich. Ich weiß auch, was du suchst. Ich kenne deinen Kummer, aber ich darf dich nicht hereinlassen. Das Land der Seelen ist für die Toten. Du lebst. Mein Sohn, geh zurück und lebe dein Leben zu Ende. Die du suchst, ist vor vier Tagen in Frieden hier vorbeigekommen. Deine Zeit ist noch nicht reif, Geezhig, aber wenn du kommst, dann wisse, daß du willkommen bist.«
Geezhig bedrängte ihn: »Ich kann kein Leben leben, das ohne Wabun-anung schal und leer geworden ist. Ihr Platz ist bei mir, meiner bei ihr.«
Aber der alte Mann runzelte die Stirn. »Deine Geist-Seele ist noch mit deinem Körper verbunden. Nur reine Geist-Seelen dürfen das Land der Seelen betreten.«
»Dann töte mich!« sagte Geezhig, und seine Worte hallten dumpf wider. »Laß mich hier sterben. Ich habe es nicht mehr weit. Bei Wabun-anung werde ich Glück und Frieden finden. Alter Mann, ich bitte dich, töte mich.«
Ein freundliches Lächeln erhellte das runzlige Gesicht des Wächters. »Ah, Geezhig, ich habe nicht die Macht über Leben und Tod. Ich kann nicht tun, um was du mich bittest.«
»Dann laß mich Wabun-anung noch einmal sehen. Bring sie her oder laß mich für eine Weile eintreten. Gewähre mir diese Bitte, und ich werde zufrieden sein. Zum Dank werde ich alles tun, was du willst. Dann kehre ich ins Land der Lebenden zurück.« Geezhigs Bitte kam aus der tiefsten Tiefe seiner Seele.
Der Wächter überlegte. Er wog alles ab und sagte endlich: »Ich werde dir helfen. Dafür verlange ich nichts für mich – ich habe nur wenige Wünsche –, nur daß du ins Land der Lebenden zurückkehrst und in Frieden dein Leben lebst,

wie es deine Bestimmung verlangt. Hör gut zu, Geezhig. Denk nach und frage dich. Da ist das, was mich an diesem Ort hält, der weder zum Land der Seelen noch zum Land der Lebenden gehört. Denke immer daran.

Es ist leicht, einen Weg über den Fluß zu finden; manchen erscheint er breit und tief, anderen flach und schmal wie ein Bach. Im Schlaf kann dein Geist den Körper abstreifen; geh du mit den Seelen der Toten auf die andere Seite, ich werde hier auf deinen Körper aufpassen, bis du zurückkehrst. Es bleibt ein Band zwischen Geist und Körper, das nur der Tod durchtrennen kann. Durch dieses Band wirst du zurückfinden.

Mein Junge, ich fürchte um dich, aber ich kenne deine Qual. Sieh zu, daß der Schmerz deinen Verstand nicht überwältigt. Bleibe nicht zu lange im Land der Seelen. Vielleicht wirst du vergessen, was du dort siehst, aber die Reise wird Zeichen an dir hinterlassen, die nicht mehr zu löschen sind. Mögest du Trost finden, der dich stützt, bis deine eigene Zeit kommt.«

Ehe der alte Mann seine Warnung ganz ausgesprochen hatte, wurde Geezhig schläfrig und fiel zu Boden. Während seine Lider sich schlossen, fühlte er eine mystische Kraft, die seinen Geist aus dem Gewebe und den Fasern seines Körpers heraushob. Als diese übernatürliche Verwandlung vollendet war, besaß Geezhig eine neue Art von Sein und Bewußtsein.

Als Geist trat er wieder in den Nebel ein und stieg den Abhang hinunter. Sein leerer Körper blieb in der Obhut des Wächters am Rand des Abhangs liegen, wo sein Herz, wie er undeutlich wußte, ohne Geist weiterschlug und sein Blut weiterfloß. Dennoch war ihm, als besitze er einen Körper mit Mokassins an den Füßen, um zu gehen, und mit Augen, um zu sehen. Auch seine Arme schwangen noch an seiner Seite. Seine Ohren nahmen immer noch die sausende Stille wahr.

Als Geezhig aus dem Nebel hervortrat, sah er ein Land, ganz ähnlich dem, das er verlassen hatte. Vor ihm rauschte eine breite Wasserfläche wirbelnd vorbei. Das war der angekündigte Fluß. Für Geezhig war es eine weite und schwierige Überfahrt.

Er ging am Fluß entlang, bis er endlich stiller wurde und im Sonnenlicht glänzte. Jenseits seiner Tiefen lag das Land der Seelen.

Er konnte das Wesen dieser Welt spüren. Die Farben schienen lebhafter und vielfältiger zu sein, als sähe er sie mit den Augen der Kindheit. Der Wind trug ihm Vogelzwitschern zu. Wie tief der Wald auf der anderen Seite war! Wie dunkel und kühl er wirkte. Aber wie konnte er den Fluß überqueren?

Kleine Wellen schlugen unten im Ried ans Ufer und lenkten seine Aufmerksamkeit auf ein Kanu, das dort festgemacht war. Daneben lag ein Paddel. Beide schienen ihn einzuladen, sie zu benutzen.

Während er das Boot behutsam durch das Schilf ins offene Wasser lenkte, spürte er, daß er beobachtet wurde. Er hob die Augen und sah, daß andere mit ihm reisten, alle auf dem Weg zu ihrem letzten Bestimmungsort auf der anderen Seite. Dicht neben ihm paddelte seine geliebte Wabun-anung. Als ihre Blicke sich trafen und aneinander festhielten, war all die Einsamkeit der Suche, aller Kummer und alle Traurigkeit verschwunden, ausgelöscht, als hätte es sie nie gegeben. Liebe strömte von einem zum anderen, mitten auf dem Fluß. Geezhig rief zu ihr hinüber, hob grüßend sein Paddel, versuchte sein Boot zu ihr zu steuern. Obgleich Liebe und Glück ihr aus den Augen strahlten, antwortete sie nicht und paddelte beharrlich auf das andere Ufer zu. Auch Geezhig konnte seinen Kurs nicht ändern, und er dachte voller Dankbarkeit: »Ich werde im Land der Seelen mit ihr sprechen. Ich habe meine Liebe wiedergefunden.«

Je näher er dem anderen Ufer kam, desto reißender wurde das Wasser, es war voller Strudel und riesiger vorspringender Felsen. Gischt sprühte über ihn, und er mußte sich ganz auf die Überfahrt konzentrieren. Viele von denen, die hinüberwollten, gingen unter, aber Wabun-anung paddelte von sanften Wassern umgeben ruhig voran. Was mit denen ge-

schah, die scheiterten, wußte Geezhig nicht zu sagen. In diesem Gewässer konnte er unmöglich anhalten und Hilfe leisten.
Endlich berührte der Boden seines Kanus Grund und glitt auf den Sand des Ufers. Er sprang heraus und zog das Boot an Land. Wabun-anung landete neben ihm.
Da erreichte ihn der Ruf.
»Jetzt hast du gesehen. Dein Wunsch ist erfüllt worden. Kehre in das Land der Lebenden zurück.«
Geezhig wendete sein Boot und überquerte wieder den Fluß, der jetzt ein kleiner Bach war – zurück ins Land der Lebenden und ins Leben.

Die vier Hügel des Lebens

Weegwauss (Birke) erwachte schweißnaß und zitternd aus einem Traum, der ihn so verwirrte, daß er nicht wieder einschlafen konnte. Er mußte diesen Traum verstehen. Für den Rest der Nacht zerbrach er sich den Kopf, aber als der Morgen dämmerte, hatte er noch keine befriedigende Deutung gefunden. Er stand auf, zog sich an und verließ seine Hütte, um zu Chejauk (Kranich), dem weisen Mann, zu gehen.

Als er Chejauks Hütte erreichte, rief er: »Chejauk! Ich muß mit dir sprechen. Ich brauche deinen Rat.«

»Komm herein«, sagte Chejauk, gähnte und streckte sich.

Weegwauss betrat die Hütte und setzte sich.

»Warum störst du meine Ruhe, Weegwauss?« fragte Chejauk. »Was kann so wichtig sein, daß du vor den Vögeln aufstehst?«

»Ich hatte einen sonderbaren Traum. Er beunruhigte mich so sehr, daß ich nicht wieder einschlafen konnte. Ich muß wissen, was er bedeutet«, sagte Weegwauss aufgeregt.

Chejauk schürte das Feuer, füllte seine Pfeife, zündete sie an und sagte: »Erzähle mir deinen Traum.«

Weegwauss begann: »Ich stand auf einem hohen Hügel und blickte über ein tiefes, weites, zauberhaftes Tal. Es war so still, wie ich nie zuvor ein Tal gesehen habe, und ich starrte wie gebannt hinunter. Nach einer langen Zeit hob ich meinen Blick aus dem Tal zur anderen Seite. Jenseits dieses weiten Tals sah ich vier große Hügel. Der erste war steil und zerklüftet, der zweite und dritte weniger steil und schartig, aber der vierte war schroff und fast lotrecht, und der Gipfel war von dichtem weißem Nebel eingehüllt. Und obgleich die Hügel weit weg waren, sah ich sie ganz deutlich und erkannte alles, was auf ihnen war.

Auf den Flanken des ersten Hügels waren viele kleine Kinder, die vom Fuß zum Gipfel krabbelten. Unten waren die ganz jungen, die noch winzig und zart waren. Je näher sie der Spitze kamen, desto älter und stärker waren sie. Von der großen Menge, die den Aufstieg begann, schien nur die Hälfte den Gipfel zu erreichen. Einige hatten die Reise kaum begonnen, als sie auch schon niederstürzten und reglos liegenblieben. Andere kamen etwas weiter, brachen aber schließlich auch zusammen. Wieder andere, die kräftiger und ausdauernder waren, kämpften sich eine Strecke weiter, um dann schließlich auch zu fallen. Einige hatten das Glück zu überleben, erreichten den Gipfel und stiegen auf der anderen Seite hinunter. Ich war unter all diesen Kindern. Ich sah mich selbst die Mühen des ersten Hügels überleben.

Dann schaute ich auf den zweiten Hügel. Wie anders und doch wie ähnlich. Die Kinder des ersten Hügels waren jetzt Jungen und Mädchen, größer, stärker und robuster; manche schienen schon etliche Jahre alt zu sein, andere waren kaum sieben oder acht.

War es auf dem ersten Hügel noch recht still zugegangen, so waren die Jungen und Mädchen auf dem zweiten voller Energie. Sie konnten schon vieles tun. Sie hatten mehr Möglichkeiten und Kräfte; sie machten Wettläufe, rangen, schwammen und schossen um die Wette; sie arbeiteten, trugen Holz, sammelten Beeren, jagten, fischten. Lachen erfüllte den Abhang. Aber so oft sie fröhlich waren, wirkten sie auch ernst. Die Stimmungen und Fähigkeiten der jungen Menschen auf dem zweiten Hügel waren breiter gefächert als auf dem ersten.

In anderer Hinsicht glich das Bild aber ganz dem auf dem ersten Hügel. Es war die gleiche unaufhaltsame Bewegung dem Gipfel zu. Es gab die gleichen Zwischenfälle auf der riesigen, breiten Straße. Jungen und Mädchen starben unterwegs, manche beim Spiel, manche bei der Arbeit, manche im Schlaf. Sie ertranken in Flüssen und Seen, erstickten oder wurden von menschlichen Schatten erschlagen. Leben war da und Bewegung und Tod, aber kein Anhalten.

Selten blieben die Überlebenden stehen, um den Gestürzten zu helfen. Hielten sie an, so nur für ein paar Augenblicke, und dann strebten sie sogleich weiter. Niemand drehte sich um. Sie schienen sich nicht für die Kranken, Sterbenden und Verletzten zu interessieren, es war, als kümmerten sie sich nur um sich selbst. Irgend etwas, eine Kraft, ein Ding, ein Ziel trieb sie dem Gipfel zu. Oben angelangt, hasteten sie sofort auf der anderen Seite hinunter. Ich lief mit ihnen. Vor uns lag der dritte Hügel.

Zwischen dem dritten und dem zweiten Hügel schien es kaum einen Unterschied zu geben. Einige der Gesichter, die ich auf dem ersten und zweiten Hügel gesehen hatte, waren wieder unter den Kletterern. Der gleiche rastlose, vorwärts gerichtete Schritt. Und wieder ging Leben verloren, wurde die Zahl ständig vermindert, und auch die Gleichgültigkeit gegenüber den Sterbenden war die gleiche.

Aber wie anders war sonst alles, wie verwandelt! Es gab keine Kinder mehr, kaum noch Spiele, wenig Lachen. Männer und Frauen wanderten in Paaren, obgleich sie alle einsame Reisende waren, Männer wie Frauen. Gepaart oder allein, alle strebten dem Gipfel zu. Sonst zählte kaum etwas, Freuden gab es nur wenige, und sie waren kurz.

Männer arbeiteten an verschiedenen Aufgaben, sie jagten, fischten, machten und reparierten Werkzeuge und andere Dinge. Die Frauen arbeiteten am Feuer und kochten, oder sie nähten Kleider und mischten Medizinen.

Zwischen diesen Arbeiten und seltenen Freuden war zorniges und haßerfülltes Schreien zu hören. Es gab Kämpfe um nebensächliche Dinge, und allzu oft endete der Streit in Schmerz und Tod.

Immer weiter marschierten die Massen mit unaufhaltsamem Schritt. Einer nach dem anderen stolperten die Menschen, schlugen hin und standen nicht mehr auf, aber kein Unglück, kein Hindernis und keine Freude konnte diese Woge von Menschen aufhalten. Es gab keine Pause, keine Rast, keinen Blick zurück.

Am Gipfel stießen die Überlebenden, auch ich war unter ihnen, einen Triumphschrei aus. So schwer das Ziel gewesen war, es war erreicht. Der Abstieg sah einfach aus, aber auch er war mit Gefahren übersät. Männer und Frauen fielen, standen wieder auf, stolperten, keuchten und lagen still; Frauen setzten sich, um auszuruhen oder zu schlafen, und standen nie wieder auf. Der Weg nach unten war so tückisch wie der Aufstieg.

Vor den Wanderern türmte sich der vierte Hügel. Wie wenige waren wir jetzt, wie alt, wie faltig und runzlig, wie weißhaarig und wie schwach. Es war unvorstellbar, daß diese schwachen und gebrochenen Körper auch nur versuchen wollten, die zerklüfteten Felsen zu erklimmen.

Aber wir machten weiter. Hatten wir nicht den ersten und zweiten Hügel bezwungen? Hatten wir nicht den dritten überwunden? Mit unsicheren Schritten, nachlassenden Kräften und keuchendem Atem kämpften sich die gebrechlichen Alten weiter. Eine innere Kraft des Geistes trieb uns weiter, eine äußere Kraft schob und lockte uns vorwärts und aufwärts.

Aber weder innere noch äußere Kraft reichte aus, uns alle an das ferne Ziel zu bringen. Alte Männer und Frauen sanken zu Boden und wurden von der Erde aufgenommen, um eins mit ihr zu werden. Die weiterlebten, sahen zurück und riefen den Gefallenen und Schwachen Ermunterungen zu. Selbst zu denen auf dem dritten Hügel riefen sie hinüber.

Weiter gingen wir, unbeirrt vom Verlust der Gefährten und Lebenspartner, unerschrocken vor der letzten Probe, nur darauf bedacht, den nebelverhangenen Gipfel zu erreichen. Die meisten gingen auf dem Abhang zugrunde. Wenige erreichten die Spitze. Aber ich war einer von denen, die nicht zusammenbrachen. Ich lebte weiter. Ich kämpfte weiter. Alle, die weiterlebten, verschwanden langsam in der Nebelkappe, die den Gipfel verhüllte.

An dieser Stelle wachte ich auf. Ich weiß nicht, ob der Traum gut oder böse ist. Ich komme zu dir, damit du mich leitest.« Weegwauss wartete auf Chejauks Antwort.

Der Medizinmann sprach leise, ohne aufzublicken. »Es war ein guter Traum, Weegwauss. Du hast das Leben von Anfang bis Ende gesehen. Du hast das ganze Leben des Menschen gesehen, in all seinen Stadien, in all seinen Stimmungen und Formen. Kitche Manitu, der Große Geist, war großzügig zu dir. Er hat dir erlaubt, das ganze Leben im Traum zu sehen. Diese Gunst erweist er nur wenigen. Wie du das Leben gesehen hast, ganz, zusammenhängend und ununterbrochen, so wirst du dein Leben bis ans Ende leben. Du wirst deine Enkel und Urenkel sehen. Du wirst Krankheit und Gesundheit, schlechte und gute Zeiten erfahren, du wirst das Gute und das Böse kennenlernen. Du wirst weiterleben, während andere nie den vierten und letzten Hügel erreichen. Du brauchst nicht zu befürchten, daß der Tod dein Leben abbricht, bevor du es zu Ende gelebt und bevor du deinen Brüdern gedient hast.«

Chejauk füllte seine Pfeife neu und zündete sie sorgsam an. Er blies eine Wolke duftenden Rauchs aus und fuhr fort:

»Wie ich es verstehe, hat ein volles Menschenleben vier Stadien: vom Säuglingsalter zur Jugend, dann weiter zum Erwachsenenalter und schließlich zum Greisenalter. Nur wenige Frauen und Männer erleben diese letzte Stufe. Viele überleben nicht einmal die erste Stufe, das Säuglingsalter, viele andere kommen nicht über das zweite Stadium, die Jugend, hinaus; und diejenigen, die die ersten beiden Stadien überleben und das Erwachsenenalter erreichen, erleben vielleicht niemals das Alter. Das Leben ist zu schwierig. Es gibt zu viele Gefahren und Katastrophen auf dem Lebensweg. Das Leben in all seinen Stadien leben zu dürfen, bedeutet für Männer und Frauen, daß sie das größte Geschenk der Natur empfangen haben und besitzen. Weil Hügel manchmal schwierig zu erklettern sind, nennt man diese vier Stufen im Lauf eines Menschenlebens manchmal Hügel.

Der erste Hügel, den du gesehen hast, war das erste Stadium im Leben des Menschen, das Säuglingsalter. Viele Kinder werden geboren. Sie sind klein, schwach und hilflos. Sie haben nur Anlagen, weiter nichts. Sie sind ohne Persönlichkeit und Charakter. Und doch bringen sie allen Glück und Hoffnung, Eltern, Großeltern und Fremden.

Du sagst, du hättest viele Säuglinge sterben sehen. So ist es im Leben, und es ist traurig. Im Verhältnis zur Zahl der Geborenen leben wenige weiter. Der Keuchhusten erstickt das Leben in ihnen, bevor sie anfangen zu sein; er tötet sie, bevor sie zu verstehen beginnen. Ich glaube, für sie ist der Tod leicht, aber er kommt unausweichlich, ob leicht oder schwer. Wer könnte über das Sterben eines anderen etwas sagen? Wir dürfen es auch nicht als endgültig betrachten. Vielleicht werden sie in neuen und anderen Formen wiedergeboren; vielleicht kehren ihre Geister wieder, um sich in neuen Wesen niederzulassen. Das ist die Hoffnung, die uns alle trägt.

Der Tod ist immer tragisch. Daß alle Menschen von der Geburt an zum Sterben bestimmt sind, lindert nicht den Abschiedsschmerz für jene, die den Sterbenden geliebt haben. Aber der Tod kleiner Kinder ist doppelt tragisch. Hilflos, unerfüllt und abhängig sind sie, und die Stärkeren können sie nicht beschützen. Die wunderbare Verheißung wird abgeschnitten, bevor ihre Erfüllung überhaupt begonnen werden kann. Die Anlagen der Schönheit, des Glücks und der Güte werden noch als Knospe zerstört. Was werden soll, bleibt nichts. Ein Licht blitzt auf und wird gelöscht, bevor es leuchten kann. Nach dem Blitz ist es wieder dunkel. Der Tod kommt zu bald oder zu plötzlich und macht die Hoffnungen von Männern und Frauen zunichte.

Für Eltern ist nicht nur ein Versprechen aufgehoben, sondern ihre Liebe selbst, ihr Blut ist vom Tod verneint worden. Die Freude der Mutterschaft wird zu bald ausgelöscht nach den langen Mühen der Schwangerschaft und all der Vorfreude. Die Freude der Vaterschaft dauert nur einen Augenblick. Beide leiden an ihrer Hilflosigkeit angesichts der Krankheit, und sie sind machtlos.

Wer den ersten Hügel überstiegen hat und den Fuß des zweiten erreicht hat, muß weitermachen. Es gibt keine Pause, und es ist keine Zeit zum Feiern. Die Reise muß weitergehen. So ist das Leben, so ist das große Gesetz, das eine ununterbrochene Reise vorschreibt.

Der zweite Hügel ist der Hügel der Jugend. Das ist eine

Zeit, wo die Kinder geistig erblühen und körperlich erstarken. Erstaunlich ist, daß die Jugend viele Altersstufen umfaßt. Es gibt ganz kleine, die das Säuglingsalter kaum hinter sich haben, und viel ältere. Aber niemand kann zur nächsten Stufe fortschreiten, bevor er eine Vision gehabt hat. Bis dahin zählen Männer und Frauen noch zur Jugend.

Wie die Jugend aus vielen Altersstufen besteht, so sind auch die Eigenschaften sehr breit gestreut. Man findet Begabte und Mittelmäßige, Starke und Schwache. Aber wie groß der Wert des einzelnen auch ist, alle müssen die Prüfungen des Weges auf sich nehmen und bestehen.

Vom ersten Stadium an hört der Kampf um das körperliche Überleben nicht mehr auf. Krankheit streckt die Starken und Schwachen gleichermaßen nieder, noch ehe sie den Hügel weit hinaufgekommen sind. Manche läßt sie erst ein wenig vorankommen und holt sie dann ein. Manche werden lahm, manche blind, manche stumm und manche vor der Zeit gebrechlich. Andere bleiben gesund und ohne Narben. Die Schatten, die du als Angreifer der Wanderer gesehen hast, waren Feinde und Mörder.

Nichts kann den Tod oder Verletzungen aufhalten. Weder die Künste des Medizinmanns noch die Heilkräfte der Kräuter haben genug Kraft, das Töten zu verhindern oder tödliche Wunden zu heilen. Keine Weisheit kann die Qualen des Weges abwenden. Die Jugend ist kein Schutz vor Schmerz, Mühsal und Tod. Doch der Kampf geht weiter. Schwache und Starke haben den Drang zu leben.

In dieser Phase lernen die jungen Menschen die Künste und Fähigkeiten, die ihnen erlauben, den Lebenskampf allein zu bestehen. Jungen lernen zu jagen, zu fischen, ihre Gerätschaften selbst herzustellen und Familie und Heim zu verteidigen. Mädchen lernen zu kochen, zu nähen, zu lehren und für das Wohl anderer zu sorgen. Nur durch andauerndes Bemühen sind diese Fähigkeiten zu erlangen.

Zugleich erhält die Jugend eine andere Schulung, die sie auf eine andere Art von Kampf vorbereiten soll. Es ist das Zwiefältige im körperlichen und geistigen Bereich. Auf der körperlichen Ebene macht die Schulung das Fleisch für das physische Überleben und die Vision bereit. Wir glauben, daß die große Vision erst kommt, wenn der irdische Körper und der Geist durch Prüfung reif geworden sind. Daher hat die Schulung zwei große Ziele: einen Menschen zu befähigen, seine körperlichen Bedürfnisse zu befriedigen; und seine Natur, sein Wesen und seinen Zweck durch eine Vision zu erkennen.

Wir glauben, ›daß kein Mensch zu sein anfängt, bevor er seine Vision gehabt hat‹. Vor diesem Ereignis ist das Leben ohne Richtung, es ist oberflächlich und leer, die Handlungen haben keinen Sinn und Zweck. Daher ist die Jugend die Zeit der Vorbereitung auf die Vision.

In dem Augenblick, wo ein junger Mensch zu verstehen beginnt, fängt seine Schulung und Vorbereitung an, und sie geht weiter, bis die Vision zu ihm kommt. Zwischen zwölf und vierzehn sollte er beginnen, seine Vision zu suchen. Da niemand weiß, wann sich die Bereitschaft des Körpers und des Geistes einstellt, wird die Vorbereitung fortgesetzt. In manchen Fällen kommt diese Bereitschaft sehr früh, in anderen erst in späteren Jahren. Auf jeden Fall endet aber die Schulung erst mit der Vision.

Für die Jugend besteht der Kampf im geistigen Bereich darin, sich auf die Vision vorzubereiten, sie zu suchen und schließlich zu erlangen. Schwierig wird die Suche dadurch, daß man die Vision nicht außerhalb seiner selbst finden kann. Sie muß in der inneren Substanz gesucht und gefunden werden. Da sie nur im inneren Selbst der Person zu finden ist, muß man sich allein und ohne die Hilfe und Führung anderer auf die Suche machen. Es gibt keine Zeichen, die den Weg markieren, und es gibt keine Wege, die schon von anderen ausgetreten sind. Niemand weiß, was ihn erwartet, aber die Botschaft, die er empfangen wird, ist überaus wichtig. Sie kann klar oder dunkel sein, erfreulich oder unerfreulich, aber welcher Art sie auch ist, man muß sie suchen und annehmen.

In der Vision und durch sie kann ein Mensch sein erstes

Selbst, seine körperlose Substanz sehen, hören, spüren und sogar fühlen. Durch die Vision wird er entdecken, daß seine Natur wachsen muß, um Fülle und Kraft zu erhalten. Vom Augenblick der Erleuchtung an hat der Suchende ein Ziel und die Pflicht, sich in seinem Handeln auf die Vision einzustellen. In gewisser Weise ist eine Vision die Entdekkung des Selbst und dessen, was sein sollte.

Ob die Vision mit den Absichten des Suchenden übereinstimmt oder ihnen widerspricht, er muß das Wesen und den Sinn seiner Vision in sich aufnehmen. Er muß annehmen, was sie ihm aufgibt, und danach leben. Paßt die Vision zu seiner bisherigen Richtung, so fällt es ihm nicht schwer, sie anzunehmen. Er muß sie dann nur noch ausleben und ihr im täglichen Leben Ausdruck geben. Ist sie aber anders als erwartet, so muß er sich ändern, um sie ausleben zu können. Er muß ihr gehorchen.

Die Vision gewährt zwar eine Einsicht in die Beschaffenheit des inneren Seins, was es ist und was es sein sollte, aber sie kann nicht mehr tun, als eine Richtung für den Lebensweg zu weisen. Dennoch kann die Vision einen Menschen wandeln, seinen Handlungen Sinn, seinen Absichten ein Ziel geben und seinen Geist wachsen lassen. Wenn der Suchende seine Vision empfangen hat, muß er den Prinzipien folgen, die ihm gegeben wurden.

Mit der Vision wird das Dasein Leben; der junge Mensch ist nicht mehr jung. Er hat jetzt eine Freiheit, die nur er und niemand sonst ausnutzen und verwirklichen kann. Sie gehört ihm. Aber seine Freiheit und Unabhängigkeit müssen mit den Gesetzen der Gemeinschaft und mit den großen Weltgesetzen übereinstimmen. Durch die Vision geht ein Mensch von der Jugend ins Erwachsenenalter.

Der dritte Hügel ist weniger steil und zerklüftet als die ersten beiden, aber nicht leichter zu ersteigen. Die Lasten und Pflichten der Elternschaft sind jetzt zu tragen. Männer und Frauen müssen die Bürde und die Ungewißheit der Führerschaft auf sich nehmen. Kämpfe und Streitigkeiten sind auszutragen, und zudem muß die Familie ernährt wer-

den. Männer und Frauen müssen sich um die Kranken, die Kinder und die Alten kümmern wie um sich selbst. In Größe und Vielgestaltigkeit ist der dritte Hügel der gewaltigste. Aber in der Zahl derer, die scheitern, besteht zwischen dem dritten Hügel und den übrigen kein Unterschied. Männer und Frauen brechen schon an seinem Fuß unter ihren Lasten zusammen. Auf dem Weg nach oben sterben viele durch Krankheit und Krieg. Selbst kurz vor dem Gipfel straucheln viele und erreichen das Ziel niemals. Mehr und mehr vermindert sich die Zahl der Wanderer. Wenige überleben.
Und während Männer und Frauen den Kampf ums körperliche Überleben kämpfen, müssen sie ihre Visionen leben. Sie müssen dem Pfad des Lebens folgen, wie die Vision ihn vorzeichnet, und dabei müssen sie die Gesetze der Welt und die Bräuche der Gemeinschaft beachten. Manchmal scheinen die Gesetze, Bräuche und Verhaltensregeln die Vision und die Freiheit des Einzelnen einzuschränken, aber das ist nur ein scheinbarer Konflikt. Die allgemeinen Weltgesetze und die Bräuche geben jedermann Raum genug, seine Freiheit zu nutzen und sich zu entwickeln.
Aber das ist nicht das einzige Hindernis. Die Visionen und Persönlichkeiten anderer Männer und Frauen sind unantastbar. Die Pflicht verlangt von jedem, daß er den Geist und die Vision anderer respektiert. Und am besten genügt man dieser Pflicht, indem man den anderen nicht einschränkt und sich nicht einmischt. Zugleich darf man aber auch anderen nicht erlauben, die eigene Vision zu beeinträchtigen. Eine Vision muß unversehrt bleiben. Und damit sie vollständig bleiben kann, darf sie aus keinem Grund und auf keine Weise anderen untergeordnet werden. Einen Teil von ihr aufzugeben, und sei es nur für kurze Zeit, heißt einen Teil des Geistes aufgeben, und das kann letztlich zum Verlust der Freiheit führen und der Vision schaden. Aus dem gleichen Grund soll auch niemand versuchen, Herrschaft über die Vision eines anderen zu erlangen. Visionen müssen vollständig und unbeeinträchtigt bleiben, wenn die Freiheit bewahrt und das Wachstum fortgesetzt werden soll.

Aber die größte Schwierigkeit für das Ausleben einer Vision kommt nicht von außen, sondern aus der Person selbst. Es ist schwer, den Pfad des Lebens in Übereinstimmung mit der Welt und mit anderen Menschen zu gehen. Noch schwerer ist es, nach den harten Grundsätzen der eigenen Vision zu leben. Das Herz kann dem Geist widersprechen, der Verstand sich dem Gefühl widersetzen, das Zweckmäßige kann dem Wunsch widersprechen, Zufälle können die Ordnung der Dinge durcheinanderwerfen, Normen können den Gerechtigkeitssinn verletzen, unberechenbare Kräfte können die Vision beeinträchtigen oder zunichte machen.

Wenn solche Kräfte wirken, können sie Männer und Frauen dazu bringen, Dinge zu tun, die sie nicht tun sollten; sie können Männer und Frauen dazu verleiten, das zu vernachlässigen, was getan werden muß, das Leichte dem Schwierigen vorzuziehen, das Letzte zuerst zu tun. Seine Vision auszuleben, ist für den Menschen deshalb so schwierig, weil er schwach ist und erkennen möchte, aber nicht weil er böse ist.

Männer und Frauen sollten auf dem wahren Pfad bleiben, der ihnen bestimmt ist. Aber die Erfahrung sagt uns, daß das nicht immer möglich ist. Bei all ihren guten Absichten und Bestrebungen verlieren die Menschen oft ihren Weg.

Weil Männer und Frauen vom Pfad des Lebens abschweifen, wird der Weg mit sieben Gabelungen dargestellt, wo der Reisende siebenmal abweichen darf. Aber er muß auf den wahren Weg zurückkehren, ohne seine Vision zu entstellen oder zu verraten.

Wer vom Weg abkommt, muß aus eigener Kraft zurückfinden. Niemand kann ihm dabei helfen. Nur er kennt seinen Weg und weiß, wann und wo er vom Weg abgewichen ist.

Geistig und körperlich sind Aufstieg und Abstieg beim dritten Hügel eine Tortur. Männer und Frauen leiden und sterben, und niemals vollenden sie ihren Lebensweg. Männer und Frauen geben ihre Vision preis und finden nie Verwirklichung. Aber sie leben weiter und halten aus. Jetzt sind sie nur noch wenige.

Das Erwachsenenalter endet. Stimmung und Leben der Menschen ändern sich. Der Schritt von Männer und Frauen, der Schritt des Lebens ändert sich. Aber wie sehr sich auch alles wandeln mag, die Substanz des Lebens bleibt die gleiche. Wo das Erwachsenenalter endet, beginnt das Greisentum.

Das Leben ist ein ununterbrochener Strom.

Am Abend des Lebens müssen die Alten ihre Gebrechlichkeit, den Verlust der Kraft und der Ausdauer und das Schwinden der Beweglichkeit hinnehmen; das gehört zur Bestimmung des Lebens und ist der Preis fürs Weiterleben. Sie müssen eine frühere Art zu leben ablegen und eine neue annehmen.

Aber das Alte aufzugeben und etwas Neues anzunehmen, ist immer schwer gewesen, denn Arbeiten, Pläne, Gewohnheiten, Verhaltensweisen und Freuden, die zum Bestandteil eines Menschenlebens geworden sind, lassen sich nicht leicht ablegen. Obgleich frühere Lebensweisen nicht weitergeführt werden können, leben sie in den Gedanken weiter. Sie waren so angenehm und wollen weiterleben; sie wollen immer und immer wiederholt werden. Was gut ist, muß so oft wie möglich erneuert werden.

Vergangenes in seiner alten Form wiederherzustellen, hieße, das neue Leben abzulehnen. Eine Blume lebt nicht und stirbt, um in der gleichen Form noch einmal zu leben. Nach ihrem Tod bleibt von ihr eine Erinnerung an ihre Schönheit und das Versprechen der Erneuerung dieser Schönheit in einer anderen Blume in einem anderen Frühling. Würden frühere Zeiten erneuert und wieder gelebt, so gäbe es keine Visionen mehr zu verwirklichen.

Vielleicht ist das Greisenalter deshalb so schwer zu bewältigen, weil man weiß, daß das Gewesene nie wieder sein kann, daß es nie auf die gleiche Weise neu entstehen kann. Männer und Frauen wissen, daß der Tod unausweichlich ist. Kein Wünschen kann ihn aufhalten. Männer und Frauen sind von Geburt an zum Sterben bestimmt. Das Ende muß als ein Teil des Lebens angenommen werden.

Wenn Männer und Frauen den letzten mühsamen Hügel erreicht haben und dem Gipfel entgegensteigen, so werden sie von dem Wissen getragen, daß sie ihre Vision ausgelebt und ihren Brüdern und Schwestern helfend die Hand gereicht haben. Das Alter ist das Geschenk Kitche Manitus. Wir müssen es schätzen und nicht verächtlich machen.
Selbst im Alter ist das Lebenswerk noch nicht beendet. Man kann noch viel für seine Brüder tun. Männer und Frauen, die alle Stadien durchlebt und ihre Vision verwirklicht haben, wissen etwas über die menschliche Natur und das Leben. Ihre Weisheit müssen sie an die weitergeben, die noch den Pfad des Lebens gehen und die mächtigen Hügel ersteigen. Erst wenn sie endgültig im Nebel verschwinden, ist ihr Werk getan.«
Chejauk schloß mit den Worten: »Ich habe dir gesagt, was ich weiß und verstanden habe. Das ist nicht alles, aber mein Verstand reicht nicht in alle Tiefen und Weiten des Denkens weiser Männer über das Leben. Ich überlasse es dir, es auf deine eigene Art, zu der für dich richtigen Zeit und gemäß den Kräften deines Geistes und deines Herzens zu verstehen. Denk darüber nach! Du hast wirklich Glück, solch einen Traum gehabt zu haben.«
Mehr sagte Chejauk nicht. Weegwauss stand auf und sagte: »Leb wohl! Deine Worte sind weise.« Dann verschwand er im Licht eines neuen Tages.

Die Vision

(Selbsterfahrung und Selbstverwirklichung)

»KEIN MENSCH BEGINNT ZU SEIN,
BEVOR ER SEINE VISION EMPFANGEN HAT«

Dieser Satz drückt vielleicht am besten das Grundverständnis der Anishnabeg vom Ziel des Menschen im Leben aus; zugleich postuliert er mit der Unterscheidung zwischen Leben und Sein die Existenz eines geistigen Bereichs. Dieses Grundverständnis wird wiederum auf die Vorstellung vom Wesen und der Natur des Menschen übertragen.
Für die Anishnabeg war der Mensch ein spontanes Wesen, das aus nichts gemacht war; das heißt, er war aus einer ganz anderen Substanz erschaffen worden als die übrige stoffliche Welt. In Erfüllung der Vision Kitche Manitus war der Mensch aus körperlicher und unkörperlicher Substanz erschaffen worden. Er war im abstrakten metaphysischen Sinn ein zusammengesetztes Wesen.
Da aber die Anishnabeg den Menschen als ein Wesen betrachteten, das wie sein Schöpfer Visionen haben konnte, war er mehr als ein abstraktes Wesen, eine Kreatur des Geistes. Dem Menschen war es bestimmt, Visionen zu suchen und zu verwirklichen, und daher war er ein moralisches Wesen. Auch sein Leben muß unter moralischen Gesichtspunkten betrachtet werden.
Menschen mußten Visionen suchen und ihre Visionen ausleben und ihnen Ausdruck geben – durch die Vision fand der Mensch den Sinn des Lebens und seines Daseins.
Ein anderer Aspekt der menschlichen Natur ist, daß alle Menschen in Tiefe und Reichweite ihres Geistes verschieden sind; manche waren begabt, andere besaßen nur geringe Kräfte. Doch jeder war verpflichtet, seine Fähigkeiten und seinen Lebenssinn nicht außerhalb seiner selbst zu suchen, sondern in seinem innersten Sein. Und weil alle Menschen

unterschiedlich begabt waren, erhielt jeder eine andere Vision, und jeder verwirklichte seine Vision, wie er und niemand sonst sie verstand.

Für den Anishnabeg wurde die Vision das zentrale Motiv seines Lebens; sie war eine Kraft, die den einzelnen in eine neue Richtung lenken, dem Leben mehr Spannkraft geben und den Charakter verändern konnte. Für die Verwirklichung der Vision wurden Pläne widerwillig aufgegeben und falls notwendig andere Lebensformen angenommen.

Ein anderer Wandel, den die Vision herbeiführte, bestand darin, daß aus bloßem Dasein Leben wurde. Der Mensch betrat eine geistige Welt, wo seine Handlungen und seine Lebensführung Charakter und Eigenschaften annahmen, die sie vorher nicht besessen hatten. Vor diesem Ereignis war der Mensch im geistigen Sinne unvollständig, ein Halbwesen. Durch die Vision gewann er eine Entschlossenheit, die seinen Handlungen Sinn gab und sein Leben einte.

Eine Vision mußte nicht nur verwirklicht, sondern auch vorbereitet werden. Visionen empfangen zu können, war nur eine Anlage, die gefördert werden mußte. Der Mensch war ein zusammengesetztes Wesen, und seine beiden Substanzen brauchten eine Vorbereitungszeit, um ein harmonisches Verhältnis zueinander zu gewinnen, denn nur dann konnte sich die Vision einstellen. Erst wenn die körperliche und die unkörperliche Substanz bereit waren, kam die Vision, und erst wenn ein Mensch bereit war, seine Vision auszuleben, konnte er sie empfangen.

Der Körper wurde durch körperliche Prüfungen auf die Vision vorbereitet, das innere Sein durch Träume und Nachtwachen. Beide Substanzen mußten sich einander als würdig erweisen. Der Körper mußte stark, zäh und beweglich sein, das innere Sein still, geduldig, diszipliniert und friedvoll. Erst wenn diese Voraussetzungen gegeben waren, konnte die Vision kommen.

Die äußere Seite des Lebens stellte man sich wegen der Schwierigkeit des Überlebens als eine Kette von vier Hügeln vor: Kindheit, Jugend, Erwachsenenalter und Greisentum;

die geistige Seite des Lebens stimmte mit diesen vier Phasen überein: Vorbereitung, Suche, Vision und Verwirklichung.

Es gab keinen besseren Weg, das Leben und das Selbst zu verstehen, als die Vision. Zudem bewies die Vision, daß ein Mensch würdig war, und befähigte ihn, die Schwierigkeiten des Lebens zu meistern und seinen Zweck zu erfüllen.

Es war für Männer ein Gebot, eine Vision zu suchen. Sollte diese Pflicht einmal auch für Frauen bestanden haben, so war sie von der ersten Mutter abgegolten worden. Sie hatte den Menschen hervorgebracht und den Zyklus von Leben und Zeit vollendet, der aus Schöpfung, Zerstörung und Neuschöpfung bestand. Daher waren Frauen von vornherein vollständig. Indem eine Frau Leben gibt, erfüllt sie bereits einen Teil ihres eigenen Lebens, aber ein Mann muß dem Geschenk des Lebens erst einen Sinn geben. Es war den Frauen jedoch erlaubt, eine Vision zu suchen.

Das erste Ereignis im Leben eines Menschen war die Namensgebung. Einer der Älteren, meist einer der Großeltern, verlieh dem Kind auf Wunsch der Eltern einen Namen.

Für Jungen wurden die Namen aus klimatischen Besonderheiten oder bestimmten Konstellationen am Sternenhimmel zur Zeit der Geburt abgeleitet oder von Tieren, die den Anlagen des Kindes entsprachen. Mädchen wurden nach Pflanzen, vor allem nach Blumen, nach Sonnenphasen, nach den Zuständen und Eigenschaften des Wassers von Seen und Bächen benannt.

Dem Namen galt besondere Achtung, denn er war ein Geschenk des Volkes, von einem der Älteren übermittelt, und er repräsentierte mehr als alles andere den Ruf einer Person.

Die mystische Aura oder Kraft eines Namens war so ehrfurchtgebietend, daß es als anmaßend und unschicklich galt, seinen eigenen Namen zu nennen. Eine dritte Person, falls sie vorhanden war, mußte den Namen des Gemeinten nennen. Selten, wenn überhaupt, sprachen Mann oder Frau den Namen ihres Ehepartners in der Öffentlichkeit aus.

NAME	BEDEUTUNG
Peetwaniquot – Kommende Wolke	Versprechen, Anlage
Shawaegeezhig – Ansteigender Himmel	Kraft, Stärke, Vortrefflichkeit
Misheeminauniquot – Große Gute Wolke	Fröhlich, lustig
Kineu – Kriegsadler	Mutig, vorausschauend
Addik – Karibu	Anmutig, wachsam
Tabobandung – Er, der weit sieht	Klares Denken, Urteilskraft
Nawadjiwon – In der Mitte des Baches	Bereitwilligkeit, Erfindungsgabe
Abeetung – Er, der ist	Unabhängigkeit, Freiheit
Beedaubun – Heraufziehende Morgendämmerung	Hoffnung, Gewißheit
Waubun-anung – Morgenstern	Beständigkeit
Waubagone – Blume	Schönheit, Wahrheit
Quaequaek – Stets sich drehend	Fleiß

Mit dem Geschenk des Namens (der sich allerdings im späteren Leben noch ändern konnte) erhielt das Kind die Pflicht, sich die Ideale, die der Name verkörperte, zu eigen zu machen, und den Eltern fiel die Aufgabe zu, das Kind bei der Verfolgung dieser Ideale zu führen.
In den nächsten zwei oder drei Jahren lebte das Kind meist in einer Wiege. Dort schärfte es Augen und Ohren, indem es Vögel, Blätter und Wolken beobachtete, den Geräuschen in seiner Umgebung und den Stimmen von Männern und Frauen lauschte.
Sobald das Kind die Erwachsenen verstehen lernte, begann die ernsthafte Erziehung. Dabei ging es darum, die Fähigkeit zuzuhören und zu träumen auszubilden. Eigentliches Ziel war aber, einen Zustand des inneren Friedens zu erzeugen.

Wichtigstes Erziehungsmittel waren dabei Geschichten und Lieder.

Anfangs waren diese Geschichten einfach bildhafte Beschreibungen des Aussehens und Verhaltens von Tieren, Pflanzen und Menschen, die von Trommeln und pantomimischen Darstellungen begleitet wurden. Vordergründig ging es darum, das Kind zum Schlafen zu bringen, aber die eigentliche Absicht lag darin, Träume zu erzeugen, denn Träume sind die erste und einfachste Form der Vision.

Vor der Geschichte wurden die Kinder häufig gefragt: »Was hast du heute Schönes gesehen? Was hast du heute gehört, das dich gefreut hat? Was hast du heute berührt, das dich bewegt hat?« Auf diese Weise wurde den Kindern nahegebracht, alle Wesen als gut zu betrachten.

Die Geschichten wurden langsam und geradlinig erzählt, damit sich die Vorstellungskraft des Kindes an ihnen entzünden konnte.

Gelegentlich schliefen die Kinder schon vor dem Ende der Geschichte ein – vielleicht träumend. In diesen Geschichten gab es nichts Schreckliches.

Mit zunehmendem Alter wurden auch Geschichten mit tieferer Bedeutung erzählt. Sie gingen dann nicht nur über die unmittelbare Welt des Kindes hinaus, sondern nahmen auch einen moralischen Charakter an. Um ein Kind zu lehren, was löblich und was tadelnswert war, kleideten die Großeltern die Verhältnisse in der Familie oder im Dorf in Geschichten. Absichtlich ließen sie in den Geschichten ebenso viele Personen auftreten, wie die Familie Mitglieder hatte, oder bildeten den Charakter wirklicher Menschen in den Personen der Geschichte nach. Männer, Frauen und Kinder traten in den Erzählungen als Tiere auf.

Wenn die Kinder sich auch nicht unmittelbar wiedererkannten oder die Substanz der Geschichte verstanden, so verstanden sie doch nach einigen Wiederholungen, worum es ging. Man ließ sie ihre eigenen Schlüsse aus den Erzählungen ziehen und sich selbst ein Bild von dem verschaffen, was als richtig oder falsch galt.

Mit fortschreitendem Alter erweiterten sich die Geschichten auf Themen wie: Hunger, Mut, Großzügigkeit, Treue, Schöpfung, Tod, die Natur und das Wesen des Seins, die Tönung des Lebens, Verwandlung, Geschichte und alle Dinge, die mit Leben und Dasein verbunden sind. Junge und Alte lauschten den Fabeln, Legenden, Mythen, Tragödien, Komödien und Allegorien.

Der Geschichtenerzähler gewährte der Jugend Einsicht in das Leben. Durch Erzählungen wuchs das Erkenntnisvermögen des Menschen.

Mit etwa sieben Jahren lösten sich die Jungen aus der Obhut der Mutter und begannen die praktischen Künste zu erlernen und ihre körperlichen Substanzen vorzubereiten. Durch Jagen und Fischen wurden sie zu einem festen Bestandteil der Dorfgemeinschaft.

Eines der großen Ereignisse, das feierlich begangen werden mußte, war die erste Jagd eines Jungen. Zu Erinnerungen an dieses Ereignis, zur Aufnahme des Jungen in die Gesellschaft der Jäger und zum Zeichen, daß er jetzt als Versorger anerkannt war, wurde ihm zu Ehren ein Fest gegeben, zu dem das ganze Dorf eingeladen war. Nach dem Rauchen der Friedenspfeife sprach der Medizinmann oder ein anderer angesehener Dorfältester eine Widmung und Jäger hielten Ansprachen. Alle Anwesenden erhielten ein Stück von dem erlegten Wild, das die Mutter des Jungen zubereitet hatte. Dann wurde getanzt.

In den nächsten Jahren begleitete der junge Jäger seinen Vater beim Jagen und Fischen und lernte durch Beobachten, wie man Pfeil und Bogen anfertigt, sich an Wild anpirscht, Fallen aufstellt und die Ausrüstungsgegenstände repariert. Allmählich wuchsen die Fähigkeiten, und der junge Mann wurde selbständig.

Zwischen vierzehn und siebzehn Jahren begleiteten viele junge Männer ihre Väter und andere Krieger auf dem Kriegspfad. Dabei paßten sie gut auf, um etwas zu lernen.

Wenn die Jungen nicht beim Jagen und Fischen oder mit anderen Dingen beschäftigt waren, rangen sie, machten

Wettrennen, schwammen in kaltem Wasser oder gingen bei eisigem Wetter ohne Kleidung ins Freie, um Disziplin und Ausdauer zu entwickeln, was ein Teil ihrer Vorbereitung auf die visionäre Suche war.

Mädchen erhielten eine andere Erziehung. Aber obgleich ihre Schulung andere Ziele hatte als die der Jungen, war sie so angelegt, daß auch Mädchen eine Vision suchen konnten, wenn sie es wollten.

Die Sphäre der Frauen war für das Wohl der Gemeinschaft und der Familie nicht weniger wichtig als die der Männer. In ihrem eigenen Bereich hatten auch die Frauen genug Spielraum zur Selbstverwirklichung. Außerhalb ihrer Sphäre, aber damit verbunden, mußten sie, ebenso wie die Männer, Lebensgefährten sein. Der Ausdruck »weedjeewaugun« – Lebensgefährte – wird sowohl auf Männer als auch auf Frauen angewendet, die verheiratet sind.

Als Gefährtin mußte eine Frau heiter sein, als Mutter fleißig. In ihrem eigenen Bereich suchte eine Frau Stärke, Selbstvertrauen und Geduld, um ihre Pflichten gegenüber Familie und Gemeinschaft zu erfüllen und um sich selbst zu verwirklichen.

Frauen waren aus dem Stoff der Erde – dauerhaft. Wie die Erde überdauerten sie allen Wandel, hielten dem Leben stand und suchten den Frieden.

Wenn die Jungen mit etwa sieben Jahren ihren ersten Bogen und Pfeile erhielten, bekamen die Mädchen eine hölzerne Puppe, die entweder der Vater oder der Großvater geschnitzt hatte. Diese Puppe war nicht nur Spielzeug, sondern auch Erziehungsmittel. Das Mädchen sprach mit seiner Puppe und erzählte ihr Geschichten, und dabei lernte es das Geschichtenerzählen und den Gebrauch der Sprache, Fähigkeiten, die ihm später als Lehrerin zugute kamen.

Zugleich hatte die Schulung aber auch ganz praktische Ziele. Ein Mädchen verbrachte den Tag damit, der Mutter zu helfen. Sie hielt die Hütte sauber, faltete Decken zusammen und sorgte dafür, daß alles an seinem Platz war. Sie sammelte eßbare Pflanzen, holte Wasser, paßte auf ihre jüngeren Brüder und Schwestern auf; sie sah beim Kochen zu und wusch nach dem Essen ab. Und wenn sie nicht mit irgendeiner Arbeit beschäftigt war, sah sie den Frauen zu, die Körbe flochten oder Felle bearbeiteten, lernte, wie man näht und Kleider repariert, und nahm die Geschichten in sich auf, die von den älteren Frauen erzählt wurden.

Durch all diese Aufgaben erhielt das kleine Mädchen das Gefühl, ein wichtiger Bestandteil der Familie zu sein. Gab es etwas zu tun, so sagten Mutter oder Großmutter: »Wir wollen die Hütte saubermachen«, oder »Wir wollen Vaters Mantel ausbessern« oder »Wir wollen Großmutter helfen«. Auf diese Art wurden Fleiß und Fröhlichkeit zugleich gefördert.

Das wichtigste Ereignis im Leben eines Mädchens war, wenn sie zur Frau wurde; das war von allen Geschenken das größte.

Wenn die Zeit um das zwölfte Lebensjahr kam, wurde das Mädchen aus dem Dorf entfernt und in einer eigens für sie errichteten Laube untergebracht. Für vier bis acht Tage fastete das Mädchen und nahm nur Wasser zu sich. Ihre einzigen Besucher waren die Mutter und die Großmutter.

Die Gabe, Leben schenken zu können, war so einzigartig und persönlich, daß die Mädchen in der Zeit, wo sie die Gabe und die Kraft erhielten, allein bleiben mußten. Das Geschenk, das sie bekam, war ein persönliches Geschenk von Kitche Manitu. Ein Mädchen mußte sich auf das Empfangen dieser Gabe durch Nachtwachen vorbereiten. Ihre Stimmung und ihr Geist mußten der Natur des Geschenks entsprechen. Keine Ablenkung war erlaubt, daher keine Nahrung und keine Besucher. Vor allem durften keine Männer da sein, denn diese Gabe war allein für die Frauen bestimmt. Den Männern wurde diese Gabe nicht gewährt, und sie bleibt für sie ewig ein versiegeltes Geheimnis.

War diese Zeit vorüber, so war das Kind in eine Frau verwandelt. Sie konnte jetzt empfangen und gebären. So verwandelt, wurde sie von ihrer Mutter ins Dorf zurückgeholt, wo ein Fest für sie gefeiert wurde.

Während Mädchen früh zur Frau wurden und ihren festen Platz in der körperlichen und der geistigen Welt fanden, begannen die Jungen dann erst, ihre Bestimmung und ihren Zweck im Leben zu suchen.

DIE SUCHE

In ihrem zwölften Jahr galten die Jungen als reif, die Suche nach ihrer Vision zu beginnen. Nachdem ein Junge sich einer Reinigungszeremonie unterworfen hatte, wurde er von seinem Vater zu einem Ort der Visionen geführt, zu einem abgelegenen, einsamen Ort, der sich durch seine Stimmung und seinen Geist besonders eignete. Dort wurde der Junge in einer eigens erbauten Hütte zurückgelassen, um über das Leben und sein Dasein nachzudenken. In der Einsamkeit bemühte er sich, seinen Körper und sein inneres Sein in Einklang zu bringen, und versuchte zugleich, mit der Erde und mit den Tieren und Pflanzen dieses Ortes eins zu werden. Mit der Welt zu verschmelzen und den eigenen Sinn durch Frieden und Stille zu erfahren, war nicht einfach.
Für manche kam die Vision, das Ende der Suche und der Beginn einer neuen Lebensphase früh, für andere spät.
Mit sechzehn Jahren bekam ein Junge, gleichgültig, ob er seine Vision schon gehabt hatte oder nicht, von seiner Mutter ein dreieckiges Tuch, das ihm als Umhang, als Decke und als Kissen diente. Dieses Geschenk war ein Symbol der Liebe und der Zusammengehörigkeit; es bedeutete, daß der Junge jetzt teilweise abhängig und teilweise unabhängig war. Er konnte jetzt seine eigenen Wege gehen und sich sogar eine eigene Hütte bauen, wenn er wollte. Die halbe Decke, die er bekam, war Symbol für ein Band, das zwischen Mutter und Sohn immer noch bestand.
Ein junger Mann wurde so lange als Junge betrachtet, bis er eine mutige Tat vollbracht hatte. Erst die mutige Tat verschaffte ihm Zutritt zum Kreis der Krieger und machte einen Mann aus ihm. Und am besten bewies man seine körperliche Tüchtigkeit dadurch, daß man sich einer Gefahr und selbst dem Tod aussetzte. Wer eine Gefahr überwunden hatte,

durfte als Symbol seiner Tat eine Feder oder eine Bärentatze an seinem Halsband tragen.
Aber Mut war mehr als eine einzige tapfere Tat. Er war das Attribut der Männlichkeit, fast synonym mit dem Ausdruck Mann. Manchmal wurde von einem jungen Mann vor der Heirat ein Beweis seines Mutes verlangt. Mit seiner ersten mutigen Tat schlug ein Mann einen Weg ein, auf dem Mut zu einem Teil seines Wesens wurde.
Wer seine Vision nicht erlangt hatte, setzte die Suche im nächsten Sommer fort.
Bevor der Suchende zum Ort der Visionen ging, um Nachtwache zu halten, mußte er seinen Körper zunächst in der Reinigungshütte säubern. Dort wurde sein Körper mit Dämpfen gereinigt, die aus den vier Ur-Elementen erzeugt wurden, aus Feuer, Stein, Wasser und dem Atem des Lebens; die Geist-Seele wurde durch Kontemplation und Zurückgezogenheit gereinigt.
Vier Tage lang oder bis zur Vision wachte und fastete der Suchende. Der Hunger der Geist-Seele mußte gestillt werden; der körperliche Hunger, der leichter zu stillen war, konnte warten. Es durfte keine Ablenkung geben, keine Schwächung der Entschlossenheit. Der Suchende mußte sich ganz sich selbst und dem Ort hingeben.
In Stille und Frieden würde die Vision zu dem kommen, der vorbereitet war.

DIE VISION

Die Anishnabeg unterschieden drei Arten von Visionen, je nachdem, wie sie kam.
Mit Waussayauh-bindumiwin war eine Vision gemeint, die in der Zeit des Wachens kam, und deren Sinn vollständig war. Es bedurfte keiner weiteren Vision mehr.
Das Wort Waussayauh-bindumiwin ist aus zwei Ausdrükken zusammengesetzt. Der erste bedeutet Licht oder Klarheit, der zweite Wahrnehmung durch Sehen oder Einsicht. Im Zusammenhang von Zweck, Wesen und Natur der Vision bedeutet Waussayauh-bindumiwin verschiedenes:

Selbsterkenntnis und Erleuchtung, aber auch Bestimmung und sogar Laufbahn.

Aber nicht alle Visionen kommen gleich vollständig. Die meisten waren vielleicht von der Art, die Mauzzaubindumiwin genannt wurde, das heißt unklar und unvollständig. Eine Vision konnte stufenweise und über eine lange Zeit verteilt kommen. Dann wurde die ganze Vision erst nach einer Reihe von Teilvisionen klar.

Das Wort Mauzzaubindumiwin bedeutet verschwommen oder vage. Vielleicht ist diese Bedeutung von der Unvollständigkeit und daher Unverständlichkeit der einzelnen Teile der Vision abgeleitet.

Die Apowawin ähnelt der Waussayau-bindumiwin; sie ist vollständig. Anders ist sie lediglich dadurch, daß sie im Schlaf kommt. Weil sie im Schlaf kommt, den Träumer häufig weckt und sich seiner selbst bewußt macht, bedeutet der Ausdruck Apowawin »Erwachen« oder Selbstoffenbarung.

Diese Art der Vision konnten nicht nur Männer haben, sondern auch Frauen. Sie wurde als ganz persönlich betrachtet und durfte anderen nicht mitgeteilt werden, noch durften andere versuchen, sich einzumischen. »Gib deine Geist-Seele nicht weg. Versuche nicht, in die Geist-Seele eines anderen einzudringen«, sagte man dazu. Wer seinen Geist preisgab, gab sich selbst auf und verlor seine Freiheit. Wer in das innere Sein eines anderen eindrang, versuchte Besitz von ihm zu ergreifen.

Der einzelne und seine Individualität waren unantastbar, und das gleiche galt für seine Vision. Niemand sollte sich einem anderen unterwerfen, niemand durfte einen anderen beherrschen wollen. Dieser Grundsatz war unumstößlich.

Die folgenden Geschichten sind Illustrationen dieser und anderer Grundsätze.

»WAUBOSSE« – WEISSES KANINCHEN

Waubosse war ein Mädchen, das sich entschloß, eine Vision zu suchen. Zu dieser Zeit war sie vierzehn Jahre alt.

Sie empfing ihre Vision, nachdem sie sechs Tage lang gewacht hatte. In dieser langen Zeit des Wachens hörte sie eine übernatürliche Stimme, die vom Himmel kam und sie aufforderte, den Leuchtenden Weg zu gehen, der von der Erde himmelwärts bis zu einem Punkt hinter dem fernsten Sternen führte. Waubosse stieg hinauf, bis sie Immerfort Stehende Frau traf, die sie bei der Hand nahm und zu Kleiner Menschengeist führte. Diese beiden geleiteten sie zu dem Ort, wo Heller Blauer Himmel wohnte. Obwohl Heller Blauer Himmel für das Mädchen nicht sichtbar war, hörte sie ihn sagen:

Du wirst neue Stimmen geben,
Du wirst das Grün ausdehnen,
Du wirst neuen Atem geben,
Du wirst neue Zweige geben.

Die Stimme verschwand wie ein nachhallendes Flüstern, und Waubosse fragte sich verwundert, was die Worte wohl bedeuten sollten.
Als sie von ihrem Traum erwachte, sah ein großer Mond in ihre Hütte. Aus der Kugel erklang eine Stimme: »Du wirst weit sehen. Du wirst weit hören. Du wirst Dinge von weit her hören. Du wirst Dinge fühlen, die nicht nah sind. Du wirst Dinge spüren, die sich noch nicht bewegen, die noch nicht geformt sind.«
Waubosse verstand nicht sofort, was der Traum sagen wollte. Erst als sie lange darüber nachgedacht und Rat gesucht hatte, wurde ihr klar, daß sie die Kraft zu heilen und in die Zukunft zu blicken erhalten hatte.

»PITCHI« – ROTKEHLCHEN

Zehn Jahre vergingen, bis Menominee (Reis) und seine Frau Nadowaequae (Irokesenfrau) Eltern eines Jungen wurden. In all den Jahren des vergeblichen Hoffens schon fast verzweifelt, waren sie jetzt überglücklich. Von Anfang an hatten sie beide ehrgeizige Pläne mit ihrem Sohn. Sie waren so stolz auf ihren Sohn und auf sich selbst, daß sie alle möglichen hochfliegenden Hoffnungen hegten. Die Mutter war ganz in ihren Sohn vernarrt, der Vater vom Ehrgeiz besessen.

Als der Junge sieben war, hatte Menominee beschlossen, was sein Sohn werden sollte und was er tun wollte, um sein Ziel zu erreichen. Sein größter Wunsch war, daß sein Sohn alle anderen Jungen des Dorfes im Jagen, Fischen, Kämpfen, Wettrennen, Schießen und allen körperlichen Fähigkeiten übertraf. Menominees Sohn sollte der erste Mann sein.

In den nächsten Jahren unterzog er seinen Sohn einer intensiven Schulung. Aber in einer Hinsicht versagte Menominee als Erzieher. Der Junge entwickelte sich zwar prächtig und setzte das ganze Dorf in Erstaunen, aber es gelang seinem Vater nicht, einen bösen Zug in seinem Charakter zu entwickeln, wie er für einen Krieger unabdingbar war.

Und obgleich Schwimmen, Ringen und die Schießwettkämpfe dem Jungen Spaß machten, hörte er lieber dem Gesang der Vögel und Menschen zu und tanzte zum Klang der Trommeln. Insgeheim wünschte er sich, Sänger zu sein und die Menschen durch Musik und Tanz glücklich zu machen. Dennoch versuchte er, es seinem Vater rechtzumachen.

In den Wettkämpfen schlug er sich zwar hervorragend, aber er gewann keineswegs jedesmal. Gewiß, er gewann die meisten Kämpfe, aber ein paarmal verlor er auch.

Daß er meist Erster war oder Sieger blieb, war für Menominee nicht gut genug. Er trieb den Jungen zu immer größeren Anstrengungen, aber der mochte sein Bestes geben, es ging einfach über seine Kräfte. Er war nun mal nur mittelgroß und von friedfertiger Gesinnung.

Gewann er, so war die Freude groß, verlor er aber, war sein Vater wie vernichtet. Dann machte Menominee seinem Sohn bittere Vorwürfe und sprach oft tagelang nicht mit ihm. Dem Gesang der Vögel zu lauschen, war der einzige Trost des Jungen. Es gab keinen Dank für Siege, und ihm graute vor den Niederlagen.

Schließlich wurde Menominee klar, daß sein Sohn niemals der erste Mann des Dorfes sein würde. Aber körperliche Mittelmäßigkeit, so sagt er sich, schloß Überlegenheit im geistigen Bereich nicht aus. Sein Sohn sollte sich durch eine ganz besondere Vision hervortun.

Sein Ehrgeiz hatte ein neues Ziel, und so veränderte sich auch seine Haltung. Jetzt ermunterte er seinen Sohn, eine Vision zu suchen. Der Junge freute sich, seine Zeit war ohnehin gekommen. Er ging hinaus zu einem Ort der Visionen, wie sein Vater ihm sagte.

Die erste Nachtwache war ein Fehlschlag – keine Vision. Im nächsten Jahr das gleiche. Fünf Jahre kamen und gingen; nichts.

Zuerst sagte Menominee nichts zu diesen Fehlschlägen, aber als die Zeit verging, verwandelte seine Sorge sich in Verachtung und Bitterkeit, und er fing an, seinen Sohn als wertlos zu betrachten; der Junge wurde immer verzweifelter.

Doch Vater und Sohn versuchten es weiter. Im Frühling des sechsten Jahres der Suche sagte Menominee auf dem Weg zum Ort der Visionen zu seinem Sohn: »Ich weiß nicht, weshalb du deine Vision noch nicht gehabt hast. Die meisten jungen Männer deines Alters haben ihre schon empfangen.«

Sie bauten die Hütte auf, und der Vater ließ seinen Sohn allein.

Vier Tage später kehrte Menominee zurück, um seinem Sohn Fleisch und Mais zu bringen. Als er sich der Hütte näherte, deren Tür offen war, spürte er, daß etwas nicht stimmte. Kein Geräusch, kein Lebenszeichen. Er schaute in die Hütte; sie war leer. Besorgt schaute er sich um, und dann rief er. Aber sein Ruf blieb ohne Antwort, nur das Echo hallte vom Wald herüber. Den ganzen Tag suchte er.

Erschöpft, ratlos und das Schlimmste fürchtend, gab er am Abend die Suche auf. Auf dem tränenreichen Heimweg folgte dem niedergeschlagenen Mann ein kleiner Vogel, der am Kopf schwarz, an der Brust orange und sonst dunkelgrau war. Er flatterte von Ast zu Ast und begleitete Menominee singend nach Hause.

Nahe bei Menominees Hütte baute der kleine Vogel sein Nest und sang von da an jeden Morgen und Abend.
Am nächsten Tag und noch wochenlang ging Menominee immer wieder zum Ort der Visionen zurück und suchte seinen Sohn. Sein einziger Begleiter war der kleine Vogel, der jedesmal mit ihm ging.
Endlich gab Menominee die Hoffnung auf, seinen Sohn jemals wiederzusehen. Trotzdem ging er weiterhin fast täglich zum Ort der Visionen und saß oft lange dumpf brütend da. Und so oft er ging, begleitete ihn der kleine Vogel. Ganz allmählich fand auch Menominee Trost in seinem kleinen Gefährten.
Die Zeit verging, aber Menominee verschmerzte seinen Verlust nicht. Selbst als er alt und gebrechlich war, ging er noch häufig zum Ort der Visionen. Eines Tages schlief er, vom Weg ermüdet, dort ein. Er träumte. In seinem Traum sah er seinen Sohn aus einer anderen Sphäre heruntersteigen und neben sich stehen. Jung und glücklich war der Junge; er hob grüßend eine Hand und sprach:
»Vater, ich freue mich, daß du gekommen bist. Ich habe lange darauf gewartet, dich hier zu treffen. Nur hier, wo unsere Wege sich vor langer Zeit getrennt haben, konnten wir uns treffen. Ich bin froh, daß wir uns getroffen haben, denn jetzt kann ich dir sagen, daß ich dich liebe. Seit dem Tag, wo ich meine Vision empfangen habe, bin ich traurig über dich. Als ich ein Junge war, liebte ich dich und versuchte, dich glücklich zu machen, aber ich konnte es nicht. Auch du hast mich geliebt und wolltest mich glücklich machen, aber du konntest nicht. Bei meiner Suche bat ich um die Fähigkeit, dich zu erfreuen, meinem Volk Glück zu bringen und mir selbst Frieden.
Während meiner Suche wurde ich plötzlich von einem strahlend orangenen Licht eingehüllt, das blendend hell war wie die Sonne. Dieses Licht war von dunklem Grau umgeben und hatte eine schwarze Krone. Zugleich durchfluteten mich Musik und Lieder, die mein innerstes Sein berührten und bewegten. Als ich die Augen öffnete, flog ich am Himmel;

müde setzte ich mich auf einen Zweig und ließ die Freude, die in meiner Geist-Seele war, in einem Lied erklingen. Da wußte ich, daß Singen die Sprache der Geist-Seele ist. Und ich wußte, daß ich Männer, Frauen und Kinder bewegen und berühren konnte, daß ich selbst auf diese Art ein Glück fand, das meinem Sein und meinen Anlagen entsprach.
Am Tag meiner Vision und meiner Verwandlung sah ich dich kommen. Ich hörte dich rufen und folgte dir, als du mich suchtest. Ich war da, aber du hast mich nicht gesehen. Ich antwortete deinen Rufen, aber du hast mich nicht gehört.
Ich sah und fühlte deinen Kummer. Mit der Zeit ließ dein Schmerz nach, und du fandest wie ich Trost in der Musik. Ich war so froh. Endlich konnte ich dir ein wenig Glück bringen. Jetzt, Vater, werde ich als Vogel in deiner Nähe und in der Nähe der Anishnabeg wohnen; als ›Pitchi‹, als Rotkehlchen werde ich dich erfreuen. Ich verlasse dich jetzt.«
Menominee erwachte. Und mit dem Erwachen verschwand der Schmerz, der jahrelang auf ihm gelastet hatte. Er sah sich selbst.
Was der alte Mann aus seinen bitteren Erfahrungen gelernt hatte, teilte er nun den Anishnabeg mit.
Mische dich niemals in die Visionensuche eines anderen ein.
Erlaube niemandem, sich in deine Suche einzumischen.
Liebe deine Kinder, wie sie sind.
Versuche nicht, mehr zu erreichen, als deine Kräfte und dein Sein zulassen.
Als der alte Mann starb, traf er seinen Sohn im Land der Seelen. Pitchis Söhne und Töchter singen weiterhin für die Menschen.

»KINEU« – ADLER

Zu manchen kam die Vision früh, zu anderen spät. Aber bevor ein Mann seine Vision erhielt, galt er als Jugendlicher, der sich noch in der zweiten Phase des Lebens, der Vorbereitung, befand. Keine Vision empfangen zu haben, war aber keine Schande für einen Mann.

So erging es Kineu, einem berühmten Krieger, der von Jugend an seine Furchtlosigkeit bewiesen hatte. Er war ein hervorragender Kämpfer und Anführer und leitete zahlreiche Kriegszüge gegen Feinde. In der Mehrzahl der Fälle blieben seine Krieger siegreich. Manchem gab er Gelegenheit zu ehrenvollen Taten, die ihn berechtigten, Adlerfedern zum Zeichen seines Muts zu tragen. Die Krieger drängten sich danach, Kineu zu begleiten und an seinem Ruhm teilzuhaben. Man achtete ihn für die geringen Verluste unter seinen Kriegern.

Nur in einer Hinsicht waren sein Leben und seine Laufbahn unvollständig. Obwohl er schon fast fünfzig Jahre alt war, hatte er noch keine Vision gehabt. Was er erreicht hatte, bedeutete nichts.

Aber im Sommer seines fünfzigsten Lebensjahres empfing Kineu seine Vision. Er sah die Friedenspfeife, und er sah die Feinde, die er erschlagen hatte, seine Krieger umarmen. Dann sah er sich selbst als Leiter des Friedenspfeifentanzes. Als der Tanz und die Tänzer verblaßten, leuchtete die Friedenspfeife strahlender als zuvor, bis sie verblassend am Himmel verschwand.

Er war erleichtert und verwirrt. Standen die Friedenspfeife und der Tanz nicht für Frieden? Und sprachen sie nicht von einem Zweck, von einer Lebensweise, die seiner vollkommen entgegengesetzt war?

Wie sollte er, Kineu, einen Weg einschlagen, der allem, was er darstellte, widersprach? Wie konnte er, ein Mann der Kriegskeule, ein neues Ideal und Prinzip in sich aufnehmen, ohne seine Würde, seine Ehre und seine Glaubwürdigkeit einzubüßen? Wie sollte er für den Frieden wirken, wo er weder dazu erzogen war noch die Anlage dazu hatte? Nicht daß er etwas gegen den Frieden gehabt hätte, schließlich war er ja das Ziel des Krieges. Aber die Vision prophezeite Dinge, die weit jenseits von Kineus Neigungen und Möglichkeiten lagen.

Er verstand den Sinn nicht und suchte daher den Rat von Männern und Frauen, die sich in diesen Dingen auskannten. Er befürchtete das Schlimmste, und der Rat, den er erhielt, bestätigte seinen Verdacht. Er mußte die Kriegskeule ablegen und die Friedenspfeife annehmen. Aber er zögerte. Den Kriegspfad zu verlassen, so dachte er, war gleichbedeutend mit Feigheit. Er zauderte. Er mußte sich ändern, und das brauchte Zeit. Er schob die Entscheidung hinaus. Um Gutes zu tun, mußte er zuerst das Böse, das er getan hatte, wiedergutmachen. Frühere Feinde mußten beschwichtigt werden, und dadurch würde er viele Freunde verlieren. Um seine Aufrichtigkeit zu beweisen, würde er viel Mißtrauen überwinden müssen. Kineu wartete.

Aber schließlich schüttelte er seine Unentschlossenheit ab und legte seine Kriegskeule und alles andere, was ihn zum Krieger machte, für immer ab. Nie wieder würde er auf den Kriegspfad gehen. Seine Krieger baten ihn immer wieder darum, aber er lehnte ab. Nach einer Weile begannen die Leute sich zu wundern, und seine Krieger, alles frühere Freunde, wurden mißtrauisch; manche hielten ihn sogar für feige. Was Kineu geahnt hatte, wurde wahr.

Aber er blieb bei seiner Entscheidung. Gegen den Widerstand seines Volkes und trotz der Hindernisse, die seine früheren Freunde ihm in den Weg stellten, bemühte Kineu sich um Frieden zwischen seinem Volk und den Feinden. Seine Bemühungen um den Frieden trugen ihm Zurückweisung und Feindschaft ein. Erst viele Jahre später akzeptierte man ihn als den, der er war, und vertraute dem, was er tat. Jetzt war er ein Mann des Friedens.

Die Geschichte von Kineu beschreibt die Kraft der Vision.

Die Vision ausleben

Die Vision auszuleben, war nicht weniger schwierig, als sie zu suchen. Manche machten Fehler bei der Beurteilung ihrer Vision, andere vergaßen. Der Pfad des Lebens war mühselig, wie die Abbildungen auf Rollen von Birkenrinde zeigen – sieben und manchmal neun Abwege führen vom Hauptweg fort. Für Männer und Frauen, die vom Hauptweg abwichen, galt, daß sie ihre Vision verraten hatten, und das war gleichbedeutend mit Nicht-leben, wo Handlungen und Lebensführung keine Bedeutung haben. Um dieser Gefahr zu begegnen, zogen Männer und Frauen sich einmal im Jahr zurück, um ihr Leben zu überprüfen, um festzustellen, wo sie vom Weg abgekommen waren, und um auf den Weg zurückzufinden.

In der letzten Phase seines Lebens, dem Greisentum, hatte der Mensch durch sein Leben und durch die Treue zu seiner Vision Weisheit gewonnen. Weise war, wer die Grundsätze des Daseins kannte und danach lebte.

Zeremonien, Lieder, Tänze

In meinem Lied hörst du meine Geist-Seele,
In meinem Tanz siehst du ihren Rhythmus,
In meiner Zeremonie fühlst du ihre Tiefe.

Von den vielen Zeremonien, denen die Anishnabeg in ihrem Leben oder im Lauf eines Jahres beiwohnten oder die sie selbst ausführten, war die Zeremonie der Friedenspfeife die bedeutungsvollste. Diese Zeremonie konnte für sich allein abgehalten werden, aber keine andere Zeremonie konnte beginnen, ohne daß zuvor die Friedenspfeife geraucht worden war.

Vor einer Ratsversammlung, einem Tanz, einer Midewiwin, einem Fest der ersten Jagd, einem Hundefest, einem Fest der Toten, einem Erntedankfest, einem Begräbnis oder einer Eheschließung mußte zuerst die Friedenspfeife geraucht werden. Ohne die Friedenspfeife wäre die Zeremonie unvollständig geblieben.

Auch hatte keine andere Zeremonie eine so tiefe Bedeutung wie die Zeremonie der Friedenspfeife. Einzig das Pfeifenritual hatte eine universelle Bedeutung. Andere Rituale standen nur für bestimmte Beziehungen, aber die Pfeife symbolisierte die Beziehung des Menschen zu Kitche Manitu, zum Kosmos, zur Pflanzen- und Tierwelt, zu anderen Menschen, zu sich selbst und der Beschaffenheit seines Lebens.

So war die Pfeifenzeremonie von ihrer Natur und Substanz her bedeutender als jede andere Zeremonie. Sie war zeitlos und universell gültig. Nur in Beziehung zu ihr bekamen andere Zeremonien einen Sinn.

Die Zeremonie der Friedenspfeife

Wenn alle versammelt waren, stand der Leiter der Zeremonie oder ein Führer, ein Medizinmann oder einer der Älteren auf. Die Männer, Frauen und Kinder, die den äußeren Kreis bildeten, hörten auf zu sprechen und widmeten ihre Aufmerksamkeit der Zeremonie. Der Leiter der Zeremonie gab durch ein Nicken zu erkennen, daß er bereit war, und der Bewahrer der Friedenspfeife ging nun auf ihn zu und bot ihm die Friedenspfeife an.

Alle vier Bereiche des Lebens waren in dieser Zeremonie gegenwärtig: Erde, Pflanze, Tier und Mensch. Die Erde, deren Grundsubstanz der Stein ist, bildete die Pfeife. Die Pflanze, Tabak, war das Opfer. Das Tier wurde durch Federn und Fellstücke symbolisiert, die an der Pfeife befestigt waren.

Das Rauchen der Friedenspfeife war einerseits Symbol der Beziehung des Menschen zu seinem Schöpfer, zur Welt, zu den Pflanzen und Tieren und zu den anderen Menschen, es war aber auch Bitte und Danksagung.

Jede der Handlungen, aus der die ganze Zeremonie bestand, galt als symbolische Bekräftigung dessen, was man über Leben und Tod glaubte.

Der Tabak war zugleich Opfer und heiliger Rauch. Die Opferung des Tabakblattes war sichtbarer Ausdruck für Schöpfung und Zerstörung, Leben und Tod und für den beständigen Wandel aller Formen.

Die erste Handlung, ein Zug aus der Pfeife, der zur Sonne hin ausgeblasen wurde, bekräftigte den Glauben, daß es einen Herrn des Lebens gab: Kitche Manitu. Die Sonne war der Vermittler, der den Rauch zu Kitche Manitu trug. Sie war das Werkzeug der Güte und Großzügigkeit des Herrn der Schöpfung. Durch das Rauchopfer an die Sonne brachten die Anishnabeg zum Ausdruck, daß Kitche Manitu selbst zwar geheimnisvoll und körperlos war, daß man ihn aber an seinen Schöpfungen erkennen konnte.

Die Schöpfung war auch ein Ausdruck der Macht Kitche Manitus, aber vor allem war sie Ausdruck seiner Großmut und Verwirklichung seiner Vision.

Der zweite Zug aus der Pfeife war für die Erde. Der Überlieferung nach begann die Schöpfung mit der Erschaffung von

Wasser, Feuer, Stein und Wind. Aus diesen Substanzen entstand die stoffliche Welt von Sonne, Mond, Erde und Sternen. Nach der Erde wurden die Pflanzen erschaffen, dann die Tiere und zuletzt der Mensch. Die Erde war die Mutter all dieser Wesen. Das Rauchopfer galt nicht allein der Erde, sondern dem Weiblichen überhaupt. Die Erde war Frau, die Frau Erde. Beide gebaren und schenkten Leben und Wachstum, beide förderten das Leben, und beide waren vor allem anderen da.

Aber weder die Erde noch die Frau konnten das Leben allein erhalten. Die Frau empfing ihr Kind von einem Mann, die Erde bringt durch mystische Vereinigung mit der Sonne, durch Wärme und Regen neues Leben hervor.

Das Rauchopfer für Mutter Erde war also nicht nur eine Verehrung der Mutterschaft, sondern galt der wunderbaren Fähigkeit, Leben zu schenken, an der nach dem Willen Kitche Manitus Männer und Frauen teilhaben.

Wie man Vater und Mutter ehrt, so sollte man auch Sonne und Erde ehren.

Wie die ersten beiden Züge aus der Pfeife ein Dank für das Geschenk des Lebens waren und die Einstellung der Anishnabeg zu ihrem Schöpfer und ihren Eltern zeigten, so zeugten die nächsten vier Züge, die den vier Himmelsrichtungen geopfert wurden, von dem Glauben der Anishnabeg über die Beziehung zu anderen Bereichen des Seins.

Die erste Himmelsrichtung, der Rauch geopfert wurde, war der Osten, der Punkt am Horizont, wo die Sonne jeden Morgen aufging und allen Wesen neues Licht brachte. Für die Anishnabeg war jeder Sonnenaufgang gleichbedeutend mit neuem Leben, einer neuen Zeit, die anders war als die des Vortages. Der vergangene Tag war mit dem Sonnenuntergang gestorben, und aus der Dunkelheit erhob sich mit der Sonne eine neue Zeit. Wie das Leben jedes Jahr verfällt und erneuert wird, so gab es das tägliche Leben und den täglichen Tod.

Am frühen Morgen öffneten sich die Blüten, begannen die Vögel zu singen, standen Männer und Frauen erfrischt und gestärkt auf, bereit für ein neues Leben. Das Aufwachen war wie eine Wiedergeburt aus einem Zustand, den man halbtot nannte – nebauhwin. Männer und Frauen erhoben sich frei von Müdigkeit und Kummer von ihrem Lager, traten mit Hoffnung und Dankbarkeit im Herzen vor ihre Hütte, wandten sich dem Osten zu und sprachen ein Dankgebet.

Das Wunder, das sich täglich und jährlich in der stofflichen Welt abspielte, fand auch bei den Menschen statt. Die Geburt eines Kindes, die Freude und Hoffnung mit sich brachte, war der Morgendämmerung vergleichbar. Und wie der neue Tag den vergangenen ersetzt, so wird das Kind eines Tages den Platz der Eltern einnehmen und das Leben weiterführen. So sind Gegenwart und Zukunft miteinander verbunden. Männer und Frauen müssen für ihre Kinder arbeiten, denn in den Kindern wird der Geist des Volkes weiterleben und den nachfolgenden Generationen vermittelt.

Die Jungen müssen sich wiederum um Weisheit bemühen und die wunderbare Verheißung ihrer Geburt und Jugend erfüllen, die ansonsten nichtig wären.

Geburt und Kindheit sind nur ein Stadium des ganzen Lebens, und alle anderen Phasen sind ebenso wichtig. Für ein volles und ganzes Leben sind noch drei andere Stadien zu durchlaufen, Jugend, Erwachsenenalter und Greisenalter. Beim Fortschreiten von einem Stadium zum nächsten müssen Männer und Frauen Weisheit und Selbstverwirklichung suchen, damit sie ihren Brüdern und Schwestern etwas zu geben haben.

Als nächstes wird dem Westen Rauch geopfert, dem Punkt, wo jeden Tag die Sonne untergeht und das Licht die Welt verläßt. Mit dem Schwinden des Lichts schließen sich die Blumen, hören die Vögel auf zu singen, legt der Mensch sich schlafen.

So durchleben auch die Menschen ihr Leben, werden alt und schwach und sterben. Wenn ein Mensch stirbt, so sagt man, er habe eine Reise nach Westen angetreten und sei wie die Sonne über den Rand der Welt verschwunden. Der Tote

wird mit den Füßen nach Westen aufgebahrt und sein Körper entblößt, damit seine Geist-Seele ihn verlassen kann.
Der Mensch ist ein zusammengesetztes Wesen; er besteht aus einer körperlichen Substanz, die endlich ist, und aus einer unkörperlichen Substanz, die unsterblich und zum Wachstum befähigt ist. Diese unkörperliche Substanz muß während ihres Zusammenlebens mit dem körperlichen Teil in all ihren Erscheinungsformen wachsen, und das Wachstum sollte inneren Frieden und den Gleichklang von Herz und Geist zum Ziel und Zweck haben. Alle Teile des inneren Seins und selbst die beiden gegensätzlichen Substanzen müssen miteinander vereinigt werden.
Männer und Frauen haben die Pflicht, ihre Geist-Seele, die unkörperliche Substanz, fortzuentwickeln. Um sein inneres Sein zu erweitern und zu fördern, steht der Mensch vor der Aufgabe, es zu erfahren und zu verstehen. Und da die Gabe und die Kraft zu Einsicht und Verständnis bei allen Menschen verschieden ist, kann nur der einzelne sich selbst verstehen und das Wachstum seines inneren Selbst steuern – niemand sonst.
Hatte ein Mensch die ihm zugemessene Lebensspanne auf der Welt ausgelebt und Gutes getan, so konnte er in Frieden das Land der Seelen betreten. Starb er aber, bevor seine Zeit um war oder ohne genug Gutes getan zu haben oder in einem Zustand des inneren Aufruhrs, so wurde er im Land der Seelen nicht aufgenommen. Nach einigen Darstellungen kehrte eine zurückgewiesene Geist-Seele zur Erde zurück, um ein neues Wesen zu bewohnen, oder sie lebte im Niemandsland zwischen dem Land der Lebenden und dem Land der Seelen.
Jetzt wandte der Leiter der Feier sich dem Norden, dem Wohnort des Winters zu und opferte ihm einen Zug aus der Pfeife. Für die Menschen des Nordens, die jedes Jahr eingeschlossen waren und das Wüten des Winters aushalten mußten, war das Leben eine harte Probe. Selbst die Geister und Götter hatten unter dem Winter zu leiden, obwohl sie übernatürliche Kräfte besaßen.

Um mit dem häufig wechselnden Klima, den extrem harten Wintern und der häufigen Nahrungsknappheit fertig zu werden, mußten Männer und Frauen mutig, stark, ausdauernd, geduldig, heiter, großmütig und erfinderisch sein. Noch wichtiger war aber, die Gesetze, von denen die Natur und die anderen Wesen regiert werden, zu verstehen und das Leben danach einzurichten.
Es war nicht leicht, diese Gesetze zu verstehen. Dennoch konnten die Menschen aus den erkennbaren Gesetzen ihrer Umwelt Ur-Gesetze ableiten, von denen die Bewegungen der Himmelskörper, der Wechsel der Jahreszeiten und des Lichts und die Einteilung der stofflichen Welt in Stein, Feuer, Wasser und Wind abhingen. Alle anderen Gesetze waren diesen ersten Gesetzen untergeordnet.
Die Ereignisse der Welt und der Ablauf des Lebens folgten einer Ordnung, die auf den Ur-Gesetzen der Welt beruhte. Jede Spezies hatte ihren Bereich. Das Leben begann mit der Geburt, setzte sich durch Wachstum und Verfall fort und endete mit dem Tod. Das war die natürliche Ordnung, die die ersten Gesetze vorschrieben. Die Ur-Gesetze standen mit den abgeleiteten Gesetzen in Einklang.
Der Mensch war davon abhängig, daß die ersten und die abgeleiteten Gesetze harmonisch zusammenwirkten und daß die Himmelskörper und alle Arten an der für sie bestimmten Stelle blieben. Und obgleich die Jahreszeiten und die Tage und Nächte im Grunde ausgewogen waren, gab es Zeiten, wo die Winter zu lang und die Tage zu kalt waren. Manchmal fiel zuviel Regen und ertränkte alles, manchmal schien die Sonne zu heiß und ließ alles verdorren. In solchen Zeiten waren Geburt und Wachstum in der Pflanzen- wie in der Tierwelt verzögert oder behindert. Der Mensch hatte keine Gewalt darüber; er mußte aushalten und sich so gut es ging anpassen.
Das Leben war eine harte Prüfung. Für die Anführer war das Rauchopfer für den Norden eine Erinnerung an den Grundsatz, der all ihre Entscheidungen leiten mußte: daß das Wohl des Volkes wichtiger war als Formen, Bräuche und Überlie-

ferungen. Mit dem Rauch der Friedenspfeife baten die Anführer Kitche Manitu um Weisheit. Denn Entscheidungen, die mit Weisheit und Klugheit gefällt wurden, machten das Leben ein wenig erträglicher.

Aber das Leben war nicht nur im körperlichen, sondern auch im geistigen Sinn eine Prüfung. Im Mittelpunkt des Lebens der Anishnabeg stand die Vision. Die ersten beiden Abschnitte des Lebens, Kindheit und Jugend, waren die Zeit der Vorbereitung und Suche, eine schwierige Zeit. Erst wenn Körper und Geist-Seele durch Vorbereitungen und Prüfungen gefestigt waren, konnte die Vision kommen. Danach kam die Zeit des Verstehens und Auslebens der Vision, die sich bis zum Tod erstreckte. Vielleicht war diese geistige Prüfung härter als die körperliche.

So mühevoll die Vorbereitung auf die Vision war, so groß war der Wandel, den sie im Leben eines Menschen auslöste. Vor der Vision war das Leben Vorbereitung und Empfangen, danach war es Treue gegenüber der Vision und Geben.

Der letzte Zug aus der Pfeife wurde dem Süden dargeboten. Damit wurde ein Dank für alle zeitlichen Güter und Gaben ausgesprochen. Für die Anishnabeg bedeutete der Süden Sommer, Wachstum, Geburt und Erfüllung. Seine Farben waren Grün und Gelb. Am Ende des Winters dankten die Menschen für das Überleben und hießen den Sommer willkommen; am Ende der warmen Jahreszeit hielten sie eine Dankesfeier für die Gaben des Sommers ab. Das Wachsen der Nahrung, den Gesang der Vögel, die Wiederkehr des Wildes und einen neuen Anfang in Freiheit verdankten die Menschen dem Süden.

Im Zeitenzyklus der stofflichen Welt sind die Menschen Zeugen des Geheimnisses von Geburt und Wiedergeburt, sie sehen das Wunder des neuen Lebens, Wachstum und Selbstheilung. Nur so können sie das Leben richtig verstehen und würdigen. Für den Menschen, dessen Leben und Zeit linear sind, gibt es keine Wiedergeburt in der stofflichen Welt. Das physische Leben hat ein Ende. Nach dem Tod folgt die Wanderung zum Land der Seelen in eine neue und andere

Existenz, wo sich selbst das Wesen und die Natur der menschlichen Geist-Seele wandelt. Die körperliche Prüfung endet mit dem Winter, und das bessere Leben kommt mit dem Sommer.

Der Tanz der Friedenspfeife

Jeden Frühling wurde die heilige Pfeife aus ihrem Futteral genommen, um erneuert und wiederbelebt zu werden. Nur der Bewahrer der Pfeife (Oshkawbaewis) konnte diese Zeremonie ausführen. Während er den Beutel öffnete und die Pfeife vor den Augen der Menschen ans Licht der Sonne hob, sang er Gebete, mit denen sie aufs neue dem Geist des Friedens gewidmet und geweiht wurde.

Der leitende Medizinmann rief danach den Geist Kitche Manitus und den Geist der Welt an, in die Pfeife einzuziehen und sie zu durchdringen.

Es wurde gebetet und gesungen. Dann nahm der Medizinmann die Pfeife wieder auf, bot sie dem Himmel, der Erde und den vier Himmelsrichtungen dar und begann seinen Tanz um das Feuer. Nachdem er so einen vollen Kreis um das Feuer beschrieben hatte, nahm er sie in beide Hände und reichte sie an den nächsten weiter. So ging die Pfeife von einem zum anderen, bis sie alle berührt hatte und bis alle sie berührt hatten.

Von den Strahlen der Sonne erhielt die Pfeife einen Teil der Kraft von Sonne und Erde, von Männern und Frauen bekam sie menschlichen Frieden. Durch die Berührung war sie von allen geweiht. Sie besaß den Geist und die Medizin des Friedens. Und alle, die sie berührten, hatten an ihrem Frieden teil. Hatte die Pfeife durch dieses Ritual die Kraft des Friedens zurückerhalten, so legte ihr Bewahrer sie zurück in ihr Futteral.

Für diese Feier gab es noch eine andere Form, wobei der Zweck und die Absicht jedoch gleich waren. Die Feiernden saßen in einem Kreis um das Feuer. Ein Widmungsgebet wurde angestimmt, und solange es dauerte, hielt der oberste Medizinmann die Pfeife in den Händen. Er hob die Pfeife und bewegte sie so, daß sie tanzte. Die Tanzbewegungen der Pfeife stellten die Bewegung der Welt und den Schritt der Zeit dar. Der Tanz wurde reihum fortgesetzt, bis alle Anwesenden die Pfeife berührt hatten.

Lebensfeste

DIE ZEREMONIE DER NAMENSGEBUNG

Die Namensgebung war eine schlichte Zeremonie. Die Eltern reichten demjenigen, der den Namen geben sollte, das Kind. Der Namensgeber sagte: »Du sollst . . . heißen«, wünschte ihm ein langes Leben und erinnerte es an seine Pflichten gegenüber seinen Eltern und den Angehörigen seines Totems. »Dieser Name gehört dir. Er ist unser Geschenk für dich. Mit diesem Namen werden wir dich nennen. Du mußt diesen Namen hochhalten, du mußt dir die Ideale zu eigen machen, die er enthält.« Dann gab er das Kind seinen Eltern zurück.

Beide Eltern umarmten das Kind und preßten ihre Wangen an sein Gesicht. So zeigten sie symbolisch, daß sie ihr Kind annahmen. Zugleich verpflichteten sie sich unausgesprochen, das Kind zu erziehen und ihm ihre Weisheit mitzugeben. Jeder sprach ein Gebet, in dem er das Kind segnete und ihm seine Liebe bekundete; jeder bat Kitche Manitu um ein langes Leben für das Kind.

Der Name, den das Kind erhielt, war mehr als nur ein Wort, mit dem man es identifizieren konnte. Er war Ausdruck seines Wesens und Verkörperung seines Charakters. Er war sehr eng mit der Person verbunden.

Solch ein Name konnte beibehalten oder geändert werden. Durch Umstände und Ereignisse, die den Charakter und den Ruf eines Menschen im späteren Leben veränderten, konnte er manchmal einen neuen Namen erhalten.

DIE ERSTE JAGDBEUTE – OSHKI-NITAWGAEWIN

Das erste Wild, das ein Junge erlegt hatte, zeigte er seiner Mutter. Sofort wurden alle Leute des Dorfes zur Feier des Ereignisses eingeladen, und das Fest fand noch am gleichen Tag statt.

Beim Fest erhielten alle eine kleine Portion des Fleisches, nicht so sehr, um den Hunger zu stillen, sondern um symbolisch die Gabe des neuesten Jägers unter ihnen anzunehmen. Zugleich bezeichnete das Fest für den Jungen den Übergang von einem Lebensstadium ins nächste; er war jetzt ein anerkannter Jäger, auf den die Familie und das Dorf sich verlassen konnten.

Nach dem Mahl wurde die Friedenspfeife geraucht. Dann erzählte ein Geschichtenerzähler vom Jagen und von den Tieren. Die Jäger versprachen, dem Jungen zu helfen.

Die Feier schloß mit einem Tanz, der eine Jagd oder das Verhalten von Jagdtieren darstellte.

AUFNAHME IN DEN KREIS DER FRAUEN

Wenn für ein Mädchen die Zeit des Wachens vorüber war, in der sie zur Frau wurde, brachte ihre Mutter sie zurück ins Dorf, wo ein Fest für sie gefeiert wurde.

Eine der alten Frauen hieß sie willkommen und sagte: »Als Mädchen bist du gegangen, als Frau kehrst du zurück. Wir waren traurig, als du gehen und das Mädchen zurücklassen mußtest, das wir ins Herz geschlossen haben. Wir freuen uns, daß du wieder da bist, neu und anders. Durch dich wird das Volk leben und weiterleben.«

Dann umarmte sie die junge Frau; auch die anderen Frauen umarmten sie und nahmen sie in ihren Kreis auf.

DAS DECKENGESCHENK

In seinem sechzehnten Jahr bekam ein junger Mann von seiner Mutter eine dreieckige Decke geschenkt, die ihm als Umhang, Kissen und Schlafdecke diente. Mit diesem Geschenk war kein Zeremoniell verbunden; es war eine persönliche Angelegenheit zwischen Mutter und Sohn.

EHESCHLIESSUNG

Ein Mann oder eine Frau fürs Leben zu suchen, war eine ernste Angelegenheit.

Entweder suchten die Eltern ihren Kindern einen Lebenspartner aus, oder es blieb ganz den jungen Leuten überlassen. Auf alle Fälle war die Zustimmung der Eltern erforderlich. Die Eheschließung war erlaubt, wenn die totemischen Beziehungen es zuließen. In vielen Fällen mußte der junge Mann erst eine Zeitlang im Elternhaus des Mädchens leben und beweisen, daß er seine zukünftige Frau versorgen konnte. Meistens wurde eine von den Eltern arrangierte Heirat als das beste betrachtet.

In manchen Gegenden mußte der junge Mann erst eine mutige Tat vollbringen, bevor er um eine junge Frau werben konnte, das heißt, er mußte ein Krieger sein. Ohne ein Zeichen der Tapferkeit war ein junger Mann für die Mädchen einfach ein Junge, der lieber bei seiner Mutter bleiben sollte. Wenn das Werben ernst wurde, befragten die Eltern des jungen Mannes Maiskörner und Bohnen, um die totemische Beziehung der jungen Leute zu bestimmen.

Die Hochzeitszeremonie selbst war sehr einfach; die jungen Leute nähten zusammen die Säume oder Ärmel ihrer Kleidungsstücke. Damit wurde ihre dauernde Vereinigung als Mann und Frau symbolisiert. Für die Anishnabeg war die Hochzeit ein ernsthaftes Versprechen, und obgleich jeder der beiden Partner die Ehe beenden konnte, indem er die persönlichen Habseligkeiten des anderen vor die Hütte legte, kamen Scheidungen selten vor, insbesondere dann, wenn schon Kinder vorhanden waren.

Nach dem Hochzeitsfest blieb das junge Paar manchmal im Haus der Brauteltern, meist wurde jedoch eine neue Hütte gebaut.

DAS FESTMAHL FÜR DIE TOTEN

Wenn jemand starb, so wurde sein Körper mit den Füßen nach Westen aufgebahrt. Vier Tage blieb er so liegen, damit seine Geist-Seele die körperliche Hülle verlassen konnte.

Die Geist-Seele ging nicht gern fort, nachdem sie so lange in natürlicher und starker Verbindung mit dem Körper gelebt hatte. Sie brauchte Zeit, um sich endgültig loszulösen.
Der Körper wurde mit den Füßen nach Westen und in Birkenrinde eingeschlagen beerdigt. Krieger wurden sitzend begraben, andere liegend. Die persönlichen Dinge des Toten wurden mit ihm begraben – sein Medizinbeutel und seine Waffen. Auf einem Totenpfahl, der über seinem Grab errichtet wurde, war das Zeichen seines Totems auf dem Kopf stehend dargestellt. Neben dem Pfahl wurde vier Tage lang ein kleines Feuer unterhalten, das der Geist-Seele auf ihrem Weg ins Land der Seelen leuchten und die Erinnerung warmhalten sollte.
Im Herbst wurde für alle, die während des Jahres gestorben waren, das Festmahl für die Toten abgehalten. In allen Häusern, wo jemand gestorben war, wurde ein Mahl aufgetragen, und jedermann im Dorf war eingeladen. Für die Toten wurde am Tisch ein eigenes Gedeck bereitgestellt. So zeigten die Hinterbliebenen, daß der Geist des Verstorbenen noch unter ihnen war. Alle, die an dem Mahl teilnahmen, bewiesen so ihre Achtung vor dem Verstorbenen und seiner Familie.
Die Trauerzeit konnte bis zu einem Jahr dauern. In dieser Zeit trug der Trauernde dunkle, schmucklose Kleidung. Am Jahrestag des Todes wurde die Trauer mit einem Fest beendet. Nach dem Fest konnte der Trauernde sein normales Leben wiederaufnehmen; er zog neue Kleider an und schmückte sich, und dann wurde gesungen und getanzt.

DANKSAGUNG

Zweimal im Jahr, in seltenen Fällen auch viermal, feierten die Anishnabeg die Danksagungszeremonie. Damit war aber die Pflicht jedes einzelnen, für sich allein Dank zu sagen, nicht abgegolten.
Wenn im Frühjahr die Säfte wieder zu strömen begannen, versammelte man sich zur Danksagung. Der Winter, in dem jede Familie praktisch abgeschlossen für sich allein gelebt

hatte, war vorüber, und jetzt begann wieder das gemeinschaftliche Leben.
Mit dem Fest zeigten die Anishnabeg ihre Dankbarkeit, den Winter überstanden zu haben.
Nach dem Rauchen der heiligen Pfeife wurden Kitche Manitu Opfergaben dargebracht.
Danach gab es Lieder und Tänze, die das Überleben zum Thema hatten.

Frühlingsdanksagung

Wir haben die schwere Prüfung
Des Winters überstanden,
Den Hunger,
Die Winde,
Den Schmerz und Krankheit,
Und weitergelebt.

Wir trauern um die
Großeltern,
Eltern,
Kinder und
Geliebten,
die von uns gegangen sind.

Aufs neue werden wir
Den Schnee schmelzen sehen,
Die strömenden Säfte schmecken,
Die knospenden Saaten berühren,
Die aufspringenden Blüten riechen,
Die Erneuerung des Lebens erfahren.

Auch im Herbst, wenn die Anishnabeg sich in ihre einsamen Winterquartiere zurückzogen, wurde eine Danksagung abgehalten; die Form war die gleiche wie im Frühling, aber das Thema war anders.

Herbstdanksagung

Die Rosen
Entflammten die Wiesen
Weiß und dunkelrot.

Die Rotkehlchen
Füllten die Sommertage
Mit ihrem Gesang.

Die Weißfische
Ließen ihre silbrigen Schwänze blitzen
In Seen und Bächen.

Der Mais
Wuchs fest und hoch
In Sonne und Regen.

Der Hirsch
Wurde glatt und feist
Auf dem Grasland.

Unsere Speicher sind voll,
Unsere Medizinen stark,
Unsere Waffen verbraucht,
Und unser Geist ist froh.
Kitche Manitu ist freundlich gewesen.

DAS HUNDEFEST

Von diesem Fest gab es zwei Formen, die eine war für Krieger, die andere fürs ganze Volk. Bei dem für die Krieger bestimmten Fest ging es darum, die Männer auf die Probe zu stellen. In dem anderen wurden die Menschen durch Tänze an den Hunger und das Überleben erinnert. Schwere Zeiten und die Zähigkeit, mit der man sie überlebt hatte, wurden tänzerisch dargestellt. Die Tänzer stellten auch zukünftige Hungersnot dar und forderten zu Mut und Ausdauer auf.

Gesang, so sagten die Anishnabeg, ist die Äußerung der Seele. Wenn das der Fall ist, so ist der Tanz Ausdruck für den Rhythmus der Seele.

Der Lebensrhythmus der Anishnabeg hing vom Zyklus der Jahreszeiten ab. Wenn im Frühjahr die Welt wiedergeboren und erneuert wurde, lebten auch die Anishnabeg wieder auf. Es war die Zeit der Geburt, der Jugend und des Werdens. Die vorherrschende Farbe des Frühlings war Grün. Grün bedeutete neues Leben, Wachstum und Jugend.

Für die Anishnabeg begann das Leben im Frühling auf sehr greifbare Weise neu. Im Winter waren alle Betätigungsmöglichkeiten eingeschränkt oder aufgehoben. Wenn im Frühjahr der Ahornsaft zu fließen begann, wurde das Leben wieder voll Freude aufgenommen. Mit der Frühlingsdanksagung begann der Reigen der großen allgemeinen Tänze.

DER KRIEGSTANZ

Auf den Kriegspfad konnte man nur im Sommer gehen. Jeder Krieg wurde im Winter ausgesetzt und im Frühjahr wiederaufgenommen, wenn es sein mußte.

Am Abend bevor die Krieger sich aufmachten, wurden im Kriegstanz mutige Taten der Vergangenheit und kommende Siege dargestellt.

Ein Kriegspfahl wurde aus einem frisch gefällten Baum geschlagen und dann aufgestellt. Ein großes Feuer wurde entfacht, und die Trommel rief das Dorf zum Tanz zusammen. Sie schlug den Rhythmus von Krieg und Tod.

War das Dorf versammelt, so erklärte der Kriegshäuptling den Zweck des Unternehmens, und um die Zustimmung der Leute zu erhalten, versuchte er darzustellen, daß es um eine gerechte Sache ging. Die Älteren rieten gewöhnlich vom Krieg ab. Fiel die Entscheidung nach der Debatte dennoch für den Krieg aus, so begann der Tanz.

Meist waren die Krieger, die ihre Gesichter in den Farben von Krieg und Tod rot und schwarz bemalten, junge Männer. Es war Brauch, daß der Kriegshäuptling als erster aufstand und den Tanz begann. Eine Kriegskeule schwingend, tanzte er um das große Feuer und erzählte zur Inspiration seiner Krieger von seinen Heldentaten. Am Schluß versetzte er dem Pfahl einen Schlag, der seine Kühnheit und das Schicksal seiner Feinde demonstrieren sollte. Nun folgten die anderen in der Reihenfolge der Ehren, die sie schon errungen hatten.

Zu Beginn wurden die Trommeln langsam und leise geschlagen. Je weiter der Abend fortschritt, desto härter und schneller wurde der Rhythmus. Wenn die Tänzer kaum noch schritthalten konnten, verließ der Kriegshäuptling den Kreis und bot seine Hand der ältesten anwesenden Frau. Er führte sie zum Tanz, und durch die Verbindung der Hände von jung und alt sollte etwas von ihrer Beharrlichkeit auf ihn übergehen. Dann wurden auch andere Frauen zum Tanz geführt, danach die alten Männer und schließlich auch die ganz Jungen.

Während die Männer beim Tanz hüpften und sprangen, ließen die Frauen ihre Füße zum Takt der Trommeln über die Erde gleiten, ohne den Kontakt mit ihr zu verlieren. Denn so waren für die Anishnabeg die Frauen, so war es Kitche Manitus Wille. Männer machen Krieg, Frauen suchen den Frieden; Männer verachten den Tod, Frauen stellen sich dem Leben; Männer wollen das Leben ändern, Frauen leben mit den Veränderungen des Lebens. Der Lebensrhythmus der Frauen ist langsamer und anders als der der Männer. Männer müssen sich durch Kampf verwirklichen. Frauen brauchen keine Selbstverwirklichung durch Kampf.

DER SIEGESTANZ

Kamen die Krieger siegreich vom Kampf zurück, so wurde der Triumph mit einem Tanz gefeiert, an dem jedermann teilnahm. Dieser Tanz wurde bisweilen »Triumphschrei-Tanz« genannt. Wieder stand im Mittelpunkt der tanzenden Runde ein Pfahl; er war rot und schwarz bemalt, und diesmal lagen Trophäen und Opfergaben auf ihm.

DER HIRSCHTANZ

Ein Krieger träumte einmal von einem Hirsch, der am Himmel tanzte. Zur Erinnerung an seinen Traum führte er den Hirschtanz als Brauch bei seinem Volk ein. Die Tänzer versuchen bei diesem Tanz, den Charakter eines Hirsches darzustellen: Anmut, Wachsamkeit und Adel.

ANDERE TÄNZE

Es gab noch viele andere Tänze. Jeder hatte ein eigenes Thema und einen eigenen Rhythmus. Im Schneeschuh-Tanz wurde das mühsame Leben des Jägers im Winter dargestellt, im Betteltanz die Lage der Hungrigen und im Rebhuhntanz Fruchtbarkeit und Liebe. Es gab für jede Gelegenheit, für jeden Aspekt des menschlichen Lebens einen Tanz, und alle waren durch Träume oder Phantasie inspiriert.

Lieder

Lieder waren Äußerungen der Seele. Sie konnten alles zum Thema haben, was das Herz des Menschen bewegte. Lieder waren gesungene Gedichte, es konnten Loblieder sein oder Gebete. Die meisten waren persönlicher Art, von einem einzelnen nach einem Traum, einem bewegenden Ereignis oder einem machtvollen Gefühl komponiert.
Diese Lieder wurden zum Klang der Trommeln oder Rasseln bei Festen, Totenfeiern und anderen Gelegenheiten gesungen.

Die unkörperliche Welt

Kitche Manitu

Von Anfang an gab es für die Anishnabeg keinen Zweifel an der Existenz Kitche Manitus, des Schöpfers der Schöpfer, des Herrn des Lebens, des Wunders aller Wunder. Unsichtbar, wie er war, konnte man ihn nur an seiner Schöpfung, an der Weltordnung erkennen.
Die Sonne war das Symbol Kitche Manitus. In der Midewiwin und auf den heiligen Rollen aus Birkenrinde wurde er als ein Kreis mit vier Vorsprüngen dargestellt.
Der Kreis ohne Anfang und Ende war Ausdruck für Ewigkeit, Geschlossenheit, Vollkommenheit und Einheit. Die vier Vorsprünge symbolisierten Kitche Manitus Allgegenwärtigkeit. Er war der Herr des Lebens, der Leben und Sein schenkte; alles, was existierte, war von ihm gegeben oder erlaubt. Deshalb mußte man ihm täglich für Leben, Licht und alle Gaben danken.

Vater Sonne

Die Sonne war nicht nur das Symbol Kitche Manitus, sondern hatte auch die Kraft, Licht zu geben, den Menschen zu führen und das Wachstum durch Wärme zu fördern.

Nokomis – Die Großmutter aller

Die erste Mutter des Menschen war ein übernatürliches Wesen, das im Himmel wohnte. Sie war einsam und bat um einen Gefährten. Kitche Manitu hatte Mitleid mit ihr und schickte ihr einen Mann, von dem sie schwanger wurde. Danach verließ er sie wieder. Sie gebar Zwillinge, die einander zerstörten, und wieder war sie allein.

Alles war verloren, die Liebe, der Gefährte und das Leben, das sie geschenkt hatte. Wieder schickte Kitche Manitu der verzweifelten Himmelsfrau einen Mann. Aus dieser Vereinigung entstanden die Anishnabeg auf der Erde.
Die Himmelsfrau blieb auf der Erde, bis die ersten Anishnabeg sich selbst versorgen konnten. Dann kehrte sie in den Himmel zurück. Immer wenn der Mond schien, erinnerte man sich daran, daß sie die erste Frau war und das Leben geschenkt hatte.

Die Donner

Weniger vertraut waren die Großväter, deren Symbol der Donner war. Auch die menschlichen Großmütter sind den Kindern näher als die Großväter. Großmütter pflegten ihren Töchtern bei der Versorgung der Kinder zu helfen.
Den Großvätern geschah es im Leben wie im Tod leichter, daß sie vergessen wurden. Auch sie verdienten, daß man sich um ihrer Liebe willen an sie erinnerte. Damit sie nicht vergessen wurden, machte man Donner und Blitz zu ihren Symbolen.
Der Donner stand für Mächte und Kräfte von übernatürlicher Natur. Über diese Mächte hatte der Mensch keine Gewalt; sie bestimmten sein Leben und das der Pflanzen und Tiere. Die Donner waren die Schutzherren von Medizinmännern und Medizinfrauen.

Epingishmook

Epingishmook war der Geist-Mann von Winonah und der Vater von Mudjeekawis, Papeekawis, Chibiabos und Nanabush.
Epingishmook heiratete Winonah und blieb bis zur Geburt Nanabushs bei ihr. Es heißt, er habe seine Frau nach der Geburt verlassen. Nicht lange danach starb Winonah. Man-

che sagen, sie sei an der Trauer gestorben, andere meinen, Epingishmook habe ihren Tod herbeigeführt. Auf jeden Fall verließ Epingishmook Frau und Kind und das Land der Anishnabeg und zog sich ins Land der Berge zurück.
Als Winonah gestorben war, wurde Nanabush von seiner Großmutter aufgezogen.
Epingishmook war ein Geist und als solcher unsterblich. Er hatte aber auch etwas Körperliches an sich, und daher konnte man ihn mit dem Feuerstein verletzen, wenn auch nicht töten.
Als Nanabush hörte, daß Epingishmook vielleicht am Tod seiner Mutter schuld war, suchte er nach seinem Vater, um sie zu rächen.
Epingishmooks einzige körperliche Schwäche führte im Kampf mit seinem Sohn zu seiner Verwundung. Nanabush traf ihn mit dem Feuerstein und verletzte ihn so sehr, daß er seinem Sohn den Frieden anbot.
Nanabushs Haß auf seinen Vater, der Frau und Kind verlassen hatte, mag gerechtfertigt gewesen sein, aber er hatte doch Achtung vor seiner Lebensweisheit. »Indem du mich tötest, wirst du keine Liebe finden«, sagte Epingishmook zu ihm, und er meinte damit, daß Rache niemals Befriedigung bringt.

Winonah

Nanabushs Mutter, ein Mensch. Ihr Name bedeutet »mit der Brust nähren«. Obgleich sie die Mutter von vier körperlosen Wesen war, wurde sie selbst nicht als Geist betrachtet.
Die Legende berichtet, wie Winonah einmal allein durch eine Wiese ging. Ihre Mutter hatte sie ermahnt, nicht allein durch die Felder zu gehen, sondern nah beim Haus zu bleiben. Sie sollte einen Mann heiraten, den ihre Eltern ausgesucht hatten.
Aber Winonah traf Epingishmook, einen Geist, verliebte sich in ihn und heiratete ihn. Aber sie verlor seine Liebe und ihn selbst und starb vor Gram.

Mudjeekawis

Mudjeekawis war der erste Sohn von Epingishmook und Winonah. Sein Name bedeutet »ältester Sohn«.
Er war der Lieblingssohn seines Vaters, denn er ging mit ihm und lebte mit ihm im Land der Berge. Als Nanabush geboren wurde, war Mudjeekawis schon groß und mit seinem Vater fortgegangen. Erst später erfuhr Nanabush durch seine Großmutter von seinem Vater und seinen Brüdern.
Während seiner Zeit im Land der Anishnabeg reiste Mudjeekawis viel, und er hinterließ den Anishnabeg ein reiches Erbe.
Als junger Bursche begleitete er seinen Vater überallhin, und aus dieser Zeit behielt er seine Wanderlust. Sobald er alt genug war, ging er von zu Hause fort und durchstreifte die Welt auf der Suche nach Abenteuern. Nur gelegentlich kam er zurück, um seine Mutter zu besuchen.
Er ging nach Süden und Osten. Er war vertraut mit dem ewigen Sommer und dem nie verblassenden Grün der Tropen, mit dem ewigen Schnee und den Einöden des Nordens. Am liebsten war er in der Gegend um die Großen Seen, wo das Klima abwechslungsreich war, wo die Landschaft ihm gefiel, wo es Wild im Überfluß gab. Oft erzählte er seiner Großmutter, daß kein Land so schön und so reichhaltig war wie das Land der Anishnabeg.
Er brachte den Anishnabeg Geschichten über andere Länder und Völker mit. Manchmal brachte er auch fremde Bräuche und Traditionen, die in das Leben der Anishnabeg aufgenommen wurden.
Mudjeekawis war es auch, der den Anishnabeg das Wampum brachte.
Auf einem seiner Streifzüge nach Westen ins Land der Berge und weiter nach Norden kam er einmal in ein Dorf mit lauter Bären, die größer waren als alle Bären, die er bis dahin gesehen hatte. Sie hielten gerade eine Konferenz ab. Jeder, der aufstand, um das Wort zu ergreifen, hielt eine gürtelartige Schärpe in der Hand. Während er sprach, deutete der

Redner oft auf seine Schärpe, und jeder hatte eine andere. Manche waren ziemlich kurz, manche recht lang, manche waren aus aneinandergereihten bemalten Muscheln und manche aus Federn, die gefärbt und mit Figuren und Bildern bemalt waren.
Mudjeekawis war fasziniert. Am Ende der Versammlung ging er auf einen der Bären zu und fragte ihn nach dem Sinn und Zweck der Schärpe. Als er hörte, daß damit die Vergangenheit lebendig gehalten und weitergegeben wurde, schnappte er dem großen Bären die Schärpe weg und rannte damit in Richtung Wald. Der Bär rief zornentbrannt Hilfe herbei und verfolgte Mudjeekawis bergauf und bergab immer in Richtung Osten.
Obwohl Mudjeekawis klein, wendig und schnell war, konnte er den Bären nicht abschütteln. Schließlich wurde er eingeholt und mußte sich zum Kampf stellen.
Es wurde ein langer, blutiger und grimmiger Kampf, aber Mudjeekawis siegte. Vor den Augen der anderen Grislybären erschlug er seinen Gegner und nahm ihm das Wampum ab.
Als er gehen wollte, baten ihn die anderen Bären zitternd, zurückzukommen und ihr Häuptling zu werden. Mudjeekawis willigte ein.
Er hielt sich nur kurz bei den Anishnabeg auf, um ihnen den Gebrauch und den Sinn des Wampum zu erklären. Dann sagte er seinen Brüdern Papeekawis und Chibiabos lebwohl und kehrte als Kabeyung (Westwind) in den Westen zurück, um Anführer der Bären zu werden und im Land seines Vaters zu sein.

PAPEEKAWIS

Papeekawis, der manchmal auch Yenaudizih genannt wird, war ein Mann mit vielen Talenten; er war der zweite Sohn von Epingishmook und Winonah.
Er liebte die Anishnabeg, und sie liebten ihn.

Alle liebten Papeekawis, aber aus verschiedenen Gründen; die Frauen liebten ihn, weil er so aufgeweckt, elegant und gutaussehend war. In ihrer Bewunderung und Liebe machten sie ihm die feinsten Kleider, Lendentücher, Gamaschen, Kopfschmuck, Umhänge, Westen, Handschuhe und Mokassins, die sie mit Blumen und Symbolen bemalten und mit Muscheln und Federn besetzten. Sie verwendeten blaue, rote und gelbe Farben, um ihn noch schöner und auffälliger zu machen. Er liebte das Vergnügen und erfand viele neue Spiele. Er gestaltete auch Tänze, schenkte sie den Anishnabeg und bestärkte in ihnen die Liebe zum Tanz. Man kann im Grunde alle Tänze der Anishnabeg auf Papeekawis zurückführen.

Auch die Männer mochten ihn, wenn sie ihn auch ein wenig beneideten. Von Papeekawis lernten sie, wie man sich kleidet, aber auch Spiele und manchen Zeitvertreib dankten sie ihm. Wie Papeekawis liebten auch die Anishnabeg das Glücksspiel. Sie lernten das Pagaesaum (Pflaumenkernspiel) von ihm, das Kindawsso und andere Glücksspiele.

Er war ein großer Tänzer, wahrscheinlich der größte, den es bei den Ojibwa je gegeben hatte. Sein Tanzen war so stürmisch, daß er Wirbelwinde, kalte und warme Stürme, Taifune und Hurrikane erzeugte. Er war der Schutzherr der Winde und Tänze; er tanzte zur Belustigung und als Zeitvertreib, aber immer stellten seine Tänze einen Teil des Lebensdramas dar.

Wann immer es etwas zu feiern gab, wurde Papeekawis gerufen, um die Menschen fröhlich zu machen. Und als Nanabush, sein jüngerer Bruder, heiratete, sorgte Papeekawis für einen großen Teil der Unterhaltung.

Aber obgleich er die Leute mit seinen Tänzen zum Lächeln und Lachen brachte, war er ein einsamer Mann. Und obgleich alle Frauen ihn liebten, liebte ihn doch keine so sehr, daß sie ihn heiratete. Er lebte allein am südlichen Ufer des Oberen Sees in der Gegend von Shagawawamikong. Er hatte dort ein Zuhause, aber da hielt er sich nur selten auf. Seine Hütte war kalt und leer.

Immer suchte und fand er sein Vergnügen. Fand er keines, so dachte er sich selbst etwas aus, und das war manchmal sehr übermütig oder für andere sogar schmerzvoll.
Er liebte seinen Bruder Nanabush. Auch nach dessen Hochzeit besuchte er ihn noch oft. Als er wieder einmal zu Besuch kam, waren Nanabush und seine Frau nicht zu Hause. Papeekawis wurde ärgerlich, und in einer übermütigen Laune fing er Nanabush wunderschöne weiße Vögel ein und malte sie schwarz an. In einem Busch versteckt wartete er die Rückkehr seines Bruders ab.
Nanabush kehrte mit seiner Frau zurück und wollte seine weißen Vögel füttern. Als er sie nicht fand, wurde er zornig. Er hörte Papeekawis im Gebüsch prusten und wurde richtig wütend. Er warf seinem Bruder vor, er habe die Vögel versteckt, aber Papeekawis leugnete es ab. Nanabush ging auf seinen Bruder los, und dieser ergriff die Flucht.
Um dem zornigen Nanabush, der ihn verfolgte, zu entkommen, sprang er in einen kleinen bewaldeten See und suchte bei den Bibern Unterschlupf. Hastig erklärte er ihnen, daß ein böser Geist ihn verfolgte und ihn töten würde, falls ihm die Flucht nicht gelänge. Er flehte die Biber an, ihm zu helfen. Die Biber hatten Mitleid mit ihm und versteckten ihn in einer ihrer Hütten.
Jetzt war Nanabush heran. Er wußte, daß sein Bruder in einer der Biberhütten versteckt war, und fing an, sie auseinanderzureißen. Das überzeugte die Biber restlos davon, daß er ein böser Geist war, und als Papeekawis, entsetzt über die Wut seines Bruders, die Biber bat, auch ihn in einen Biber zu verwandeln, erfüllten sie ihm seinen Wunsch sofort.
Aber er war nicht damit zufrieden, ein ganz normaler Biber zu sein, sondern eitel, wie er war, mußte er natürlich stattlicher aussehen als die übrigen. Die Biber erfüllten ihm den Wunsch. Er wurde dreimal so groß und viel schöner als die anderen Biber, und darüber war er voll Freude und Dankbarkeit.
Während er seine Größe und Schönheit bewunderte, begann sein Bruder die Hütte auseinanderzunehmen, in der er war.

Die anderen Biber entkamen durch die Gänge ins Wasser, aber Papeekawis war einfach zu breit und blieb stecken. In dieser äußerst peinlichen Lage fand ihn sein Bruder.
Als Nanabush diesen enormen Biber hilflos kopfüber im Loch stecken sah, wußte er sofort, daß es nur sein eitler und gedankenloser Bruder sein konnte. Er brach eine Pappel ab, die am Ufer wuchs, und bleute seinem Bruder das ausladende Hinterteil durch. So heftig schlug er zu, daß Papeekawis durch den Tunnel und bis ans andere Ende des Sees schoß, wo er sich unter einigen Wildenten wiederfand.
Atemlos flehte er die Enten an: »Helft mir, macht mich so, wie ihr seid, sonst bringt Nanabush mich um.«
Er tat ihnen leid, und schnell verwandelten sie ihn in eine Ente. Aber das genügte ihm nicht. Er war weder größer noch schöner als die anderen. Das war zu gewöhnlich für seine Eitelkeit. »Ich bin zu klein und zu einfach«, beschwerte er sich. »Ich sollte größer und schöner sein als jede andere Wildente.«
Achselzuckend gewährten die Enten ihm den Wunsch, und gleich darauf war er dreimal so groß wie eine normale Ente und hatte ein leuchtendbuntes Gefieder. Stolz betrachtete er sein Spiegelbild im Wasser und vergaß darüber seinen Bruder.
Nanabush, jetzt noch wütender, weil ihm seine Beute entwischt war, wurde vom Zerstören der Biberhütten langsam müde. Er sah auf und bemerkte, daß sein Bruder als Wildente auf dem See schwamm.
Zornig schoß er eine ganze Salve Pfeile auf die Enten ab.
»Fliegt weg! Schnell! Nanabush wird uns töten!« schrien die Enten, und der ganze Schwarm erhob sich mit donnerndem Flügelschlagen in die Luft. Auch Papeekawis stieg auf, wenn auch etwas mühsam. Aber er staunte doch, wie leicht und schnell er fliegen konnte.
Weil er so schwer war, wurde er jedoch bald müde und rief den anderen mit schwacher Stimme nach: »Ich bin müde.«
Aber sie trieben ihn an: »Mach weiter! Hör nicht auf! Wir sind bald da.« Papeekawis sah hinunter und kreischte: »Ich

werde schwindelig!« »Schau nicht nach unten«, rieten die anderen ihm. Aber er mußte einfach hinunterschauen. Ihm wurde schwindelig; ihm wurde übel; er stürzte ab.
Sein Körper zerschellte auf den Felsen, aber seine Seele, sein Geist und sein Schatten lebten weiter, und da sie einen Körper brauchten, bemächtigten sie sich einer Schlange, die sich dort auf den Felsen sonnte. Verblüfft über das Eindringen von Seele, Geist und Schatten eines anderen Wesens, wehrte sich die Schlange und versuchte den Eindringling zurückzuschlagen. Diese innere Schlacht war so heftig, daß die Schlange sich wie im Schmerz krümmte und verknotete. Als Nanabush das sah, brüllte er: »Jetzt habe ich dich! Jetzt entkommst du mir nicht mehr.« Und er hob einen riesigen Felsbrocken, um die Schlange zu zerschmettern, aber sie schlüpfte in einen Felsspalt und war wie vom Berg verschluckt. Wieder genasführt, wurde Nanabush noch wütender.
Laut rief er die Donner an: »Zerschlagt den Felsen. Zermalmt ihn zu Sand. Er hat Böses getan.«
Da hämmerten die Donner über den Himmel hinter den Wolken, schleuderten ihre Feuerpfeile auf den Felsen, bis er nur noch Sand und Staub war. Als der Staub sich gelegt hatte, suchte Nanabush unter dem Schutt nach seinem älteren Bruder.
Er fand ihn nicht. Er fand nur den zerschlagenen und blutigen Körper der Schlange. Da wurde ihm klar, daß er seinen Bruder getötet hatte. Er weinte. »Nie mehr wirst du sein, nicht als Mensch, nicht als Tier, nicht als Vogel und nicht als Schlange«, klagte er. »Ich wollte dich nicht töten. Ich wollte dich nur erschrecken.«

Chibiabos

Als Nanabush geboren wurde, war Chibiabos schon groß und hatte seine Heimat verlassen. Aber anders als seine älteren Brüder, kehrte er oft zur Hütte seiner Großmutter

zurück. Deshalb kannte er seinen jüngeren Bruder, und die beiden wurden Gefährten, als Nanabush älter war.
Chibiabos hielt es nie lange zu Hause aus. Er war Musiker, fröhlich und immer lachend, und er wurde zu allen möglichen Feiern, Festen und Zeremonien eingeladen, um mit Trommel, Rassel oder Flöte zu musizieren. Sang er nicht für Menschen, so sang er für die Gräser der Wiesen oder für die Bäume des Waldes. Er sang mit den Felsspitzen und machte zusammen mit den Wassern in Bächen und Seen Musik. Er sang nicht nur selbst, sondern brachte auch den Menschen das Musizieren bei.
Den Jägern zeigte er, wie man die Rufe der Tiere nachahmt. Er baute Trommeln und Rasseln und Flöten für die Musik, die Sprache der Seele. Er hatte ein Lied für jede Stimmung, für jeden Menschen, für jede Gelegenheit.
Nur einmal trafen sich den Berichten zufolge alle vier Brüder; das war bei Nanabushs Hochzeit.
Sie kamen, um ihren kleinen Bruder zu ehren, und jeder tat etwas, um die zur Feier versammelten Gäste zu unterhalten. Chibiabos komponierte Lieder und sang zu diesem glücklichen Ereignis.
Aber nach der Hochzeit tadelte Mudjeekawis seinen Bruder Chibiabos, weil er nicht viel erreicht und sein Leben verschwendet hatte. Er zeigte seinen Kopfschmuck, schwang seine Kriegskeule und sagte: »Wärst du ein mutiger Mann gewesen, so hättest du viele Ehrenabzeichen sammeln können. Statt dessen vergeudest du deine Zeit mit nichtigen Liedern. Das Leben besteht nicht nur aus Lustbarkeit.«
Chibiabos erwiderte verletzt: »Ginge es nach dir, dann wäre das Leben öd und ohne Lachen. Oft muß ich mit meinen Liedern Menschen trösten, die dein geliebter Krieg verwundet hat.«
»Mut macht einen Mann zum Mann, und du hast noch keinen Mut gezeigt, du bist noch kein Mann«, verhöhnte Mudjeekawis seinen Bruder und fuhr fort: »Während ich alle feindlichen Krieger besiegt habe, damit du in Sicherheit leben kannst, sitzt du hier herum und singst.«

Zitternd vor Wut schrie Chibiabos: »Nenne mir irgendeinen Krieger, irgendeine Gefahr, und ich werde dir zeigen, wie stark und mutig ich bin.«

»Niemand hat bisher den arroganten Bebon (Winter) besiegt«, meinte Mudjeekawis. »Er wird immer dreister. Er ist Häuptling der Hudson und wagt sich bis nach Temagami, Abitibi und Nipigon herunter. Ich komme mit ihm zurecht, aber ich würde gern sehen, was du mit ihm anfängst. Aber wenn du ihn nicht besiegen kannst, dann tue ich es eben.«

Diese Bemerkung traf Chibiabos hart. Er legte die Trommel weg und nahm sich Pfeile, Bogen und eine Kriegskeule. Tanz und Musik hörten auf. Alle Gäste gingen zum Ufer, um zuzusehen, wie Chibiabos aufbrach, um Bebon zu suchen.

»Warte, geh jetzt nicht, es ist zu stürmisch«, rieten die alten Leute ihm. Selbst Mudjeekawis war beunruhigt. »Warte ein paar Tage«, sagte er, »bis der Sturm vorüber ist.« Aber Chibiabos überhörte die Warnungen und stieg in sein Kanu, um den großen Ojibwasee zu überqueren. Er kam nicht weit.

Sein Kanu wurde von einer großen Woge überspült und er ertrank.

Eine große Trauer kam über das Land. Am größten war der Verlust für Nanabush. Er glaubte, daß sein Bruder ins Leben zurückgeholt werden konnte, und bat Medizinmänner und Medizinfrauen, ihn vom Grund des Sees heraufzuholen.

Zusammen sangen und trommelten sie. Sogleich erhoben sich Chibiabos Geist und Seele aus den Wellen. Er war vom Tod zurückgekehrt, Musik und Lieder hatten den Tod besiegt. Chibiabos wurde zum Ersten der Unterwelt (Erde und Wasser) erklärt.

Er sollte einen Ehrenplatz in der Welt der Lebenden haben, aber er sollte ihre Häuser nicht mehr betreten. Chibiabos selbst machte keine Musik mehr, aber jetzt erklang seine Musik, der Klang der Seele, aus Flüssen, Blättern, Bäumen, Bergen, Vögeln und Menschen.

Daebaudjimod – Der Erzähler

So weit Nanabush zurückdenken konnte, war Daebaudjimod an den Winterabenden ein häufiger Besucher in der Hütte seiner Großmutter gewesen. Er war nicht nur ein sehr guter Freund der alten Dame, sondern auch ein meisterlicher Geschichtenerzähler.

So gut beherrschte er seine Kunst, daß er seine Zuhörer nicht nur einen ganzen Abend lang, sondern den ganzen Winter hindurch in Atem halten konnte. Er kannte Hunderte von Geschichten, und was noch wunderbarer war, er konnte selbst Geschichten erfinden. Er erzählte wirkliche Begebenheiten und Geschichten, die einfach nicht wahr sein konnten. Aber alle hörten ihm zu. Er konnte die Leute mit Geschichten zum Weinen und Lachen bringen, er konnte sie nachdenklich machen. Sie waren stolz, wenn er sie an Vergangenes erinnerte, und lauschten voll Furcht seinen Beschreibungen der Zukunft.

Er kannte alle Tiere, die Natur aller Dinge und alle Weisheit, die weitergegeben werden mußte. So viel wußte er, daß niemand ihm glaubte. Manche nannten ihn einen Prahlhans, andere wollten Beweise für seine Geschichten. Oft bedauerte er, daß kaum jemand seinen Geschichten Glauben schenkte. Über seinen Mangel an Glaubwürdigkeit betrübt, riet er den jungen Leuten: »Redet nicht so viel, wie ich es getan habe. Gebt nicht über alles und jedes eine Meinung zum besten. Geht nicht leichtfertig mit Worten um. Dann werdet ihr glaubwürdig sein. Glaubwürdig zu sein, ist wichtig.«

Vielleicht wußte Daebaudjimod zuviel; wahrscheinlich war aber eher der Neid an der Feindseligkeit mancher Leute schuld.

Unter denen, die ihn nicht mochten, waren Mudjeekawis und Papeekawis. Daebaudjimod gehörte zu jedem Fest; seine Geschichten stellten manchmal das Singen und Tanzen in den Schatten. Zudem waren Mudjeekawis und Papeekawis ziemlich überheblich. Immer wenn Daebaudjimod etwas

erzählte, was ihnen ersponnen vorkam, dann forderten sie ihn spöttisch auf, seinen Bericht zu belegen. Manchmal riefen sie ihm sogar »Lügner« oder »Prahlhans« zu.
Bei Nanabushs Hochzeitsfeier unterhielt Daebaudjimod die Gäste mit Geschichten. Während die meisten Anishnabeg Freude an dieser Geschichte hatten, machte Papeekawis spöttische Bemerkungen und kicherte.
Als Daebaudjimod gar von einem Meer erzählte, das so groß war, daß kein Mensch es überqueren konnte und dessen Wasser salzig war, als er weiterhin von Menschen mit weißer Haut und mit Bärten sprach, forderte Papeekawis ihn zu einem Pflaumenkernspiel heraus (er hatte zuvor schon alle Anishnabeg in diesem Spiel besiegt).
Daebaudjimod konnte die Herausforderung nicht abweisen, und Papeekawis setzte alles ein, was er vorher gewonnen hatte. »Mein gesamter Gewinn für deinen Neffen«, sagte er zu Daebaudjimod. »Wenn ich gewinne, behalte ich deinen Neffen als meinen Mizhiniwae, meinen Botschafter.«
Mit einem Wurf der Pflaumenkerne gewann Papeekawis Daebaudjimods Neffen.
Wie dem auch sei, jedenfalls lehrte Daebaujimod die Anishnabeg vieles über die Tierwesen und zeigte ihnen, wie man Schneeschuhe, Kanus, Kinderwiegen und Pfeil und Bogen macht.
Daebaudjimod war es auch, der den Rednern Überzeugungskraft beibrachte und den Erzählern Phantasie; er gab den Sängern Poesie und lehrte die Lügner das Übertreiben.

Nanabush

Nanabush war ein widersprüchliches Wesen. Einerseits von übernatürlicher Herkunft und mit übernatürlichen Kräften ausgestattet, war er andererseits Sohn einer sterblichen Frau und mußte lernen wie andere Sterbliche. Er wurde in die Welt geschickt, um die Anishnabeg zu lehren, um den

Schwachen zu helfen und die Kranken zu heilen. Er hatte menschliche Züge, aber im Grunde war er ein Geist.
Dennoch war er kein Gott. Seine Macht war groß, aber Kitche Manitu kam er nicht gleich. Er war eher der Botschafter Kitche Manitus, Vermittler zwischen verschiedenen Arten von Wesen und Fürsprecher der Anishnabeg.
Um seinen Zweck erfüllen zu können, hatte er die Gabe der Verwandlung. Er konnte sich in jedes Lebewesen verwandeln, in einen Weidenbaum oder einen Biber, ja sogar in einen Baumstumpf oder eine Wolke.
So erstaunlich diese Kraft der Verwandlung war, sie hatte auch ihre Schwächen, denn er mußte sich die Natur der Wesen, in die er sich verwandelte, ganz zu eigen machen. Verwandelte er sich zum Beispiel in eine Schlange, so mußte er alle Schwächen und Beschränkungen der Schlange auf sich nehmen, besaß dann aber auch ihre guten Eigenschaften und Stärken.
Obwohl die Verwandlung körperlich vollkommen war, blieb sie im geistigen Sinn immer unvollkommen, und diese Eigenschaft ließ Nanabush eher als ein menschliches Wesen erscheinen und nicht so sehr als geistiges Wesen. Was ihn für die Menschen liebenswert machte, war, daß er die menschlichen Ideale von Mut, Großherzigkeit, Erfindungsgabe und Freundlichkeit verkörperte, aber auch die Beschränkungen, die Unentschlossenheit, die Unbeständigkeit und die List des Menschen besaß.
Als Junge kannte Nanabush sich und seine Kräfte noch nicht. Als ihm auffiel, daß er keine Eltern hatte wie die anderen Kinder, fragte er seine Großmutter nach seiner Herkunft. Er erfuhr von seinen Eltern und vom Schicksal seiner Mutter, und er sehnte sich danach, Liebe kennenzulernen. Er fühlte sich um die Liebe betrogen und machte sich auf, den Tod seiner Mutter zu rächen.
Er war wie jeder andere Junge, er mußte lernen. Seine Großmutter lehrte ihn, wie es in der Welt zuging, während Daebaudjimod ihm praktisches Wissen vermittelte.
Nanabush mußte auch fasten und eine Vision suchen. Und

wie bei anderen Jungen, gelang es auch ihm nicht gleich. Bei einer seiner ersten Nachtwachen gab er sogar Hunger und Durst nach und ging jagen anstatt zu fasten und zu wachen. Nie wieder hatte er soviel Erfolg bei der Jagd wie an diesem Tag. Er tötete weit mehr Hirsche und Vögel als er brauchte. In seinem Heißhunger aß er, bis er sich nicht mehr rühren konnte und in einen tiefen Schlaf fiel. So fand ihn seine Großmutter, als sie später kam, um nach ihm zu sehen.
Schließlich empfing er aber doch seine Vision. In dieser Vision sah er die Armut, die er auf sich nehmen würde, indem er anderen half.
Nach seiner Rückkehr aus dem Westen und dem Kampf mit seinem Vater begann er seine Laufbahn als Helfer der Anishnabeg. Er vernichtete die zweiköpfigen Schlangen, ließ den Roten Schwan frei und machte das Leben für die Anishnabeg sicher.
Aber er half nicht nur den Menschen, sondern allen Lebewesen. Stets stand er den Unterdrückten und Schwachen bei. Er hatte Erfolge und Mißerfolge, er war ein Geist und doch sehr menschlich. Von allen körperlosen Wesen wurde er am meisten geliebt und am wenigsten verstanden.

Die Vier Wächter

Bebon war der Geist des Winters, ein Wesen von ungeheurer Macht, das sich aber durch seine eigene Hartnäckigkeit und Heftigkeit selbst verausgabte.
Er wohnte irgendwo im hohen Norden. Seit der Kampf mit Zeegwun begonnen hatte, hatten die beiden abwechselnd die Herrschaft über das Land.
Bebon war der Herr der Kälte; mit ihr konnte er Krankheit erzeugen, konnte er Blätter, Früchte und Beeren verdorren lassen, konnte er die Erde mit Schnee und Flüsse und Seen mit Eis überziehen. Bebon hatte große Macht.
Er versuchte alle Wesen in Furcht zu versetzen, aber es gelang ihm nicht bei allen. Manche ignorierten ihn nicht nur,

sondern verhöhnten ihn auch noch. Eines dieser Lebewesen war Shingibis, der Tauchvogel, der seine Lebensweise im Winter nicht änderte.
Während die meisten Tiere das Land verließen oder sich in Zedernwäldern zusammenkauerten und froren, schien der Tauchvogel den Winter ebenso zu genießen wie den Sommer. An den kältesten Tagen und in den finstersten Schneestürmen sang er und blickte fröhlich in die Gegend. Er arbeitete dann einfach mehr, sang noch fröhlicher und schürte sein Feuer kräftig. Dann wieder flog er umher oder schlitterte verspielt auf dem Eis.
Bebon empfand solches Verhalten natürlich als trotzig und beleidigend. Er beschloß, den kleinen Tauchvogel umzubringen oder ihm zumindest Achtung und Ehrerbietung abzutrotzen. Er schickte Schneesturm auf Schneesturm, Schnee aller Art, er schickte so bitteren Frost, daß die Wurzeln der Bäume sprangen.
Der Tauchvogel arbeitete einfach mehr und sang noch fröhlicher. Je mehr Bebon tobte, desto mehr schien der Vogel die Zustände zu genießen und desto findiger wurde er.
Schließlich gab Bebon auf. Er hatte seine ganze Kraft und Wut aufgebraucht, um den kleinen Tauchvogel zu besiegen. Zornig, gedemütigt und entkräftet zog er sich in den Norden zurück.
Den schwersten Kampf hatte Bebon alljährlich mit seinem Todfeind Zeegwun auszufechten. Durch seine zahlreichen Auseinandersetzungen mit kleinen und eingebildeten Feinden verlor Bebon die Kraft, um Zeegwun – wenn dieser mit frischen Kräften wiederkehrte – im Kampfe standhalten zu können. Und der erbitterte Kampf mit Zeegwun raubte ihm die Kraft, mit seinen kleinen Feinden fertig zu werden.

Zeegwun

Zeegwun wohnte irgendwo im Süden, dem Land von Zhawanong, wo es immer Sommer, Blumen und Lieder gab.

Zeegwun wird oft als ein sanftmütiger, friedfertiger und scheuer junger Mann dargestellt.
Er kämpfte einen ewigen Kampf mit Bebon, dem alten Krieger. Aber er brachte Leben und Wachstum und nicht Zerstörung, Not und Verfall wie Bebon.
In jedem Jahr kündeten die Vögel Zeegwuns Ankunft an. Erst kamen die Krähen als Botschafter aus dem fernen Süden und nicht lange danach die Drosseln. Kurz darauf begannen in den Bäumen wieder die Lebenssäfte zu fließen. Wenn das geschah, dann wußten die Anishnabeg, daß Zeegwun gekommen war.
Alles wurde wieder lebendig. Die Bäume begannen zu knospen, kleine Pflanzen brachen aus der Erde hervor, rote Blumen öffneten sich der Sonne, Tiere erwachten aus dem Winterschlaf, die Jungen wurden geboren.
Bebon wurde immer schwächer und mußte weichen. Das Leben nahm seinen Platz ein; der Tod muß dem Leben weichen, mag er sich auch sträuben.
Auch Zeegwun besaß große Macht; er schenkte Leben und Erneuerung, Werden und Wandel, aber auch er war nicht vollkommen. Wo er offen und ehrlich und geradeheraus hätte sein sollen, war er übervorsichtig und schüchtern. Das war sein Verderben.
Wenn er Bebon besiegt hatte, hätte er sich darum kümmern müssen, daß er nicht wiederkam. Aber er glaubte immer, sein Sieg sei endgültig und sein Feind würde sich nicht mehr erholen; er vergaß ihn einfach und verliebte sich lieber.
Einmal verliebte er sich in ein Mädchen mit blondem Haar. Aber als er nach langem Zaudern endlich allen Mut aufbot, um ihr zu sagen, daß er sie liebte und zur Frau haben wollte, da starb sie. Ein andermal verliebte er sich in ein Mädchen, dessen Augen strahlten wie polierter Feuerstein. Er wartete zu lange; sie verliebte sich in einen anderen. Voll Bitterkeit beschloß er, sich nie wieder zu verlieben.
Aber als er im nächsten Jahr ins Land zurückkehrte, verliebte er sich gleich wieder. Er war einfach machtlos dagegen. Doch als er die junge Dame heiraten wollte, kam Bebon und

wollte ihm seine Braut abjagen. So begann die Fehde zwischen Bebon und Zeegwun, zwischen Tod und Leben, Zerstörung und Erneuerung. Bebon und Zeegwun sind die beiden Geister, die in der Gestalt der Jahreszeiten den Gang der Zeit darstellen.

Waubun

Waubun war ein junger Medizinmann und Schüler von Ningobianong. Seine Domäne war der Osten und die Jugend. Anfangs fühlte er sich als Schüler des älteren Medizinmannes wohl, aber als er älter wurde und immer mehr Wissen ansammelte, wollte er seine eigene Heilkunst ausüben. Er fand, er wisse ebensoviel wie Ningobianong, und forderte ihn zu einem Wettstreit heraus. Er hatte große Macht, aber Ningobianong machte alles wieder rückgängig, was er tat. Mit diesem Kampf zwischen den Medizinmännern begann der Konflikt zwischen Jugend und Alter, Wissen und Weisheit.

Ningobianong

Ningobianong war ein voll anerkannter Medizinmann; er repräsentierte Alter und Weisheit; seine Domäne war der Westen. Er versuchte seinem Schüler nicht nur die Heilkunst zu vermitteln, sondern auch Mäßigung, Geduld und Stärke. Bevor er seinem eigensinnigen Schüler Waubun diese Eigenschaften vermittelt hatte, konnte er ihm nicht erlauben, selbständig zu heilen und Leben zu verlängern.
Ningobianongs Weigerung, seinen Schüler von der Verpflichtung zu entbinden, noch mehr zu lernen, führte zur Entfremdung der beiden. Für Waubun war Ningobianongs Weigerung nur ein Versuch, ihm Fesseln anzulegen, und für Ningobianong war Waubuns Streben nach Unabhängigkeit ein Vertrauensbruch. Ningobianong und Waubun stellen

einander entgegengesetzte Kräfte des Lebens dar. Ihr Konflikt ist ein Abbild der Konflikte im Menschenleben.

Pauguk (Fliegendes Skelett)

Zwei Söhne erzählten ihren Eltern, sie wollten zum See hinuntergehen, um ein wenig zu paddeln. Bald darauf erhob sich ein heftiger Sturm, der bis in die Nacht hinein anhielt. Als die Jungen nicht zurückkehrten, wurden die Eltern unruhig.

Als die Eltern an diesem Abend auf das Nachlassen des Sturms warteten, hörten sie ein fernes ängstliches Wimmern vom Ufer herauf. Erschrocken, aber noch voller Hoffnung, liefen die Eltern zum felsigen Ufer hinunter.

Die Wellen donnerten an die Felsen, und der Wind heulte. Aber über den Wellen schrie jemand in Angst und Entsetzen. Mutter und Vater liefen auf und ab und riefen nach ihren Söhnen.

»Hier«, kam die Antwort. Aber es war nicht die Stimme eines ihrer Söhne. Und in der Dunkelheit konnte man kaum etwas sehen. Die Eltern liefen zu der Stelle, woher die Stimme kam.

»Hier«, schrie die Stimme wieder und zerschnitt die Nacht und den Mut der Eltern. Sie schauten hin. Zu ihrem Entsetzen sahen sie ein Skelett, das sich in den Felsen verfangen hatte und sich loszukämpfen suchte; es winkte ihnen verzweifelt mit den fleischlosen Armen und jammerte mit pfeifender Stimme: »Helft mir.«

Mann und Frau gefroren vor Grauen.

»Helft mir«, flehte das Skelett.

Mann und Frau waren unfähig zu antworten.

»Helft mir doch«, wimmerte das Skelett wieder.

»Ich trau mich nicht«, ächzte der Mann. »Ein lebendes Wesen kann und darf die Toten nicht berühren. Es ist wider die Natur, daß die Toten ins Leben der Lebendigen zurückkehren und von ihnen gar Hilfe erbitten.«

»Helft mir. Habt Mitleid mit mir. Ich kann euch nichts tun, und ich würde euch auch nichts tun, selbst wenn ich es könnte. Befreit mich aus diesen Felsen.«
»Wer bist du?« fragt der Mann und faßte etwas Mut.
»Ich bin Pauguk«, schrie das Skelett. »Mein Schicksal ist es, für immer meine Missetat zu bejammern und die Ewigkeit nicht im Land der Seelen zu verbringen, sondern am Himmel, wo ich von den Winden umhergeweht werde und mal friere, mal unter der Hitze der Sonne leiden muß.«
»Weshalb mußt du denn die Ewigkeit auf diese Art durchleben?« wollte der Mann wissen.
Pauguk erzählte seine Geschichte: »Ich hatte einen Bruder, dessen Freundin ich begehrte. Sie war meinem Bruder von Geburt an versprochen, und sie liebte ihn, aber ich wollte sie für mich haben. Ich versuchte die beiden einander zu entfremden und die Liebe des Mädchens zu gewinnen. Es schien aber nur möglich zu sein, wenn mein Bruder starb.
Ich plante Unfälle für meinen Bruder, aber irgendwie entging er all diesen Anschlägen. Schließlich bat ich einen Medizinmann um Hilfe. Unter dem Vorwand, daß ich das Mittel für ein bestimmtes Tier brauchte, konnte ich den Medizinmann überreden, mir eine Medizin zu bereiten.
Wieder daheim, lud ich meinen Bruder ein, mit mir am nächsten Tag fischen zu gehen. Wir fischten den ganzen Tag und holten viele Weißfische mit unseren Speeren aus dem Wasser. Als wir Pause machten, um etwas zu essen, bereitete ich einen Tee zu, goß die Medizin hinein und gab das Getränk meinem Bruder. Arglos trank er die Mischung und brach einige Augenblicke später zusammen.
Zu meiner Verwunderung schrumpfte der Körper meines Bruders und wurde ein Kieselstein. Ich nahm den Stein, paddelte hinaus in den See und warf den Körper meines Bruders ins Wasser. Als er versank, trübte sich das Wasser.
Als ich heimkam, fragte mich jeder im Dorf, bevor ich irgend etwas erklären konnte: ›Wo ist dein Bruder.‹ Es war, als wüßten sie alle Bescheid. Seitdem mieden mich die Leute.

Ich war ohne Freunde wie ein Verstoßener. Ich versuchte in anderen Dörfern unterzukommen, aber nirgends wurde ich aufgenommen.
Als ich starb, wurde ich sogar im Land der Seelen abgewiesen. Auch konnte ich nicht in der Welt der Lebenden wiedergeboren werden und fand mich in einem Niemandsland zwischen den beiden Welten. Das ist die Strafe für alle, die ihren Mitmenschen heimtückisch Böses tun.«
Dann jammerte Pauguk wieder: »Befreit mich.«
Der Mann weigerte sich. »Nein, die Lebenden dürfen die Toten nicht berühren.«
Pfeifend und rasselnd sagte Pauguk: »Wenn du den Tod berühren kannst, so lebst du; ohne Mitleid für die Toten zu sein, ist schlecht. Dir wird nichts geschehen.«
Zitternd und sehr widerwillig löste der Mann schließlich die Knochen vom Felsen. Das Skelett erhob sich pfeifend, jammernd und klappernd in den Himmel.
Am nächsten Tag hatte sich der Sturm gelegt, und die beiden Söhne kehrten zurück. Als der Sturm aufkam, so erzählten sie den Eltern, hatten sie auf einer Insel in einiger Entfernung vom Land Zuflucht gesucht.

Windigo

Es war einmal ein Mann namens Windigo, der am Nordufer des Nipissing-Sees wohnte. Viele Jahre lang lebte er mit seiner Familie glücklich von dem Wild und den Fischen, die es dort reichlich gab.
Aber es blieb nicht so. Er fand immer weniger Wild, und auch die Fische wurden immer seltener. Obwohl er ein geschickter Jäger und Fischer war, begann seine Familie zu hungern. So verzweifelt war ihre Lage, daß sie am Ende die innere Rinde von Bäumen aßen und Suppe daraus kochten.
Windigo durchstreifte in weitem Umkreis die Gegend bis nach Temagami, im Süden bis nach Madawaska und im

Westen bis Georgian Bay, aber es brachte alles nichts ein. Selbst wenn er Wild fand, wie sollte er es heimbringen?

Er betete zu Kitche Manitu, aber die Umstände wurden nicht besser. Er bat einen Waubeno um Hilfe, und von dem bekam er einen Trank für erfolgreiche Jagd; jeden Tag sollte er ein wenig davon trinken, dann würde die Medizin bald wirken. Am Abend braute er aus einer Prise von seinen Kräutern Tee, den er kurz vor dem Zubettgehen trank.

Am nächsten Morgen erwachte er so früh, daß es draußen noch dunkel war. Er dachte sich, daß er wohl aufstehen müßte, und verließ leise die Hütte. Er staunte über die Länge seiner Schritte und über die Schnelligkeit, mit der er sich bewegte. Im Nu war er von Nipissing nach Temagami und weiter nach Temiskaming gelangt, wo er in einem Dorf ein paar Leute antraf, die um ein Feuer standen. Als er aus dem Wald trat, stieß er spaßeshalber drei Kriegsschreie aus. Die Leute und die Kinder fielen vor Schreck in Ohnmacht und wurden zu Bibern.

Ohne sich allzu viele Gedanken über diese seltsame Verwandlung zu machen, nahm Windigo alles als einen glücklichen Umstand hin. Er war hungrig, und der Hunger erlaubte ihm nicht den Luxus, an seinem Glück zu zweifeln. Er zog den Bibern, es waren fünfzehn Stück, das Fell über die Ohren. Dann röstete er sie über dem Feuer, das die Leute dort schon entfacht hatten. Als sie gar waren, setzte er sich hin, um zu essen.

Er aß nicht, er stopfte sich voll. Er verschlang alle fünfzehn Biber. Es kam ihm nicht in den Sinn, sich über seinen enormen Appetit zu wundern. Er machte keine Pause, um sich zu fragen, wie er mehr als einen Biber schaffen konnte, und er fand auch nicht die Zeit, an seine Familie zu denken. Er dachte nur an sich. Noch erstaunlicher als die Verwandlung und sein Appetit war aber seine Zunahme. Je mehr Windigo aß, desto mehr schwoll er an und desto größer wurde sein Hunger. Anstatt seinen Hunger zu stillen, machte er ihn durch seine Hemmungslosigkeit nur immer größer. Größer und hungriger als zuvor verließ er Temiskaming und wandte sich nordwärts. Je weiter er nach Norden kam, desto mehr Wild schien es zu geben. Sein Hunger verdrängte alles andere, selbst seine Familie und sein Dorf. Erst mußte er versorgt sein. In der James Bay tötete und aß er in einem fort.

Inzwischen war Megis (Muschel) von einer langen Reise nach Temiskaming zurückgekehrt und fand sein Dorf verlassen vor.

Verzweifelt wandte er sich an einen Medizinmann und bat ihn um Rat. Der Medizinmann riet ihm zu wachen; Megis tat es und hatte einen Traum, in dem er das Schicksal seines Volkes erfuhr. Sein Schutzherr und Lehrer, der Bär, erschien ihm und verriet ihm, wie er stark genug werden konnte, um Windigo herauszufordern.

Am nächsten Tag bereitete Megis die Medizin zu. Als er sie genommen hatte, begann er zu wachsen. Er wuchs zu riesenhafter Größe heran und machte sich sogleich auf die Suche nach Windigo. Er verfolgte seine Spuren und fand ihn am Ufer der James Bay.

Ohne zu zögern, griff er Windigo an, der vor Hunger ganz schwach war, und erschlug ihn.

Als Windigo tot war, erwachten alle seine Opfer wieder zum Leben, und er selbst lebte als körperloses Wesen weiter, als Geist der Maßlosigkeit. Als Geist der Maßlosigkeit konnte er jeden in seinen Bann schlagen, der sich zu sehr mit Schlafen, Arbeiten, Spielen, Trinken oder irgendeiner anderen Beschäftigung befaßte. Kinder wurden oft gewarnt: »Spiel nicht zuviel, oder Windigo kommt dich holen.«

Windigo war gefürchtet, weil er jedes Übermaß bestrafte, aber er belohnte auch die Maßvollen. Er war die Maßlosigkeit in Person, förderte aber das maßvolle Leben.

Maemaegawaesuk

Kitche Manitu schuf die Berge und Felsklippen, die Abgründe und Hänge. Er fand, daß die nackten Felsen vielleicht zu schwer, zu finster und zu öde wirkten, und machte kleine Steine, so groß wie Pflaumenkerne, die in allen Farben leuchteten, weiß, rot, grün, blau und bernsteinfarben. Diese kleinen Steine schleuderte er in die Gebirge und felsigen Gegenden der Erde. Sogleich begannen die Felsen und Berge zu funkeln. Die Anishnabeg fanden die strahlenden Berge und Felsen schöner als alles andere und hörten auf, andere schöne Dinge zu bewundern.

Als Nanabush zu den Menschen kam, fand er, daß sie viel zuviel Aufhebens von felsigen und bergigen Gegenden machten und sich gar nicht mehr für Wiesen und Wälder interessierten. Er sprach darüber mit Kitche Manitu und sagte: »Die Menschen lieben die vielfarbigen Berge so sehr, daß sie alle anderen Formen der Schönheit vergessen haben. Und weil nur erwachsene Leute sich an der Schönheit der Berge erfreuen können, gibt es kaum etwas für kleine Kinder. Kannst du die Edelsteine nicht von den Bergen nehmen und den Kindern geben? Die Berge müssen dabei ja nicht ihre Majestät einbüßen.

Kitche Manitu sah ein, daß es für die Kinder wirklich nicht viel gab, was ihnen Freude machte. Daher sagte er: »Tu, was du für richtig hältst.«

Nanabush dachte nach; dann sammelte er alle Steine von den Bergen und warf sie in den Wind. Sogleich verwandelten sie sich in Schmetterlinge (Maemaegawaesuk), die vielfarbig im Wind flatterten und tanzten. Sie machten die Augen der Kinder leuchten und wurden zum Symbol für ihr Spiel. Beim Tod verwandelten die Schmetterlinge sich wieder in Wesen, die Lichtungen und Täler bewohnten und Kinder suchten, mit denen sie spielen konnten.

Paweesuk

Die Paweesuk bewohnten die sandigen Strände der Seen. In Mondnächten kamen sie hervor und tanzten. Sie tanzten am Strand, um die Menschen vor der furchtbaren Nebaunaube

(Nixe) zu warnen, die jedermann ins Wasser locken wollte. Die Paweesuk fürchteten Nebaunaube, und sie fürchteten vor allem das Ertrinken. Das Ertrinken war für sie die abscheulichste aller Todesarten, und deshalb hielten sie die Menschen bei Nacht durch ihr Tanzen vom Wasser fern.
Die Paweesuk waren klein und zart, leicht zu erschrecken und zu verletzen. Und noch mehr als Wasser und das Ertrinken verabscheuten sie Kawaesind, den Gefürchteten. Sie waren schwach, er war stark; sie waren rücksichtsvoll, er war herzlos; sie waren bescheiden und er anmaßend.
Sie fanden heraus, daß sein Kopf sein schwacher Punkt war; mit Maiskolben konnte man ihn verwunden. Daher beschlossen die Paweesuk, ihn umzubringen. Sie planten einen Hinterhalt. Ihre Chance kam, als einer ihrer Scouts berichtete, daß Kawaesind im Toquaminaing-Fluß beim Fischen war. Sofort versammelten sich alle Paweesuk, mit Maiskolben bewaffnet, stromabwärts und versteckten sich in den Baumkronen, die über den Fluß ragten.
Als Kawaesind den Fluß hinunterkam, griffen die Paweesuk ihn an. Sie verletzten ihn schwer. Er versuchte sich zu retten, indem er sein Kanu umkippte. Aber er war so schwer verwundet, daß er ertrank. Endlich in Sicherheit, tanzten die Paweesuk an diesem Abend ihren Siegestanz.

Missabikong

Missabikong oder Missabikum war von Natur und Beschaffenheit wie Stein: fest, beständig und stark. Er bewohnte Grotten, Orte, die sich für Visionen eigneten. Er wurde selten gesehen und ist eine weitgehend unbekannte Gestalt.

Nawneedis

Die Kranken wurden nicht nur mit Kräutern und Medizinen gegen ihre körperlichen Krankheiten behandelt, sondern man kümmerte sich im Namen von Nawneedis auch um ihr inneres Wohl. Er war der Schutzherr der Gesundheit.

Nebaunaube oder Nebaunaubaequae

Während eines bösen Sturms suchten zwei junge Männer, die Fischen gewesen waren, Zuflucht am Ufer einer Bucht. Sie lagen gemütlich unter einem schrägen Dach, das sie in einiger Entfernung vom Ufer aus Zedernholz gebaut hatten, und schauten ins Feuer, als sie durch das Krachen der Wellen eine klagende Frauenstimme vom See herauf hörten.

Mizaun (Klette) schlug alle Warnungen seines Freundes in den Wind und lief zum Ufer hinunter, um der Bedrängten zu helfen. Als er am Strand niemanden fand und draußen auf dem See immer noch die Stimme hörte, sprang er ins Wasser. Er erreichte die vermeintlich ertrinkende Frau, konnte sie aber nicht ans Ufer ziehen. Er wurde, wie er später erzählte, hinuntergezogen.

Als er wieder zu sich kam, war er unter Fischwesen, die zum Teil wie Menschen, zum Teil wie Fische waren. Noch erstaunlicher war, daß sie sich auch in völlig andere Wesen verwandeln konnten, die nichts Menschen- oder Fischähnliches an sich hatten.

Er erfuhr, daß er durch vier Ebenen des Lebens oder Todes gegangen war, bevor er das Land der Wasserwesen erreicht hatte. Erschrocken erklärte Mizaun, daß er zu seinem Volk ins Land der Lebenden zurückkehren wollte. Der Sprecher der Wasserwesen schüttelte den Kopf mit Bestimmtheit und sagte, er könne nie wieder dahin zurück, woher er kam. Er sagte ihm außerdem, daß er die Frau heiraten müsse, die ihn hergebracht habe, daß er Vater vieler Kinder werden sollte und sich gar nicht mehr wünschen würde, ins Land seines Volkes zurückzukehren, sondern vielmehr versuchen würde, noch weitere Menschen ins Land der Wasserwesen zu bringen.

Wie vorhergesagt, heiratete Mizaun die Frau, die ihn ins

Wasser gezogen hatte. Sie bekamen viele Kinder. Mizaun war glücklich und zufrieden in seiner neuen Heimat bei seinen neuen Brüdern und Schwestern. Dennoch sehnte er sich, nicht aus Kummer, sondern aus Neugier, danach, seine eigenen Leute wiederzusehen.

Deshalb fragte er seine Frau, ob es möglich sei, daß er seine Eltern noch einmal besuchte. Er erhielt die Erlaubnis, das Land der Lebenden mit seinen Kindern zu besuchen, aber man gab ihm zu bedenken, daß er damit Kummer verursachen konnte. Er beschloß hinzugehen.

Er betrat das Land an der gleichen Stelle, wo er ins Wasser gegangen war; der Sturm tobte immer noch, und sein Freund stand am Ufer und rief nach ihm. Mizaun war sprachlos. Wie konnte das sein? Wie konnte er geheiratet haben und Vater geworden sein, während oben noch der gleiche Sturm den See peitschte und sein Freund ihn rief? Auf der Erde waren höchstens ein paar Minuten vergangen. Mizauns Leben spielte sich in einer anderen Zeit ab.

»Needjee, maumpee! (Freund, hier!)« rief Mizaun über die donnernden Wellen und durch den heulenden Wind, als er ans Ufer schwamm.

Numae (Stör) sah ängstlich und verblüfft zu, wie sein Freund aus den Wellen auftauchte. »Du bist nur eine Form, eine Gestalt«, stotterte er. »Nebaunaubaequae (Nebauh – Schlaf; Naube – Wesen; Quae – Frau) hat dich entführt. Wie oft habe ich dir gesagt, daß dies geschehen würde. Was soll ich nur deinen Eltern erzählen?«

Mizaun legte ihm die Hand auf die Schulter. »Gräme dich nicht um mich und gib dir nicht die Schuld. Ich bin vollkommen glücklich mit meinem neuen Leben, und ich werde selbst zu meinen Eltern gehen.«

Er ließ seinen Freund am Strand zurück, begegnete seinen Eltern im Traum und erzählte die Ereignisse und Abenteuer der Nacht, die für ihn Jahre zurücklag, für seine Eltern aber die vorige Nacht war.

Seine Mutter weinte, und sein Vater beklagte sich bitter: »So oft haben wir dich vor Nebaunaubaequae gewarnt. Du wolltest nicht hören. Jetzt hat sie dich, meinen Sohn, geholt, und wir werden dich niemals wiedersehen.« Auch er weinte.

Er versuchte seine Eltern zu trösten, erzählte von seinem glücklichen Leben bei den Wasserwesen und versprach, von Zeit zu Zeit wiederzukommen, aber seine Eltern waren untröstlich. Er bot ihnen an, sie mit ins Land der Wasserwesen zu nehmen, wo seine Kinder und er glücklich lebten, aber sie lehnten schaudernd ab.

Mizaun kehrte in seine neue Heimat zurück, traurig, aber endlich damit zufrieden, daß er nie wieder in der oberen Welt leben würde.

Misheekaehn oder Makinak – Die Schildkröte

Die Schildkröte hat einen besonderen Platz im Bereich des Natürlichen und Übernatürlichen, weil sie der Menschheit diente, indem sie Nokomis auf ihrem Rücken ausruhen ließ und ihren Panzer für die Wiedererschaffung der Welt zur Verfügung stellte. Als Zeichen ihrer Dankbarkeit verlieh Nokomis der Schildkröte einzigartige Fähigkeiten. So konnte die Schildkröte Zeitgrenzen von der Gegenwart in die Zukunft und die Vergangenheit und wieder zurück überschreiten; sie konnte sich von einem körperlichen in ein körperloses Wesen verwandeln. Dadurch wurde die Schildkröte nicht nur zum Symbol, sondern zum tatsächlichen Medium der Kommunikation zwischen den Wesen dieser Welt und Zeit und Wesen anderer Welten und Zeitdimensionen. Sie ist immer noch Schutzherrin der Medizinmänner.

'75

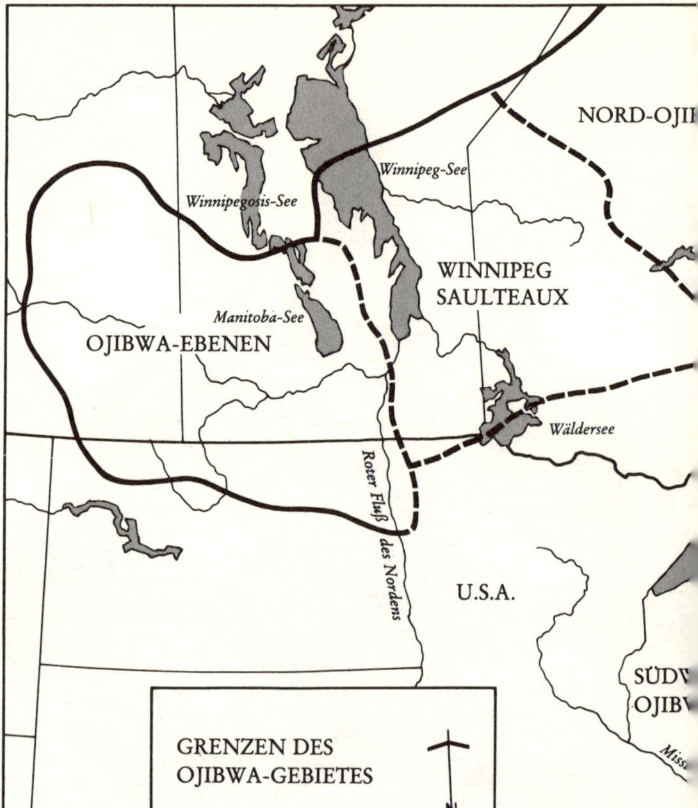
NORD-OJI
Winnipeg-See
Winnipegosis-See
WINNIPEG
SAULTEAUX
Manitoba-See
OJIBWA-EBENEN
Wäldersee
Roter Fluß des Nordens
U.S.A.
SÜDV
OJIBV
GRENZEN DES
OJIBWA-GEBIETES
N
Maßstab
0
100
200 Meilen
0
100
200 km

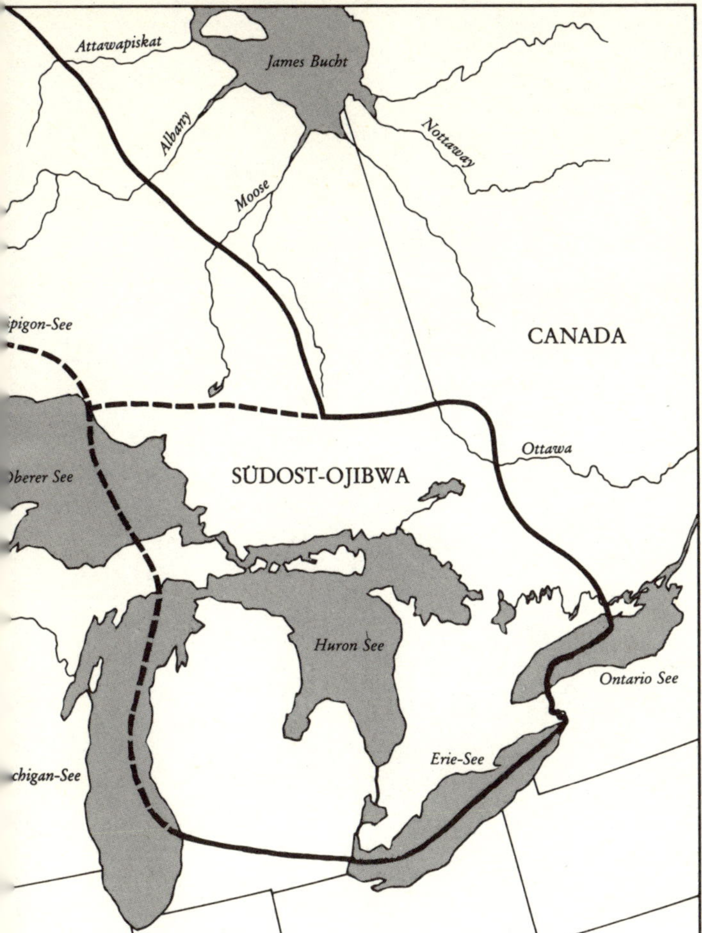
Attawapiskat
James Bucht
Albany
Nottaway
Moose
pigon-See
CANADA
SÜDOST-OJIBWA
Ottawa
berer See
Huron See
Ontario See
Erie-See
chigan-See

Mythen der Indianer

ÜBER DEN RAND DES TIEFEN CANYON
Lehren indianischer Schamanen. Hrsg. von Dennis und Barbara Tedlock. DG 17. 240 Seiten mit 12 Abb. und Frontispiz

Religiöse Erfahrungen der Indianer: der Peyote-Weg, die Salz-Pilgerschaft der Papago-Indianer, die Weltsicht der Teton-Sioux, das Universum der Hopi – und was dem Schamanen der Iglulik-Eskimos während seiner Reise auf den Grund des Meeres widerfährt. Das Buch handelt von Dingen, die nur für den Weißen Mann geheimnisvoll und übersinnlich erscheinen.

POPOL VUH
Das Buch des Rates. Mythos und Geschichte der Maya. Aus dem Quiché übertragen und erläutert von Wolfgang Cordan. DG 18. 232 Seiten mit 21 Abb. und 1 Karte

Eine der wichtigsten Quellen der frühen Maya-Kultur. »Der uralte Werdens-Mythos der Quiché-Maya und ihrer geheimnisvollen Wanderung, die sich real und irreal zugleich abgespielt hat, ist in Cordans Übertragung zu einem Stück großartiger, modern anmutender Dichtung geworden« (FAZ).

FRANK WATERS · DAS BUCH DER HOPI
Nach den Berichten der Stammesältesten aufgezeichnet von Kacha Hónaw (Weißer Bär). 380 Seiten mit 91 Abb. und 2 Karten

»Die Mythen und Legenden, die Mysterienspiele und die Geschichte dieses legendären Indianerstammes sind hier aufgezeichnet. Seine kollektive Mythologie als Schatz vor Ritualen und Bräuchen ist die Speise geblieben, welche die Letzten heute noch nährt. Castanedas Leser finden sich in vertrauter Sphäre.«
(St. Galler Tagblatt)

Diederichs

0003

Wilfred Pelletier, Ted Poole

Frei wie ein Baum

Ein Indianer erzählt sein Leben

»Es ist ein Glücksfall der indianischen Literatur. Es ist ein helles Zeugnis indianischen Lebens – poetisch, selbstkritisch, farbig und eloquent; eine kluge Charakteristik indianischen Wesens; ein humorvoll, schön und reich erzähltes Stück Leben; ein Lese- und Vorlesebuch voller wahrer Geschichten; ein kritisches Bestaunen des Weißen Mannes, der Natürlichkeit und Natur verloren hat. Magie und Glauben, Wahrhaftigkeit und Instinkt. Es ist das Verkünden indianischer Lebensgewißheit, das subtile, oft bissige, aber doch faire Verneinen von Pflicht, Illusion und Zwang des modernen Menschen, von Geld, Erfolg, Karriere und Lebenslüge. Erzählt wird von Kindheit und Schule, Familie und Freundschaft, von Selbstversklavung und Ablehnung durch die Weißen, von Beruf und Job, wechselnden Versuchen, sich in der Gesellschaft von Weißen zurechtzufinden. Der Indianer spielt seine Rollen als Businessman, als Politiker, Jagdführer, Tänzer und Billardspieler – und kehrt als *Indianer* in die Gemeinschaft zurück. Es ist der dornige Weg ins bewußte Leben, die indianische Odyssee durch die weiße Gesellschaft.«

(Christoph Meckel in DIE ZEIT)

Diederichs